La hora bruja

Silver RavenWolf

La hora bruja

EDICIONES OBELISCO

Si este libro le ha interesado y desea que le mantengamos informado
de nuestras publicaciones, escríbanos indicándonos qué temas son de su interés
(Astrología, Autoayuda, Ciencias Ocultas, Artes Marciales, Naturismo,
Espiritualidad, Tradición…) y gustosamente le complaceremos.

Puede consultar nuestro catálogo en www.edicionesobelisco.com

Colección Espiritualidad y Vida interior
La hora bruja
Silver RavenWolf

1.ª edición: septiembre de 2018

Título original: *The Whitching Hour*

Traducción: *Raquel Mosquera*
Corrección: *M.ª Jesús Rodríguez*
Diseño de cubierta: *Enrique Iborra*

Edita: Ediciones Obelisco, S.L.
Collita, 23-25. Pol. Ind. Molí de la Bastida
08191 Rubí - Barcelona - España
Tel. 93 309 85 25 - Fax 93 309 85 23
E-mail: info@edicionesobelisco.com

ISBN: 978-84-9111-377-5
Depósito Legal: B-17.555-2018

Printed in Spain

Impreso en España en los talleres gráficos de Romanyà/Valls S.A.
Verdaguer, 1 - 08786 Capellades (Barcelona)

Este libro está dedicado a Thorn Nightwind,
cuyo apoyo y ayuda han sido inestimables.

La mente intuitiva es un regalo sagrado y la mente racional es un fiel sirviente. Hemos creado una sociedad que rinde honores al sirviente y ha olvidado al regalo.

ALBERT EINSTEIN

Introducción

La hora bruja… ese instante en el que cada fibra de tu ser dice: «¡Es el momento de hacer magia… el ritual… el encantamiento para lo que necesito!». Es una sensación como ninguna otra; puede que sientas un hormigueo en las manos, que se te acelera el corazón o un escalofrío en los hombros. Podría ser el amanecer, un neblinoso crepúsculo o la noche más oscura y tenebrosa. ¡Es un momento en el que todo tu ser te insta a levantarte, a ponerte en marcha y a trabajar! La confianza en que puedes pasar del problema en cuestión al éxito que deseas pulula a tu alrededor y sabes, en lo más profundo de tu alma, que es la hora de la magia: el momento en que tu poder ha madurado.

Tu hora bruja.

¿Seguirás adelante? ¿Seguirás tus instintos? ¿Fluirás con el universo para alcanzar tus logros?

¿Serás valiente?

¿Tendrás claridad mental?

¿Correrás el riesgo del cambio?

¿Echarás el lazo dorado del logro y atraerás hacia ti el éxito?

¿Creerás?

Este libro que tienes en tus manos es el resultado de la colección más pura, más honesta y más dedicada de interesantes secretos de las artes mágicas. Han pasado más de nueve años desde mi último libro y en mi vida han sucedido muchas cosas; algunas de ellas tan maravillosas que ni siquiera puedo expresar mi deleite, y otras tan oscuras que el dolor era casi insoportable. Pasé muchos de esos años aprendiendo, estudiando, tratando de crecer como persona y como autora. Mi objetivo en mi carrera como escritora siempre ha sido reunir experiencia, asimilar, aprender, crear y desarrollar una plataforma más clara y sólida para el éxito de todos. Mantuve ese objetivo en mi espíritu, tanto si podía escribir o no durante todos esos años. Sentía que no podía darte un libro sin proporcionarte unas técnicas buenas y sólidas, y para ello tenía que practicar, practicar y practicar.

Algunos veían mi retirada de la industria editorial como una debilidad.

Algunos chismorreaban que no tenía nada más que dar a mis hermanos y hermanas.

Durante ese tiempo me di cuenta de algo muy importante: quién tenía magia… y quién no.

Las palabras dicen mucho, si observas.

Sal de la caja, decía mi pequeña musa.

Rompe el molde, susurraba mi mente.

Levántate. ¡Piensa diferente! ¡Encuentra el camino! ¡Visualiza el futuro!

Mi enfoque siempre está en el lector, mi compañero, mi amigo. Mis palabras son vínculos entre nosotros mientras nos levantamos el uno al otro, mientras tratamos de seguir nuestro camino, mientras tratamos juntos de lograr el éxito. Éste no es un libro del tipo «vamos a publicar algo juntos para conseguir ventas».

No, no, no.

Éste es un libro de poder mágico, de sudor, de lágrimas y de triunfos; nueve gloriosos años de todo ello.

No importa lo que esté sucediendo en tu vida en este momento, estoy aquí para decirte que hay mucho poder en este lado del prado. Sólo tienes que estirarte, reconocer ese poder, tener seguridad y usarlo.

No es difícil.

No es algo tan místico que no puedas llegar a comprenderlo.

No es un secreto para sólo unos pocos.

¡Ten fe en ti mismo! ¡Conjúrala!

Yo lo hice y tú también puedes hacerlo.

CAPÍTULO UNO

Tu yo mágico
y el trabajo que realizas

Nada es concreto. Todo es ilimitado. El universo actúa sobre las semillas que plantas en él.

Tú eres exclusivo.

Tú eres único.

Tú eres excepcional.

¡Sal a caminar y hazlo con paso firme! Si estás preparado para creer en tu propio poder y en tu habilidad para conectar con la unidad del universo, este libro es para ti. En él habrá técnicas que ya conoces; sólo era necesario que las recordaras. Hay ideas que son nuevas, objetos con los que trabajar y cosas divertidas para hacer. Un cambio en la percepción, una luz en la oscuridad, un modo o un método diferente de encantamiento; todo esto y más.

¿Qué es lo único que debes hacer?

Creer.

La preparación de tu mente

He aprendido que los mejores hechizos los hacen aquellos que han reconocido el poder dentro de sí mismos y se han dado cuenta de que está bien tener una única forma de trabajar con los aspectos mentales, emocionales y físicos de la magia y los rituales que mejor se adapten a su estilo y personalidad. Puede que estas personas tengan un conjunto de amuletos, cánticos, gestos o prácticas combinadas preferidas que con el tiempo han dado prueba de ofrecer excelentes resultados. Han logrado vencer a aquellos que se burlan de sus actividades porque saben que lo que están utilizando funciona; y funciona bien aunque no tengan lo que alguna persona con fuerza en las redes cree necesario para que sea oficial. Estas personas siempre están construyendo, aprendiendo constantemente, y están dispuestas a abrazar nuevas ideas y experimentar, esforzándose por no hacer lo que les dicen las masas, sino por practicar lo que, de una manera positiva y sin hacer daño, les traerá satisfacción a ellos y a los demás.

Éstas son las personas de Espíritu.

Trabajar con los dones de la madre naturaleza es una práctica muy chamánica. Es mezclarse con la tierra y su generosidad; permitirte ir más allá de lo que ve, oye o siente la mayoría de las personas y comunicarte con las energías vivas de la tierra, el mar y el cielo. Cuanto más trabajas con estas energías, más se desvanecen los factores estresantes del día; no te molestan tanto. Prefieres escuchar los grillos, el coyote en el bosque o los cardenales en los árboles que a los políticos en la televisión. Sus mensajes son mucho más importantes que una competición de notificaciones de redes sociales.

Al celebrar y abrazar la naturaleza, la armonía se convierte en una compañera más fiel. El equilibrio es más fácil.

Éste es el regalo de la Madre Tierra.

En mi experiencia, tu estado mental es la mayor prioridad al practicar cualquier tipo de hechizo, tanto si estás comenzando a formular un polvo mágico o una mezcla de hierbas, lanzando un hechizo para la sabiduría y la curación, o tomándote el tiempo para honrar al Espíritu en un ritual. La meditación diaria y aprender a caminar fuera y mezclarse con la naturaleza puede aportar salud mental, emocional y física. También es la manera de aprender sobre la vida vegetal de tu zona. La colección que te rodea te indica lo que perdura y, si estudias lo que ves y lo que oyes, la naturaleza explica sus tácticas de supervivencia. En el mundo chamánico de plantas, animales, árboles e insectos, cada ser es de gran importancia. Cada uno tiene su propio poder. Todos están dispuestos a compartir; ¡incluso las rocas! Pero... sólo si escuchas.

El paseo espiritual

Introduje el paseo espiritual por primera vez en mis clases en línea y en mi blog de Braucherei (Braucherei, o Pow-Wow, es un sistema de medicina tradicional popular de los neerlandeses de Pensilvania). Es un paseo corto (o largo, depende de ti) con la intención específica de observar. Más que seguir un plan de acción, permite que el Espíritu te guíe. Antes de iniciar el paseo, pide en silencio al Espíritu que te guíe y te muestre lo que necesitas aprender. Puedes pedir un obsequio natural para colocarlo sobre tu altar o lugar sagrado de tu sala de trabajo. Puede que encuentres una pluma, una piedra poco común, una flor hermosa u otro objeto de la naturaleza. ¡Es posible que no encuentres nada en absoluto! De hecho, puede que tu regalo sea la experiencia de conocer una forma única de naturaleza de una manera directa y personal. Recuerdo que en una ocasión una persona encontró un objeto inusual fabricado por el hombre que tenía relevancia para su historia personal y creyó que era una señal de que sus antepasados aprobaban lo que estaba haciendo y le confirmaban que siempre estaban observando, listos para ayudarle cuando lo necesitara. Lo importante es dar el paseo con alegría y con la disposición de aprender algo nuevo. Cuanto más practiques el paseo espiritual, más información recibirás. ¡De hecho, habrá días en los que te inunde una energía increíble! También habrá momentos en que el único obsequio será la paz en el corazón; tal vez éste sea el mejor regalo de todos.

Mientras realizas tus paseos espirituales, haz una lista de qué plantas, árboles y animales residen en los alrededores de tu casa y de tu lugar de trabajo. Encontrarás claras diferencias aunque a simple vista todos parezcan iguales. Estas señales de la naturaleza te hablan de la energía del lugar, si está enfermo, sano o en un punto intermedio. No supongas, sólo porque vivas en una zona aparentemente inhóspita, que el medio ambiente está deteriorado. Lo que está allí ha aprendido a adaptarse. ¿Cómo cambiaron los animales y las plantas para sobrevivir en ese hábitat? ¿Por qué son más conocidos esos animales y esas plantas? Haz tus propias averiguaciones porque los mensajes que recibas estarán adaptados sólo para ti. Sí, hay generalizaciones, pero sólo tú y el modo en que procesas la información puede desbloquear la destinada a tus circunstancias. Si tienes un jardín aprendes que cada año hay algo diferente con lo que lidiar para el cuidado de tus plantas. Algunos años serán malos para cierto tipo de insectos u hongos. Sí, las condiciones meteorológicas son un factor, pero profundiza un poco más. ¿Qué hace ese hongo? ¿Qué está pasando en tu vida en este momento? ¿Tus circunstancias coinciden de alguna manera con la función de esa enfermedad, plaga, mala hierba o insecto? Entonces trabaja para arreglarlo, no sólo en tu jardín, sino también dentro de ti. Ésa es la forma chamánica de curación. Sólo recuerda que las malas hierbas no siempre son un problema; muchas veces llevan el mensaje de qué tipo de curación necesitas.

He vivido en la ciudad, en barrios residenciales y en zonas rurales. Cada una de ellas es única. Cada una tiene su propia energía especial. No te faltará la experiencia de la naturaleza debido al lugar en el que residas. Cada vez que regreses a casa después de tu paseo espiritual, tómate el tiempo de buscar la función general de las plantas, animales o insectos. ¡No tardarás mucho en darte cuenta y disfrutar de lo maravillosos que son todos!

La actitud hacia la magia

Todas las operaciones mágicas, independientemente de las herramientas limitadas o de todos los cascabeles, cristales o varitas del planeta, trabajan sobre lo que tú sabes que es cierto. La palabra clave aquí no es «cierto», como podrías pensar, sino un conjunto de palabras: «lo que tú sabes». Si crees que el universo es un mar de posibilidades tanto por dentro como por fuera, por arriba o por abajo, entonces tienes el secreto de todo poder, de toda magia y de todo éxito. Naturalmente, si sabes que esto es cierto dentro de ti, entonces tu percepción del mundo que te rodea cambia y todas las cosas que deseas están totalmente a tu alcance. Sólo debes escoger, aceptar o declinar lo que tus pensamientos han creado.

Tienes que creerlo para recibirlo. Tienes que reconocerlo para obtenerlo. Tienes que afirmar que es tuyo y así será, pero solamente si aceptas que el campo de posibilidades ilimitadas está a tu alrededor y en tu interior; que cualquier cosa es posible debido a la existencia de ese mar. Piensa en ello como en un mar que puedes respirar y, mientras inspiras y espiras lentamente, tus pensamientos se unen a ese mar. Esos pensamientos y tus emociones controlan cómo manipulas ese mar dentro de ti y lo que manifiestas en el mundo que te rodea. Tus pensamientos y sentimientos son conductos, tuberías hacia la manifestación. Algunas personas visualizan este mar de posibilidades como ondas que se convierten en partículas mientras enfocas tus pensamientos en las especificaciones de lo que quieres manifestar. Estas partículas, a su vez, se condensan en acontecimientos, situaciones, caminos u objetos físicos. Tu creencia crea el bloqueo cuántico necesario para que se manifiesten tus deseos. La repetición de pensamientos positivos y claros desintegra bolsas de energía en el mar, creando un patrón que luego se energiza para traerte lo que deseas. Los pensamientos y emociones contradictorias pueden bloquear por completo o destruir tus objetivos y deseos.

La magia tiene que ver con la mente y cómo la usas, y debes saber esto: la magia se trata de «vincular» o bien de «liberar» dentro de tu campo personal que está anidado a la red de energía que envuelve a todas las cosas. Yo suelo referirme a este campo como el sistema nervioso de todo lo que existe, el «mar de posibilidades».

Al tratar de explicar definiciones en la magia, la redacción es confusa. Algunas personas son muy literales, mientras que otras son figurativas en su proceso mental. Casi cada palabra de nuestro idioma puede tener una variedad de significados y asociaciones que son exclusivas de la persona que la oye y la utiliza, e incluso si crees que la palabra es clara, probablemente no lo sea. Tomemos por ejemplo la palabra «aire». Muy bien, es lo que respiramos y la mayoría de nosotros estamos de acuerdo con esa definición, pero si decimos que «ella tenía un aire muy arrogante», nos encontramos en un área de comprensión diferente. Si le digo «aire» a una persona puede que piense en las dulces brisas de verano, pero una persona que escuche disimuladamente la conversación puede pensar en un tornado que acaba de arrojar una vaca al otro lado de la carretera. Una tercera persona puede pensar de inmediato:

la suciedad de nuestro aire se debe en realidad a la contaminación; ¿sabemos de verdad qué demonios estamos respirando?; debemos luchar para frenar la atrocidad que está sucediendo en nuestros pulmones.

Ninguna de estas visualizaciones del aire es incorrecta pero las tres podrían estar muy lejos de lo que estás tratando de expresar al usar esa palabra. Intentar compartir un concepto que no se puede ver, que se basa en tu percepción del mundo frente a la otra persona, no es fácil. A menudo he sido testigo de cómo en nuestra comunidad se hace un mundo de una definición basada en opiniones que no son compatibles, con tan sólo la palabra o palabras como denominador común. También he comprobado que aquellos individuos que más discuten, usando la repulsa y el odio como herramientas, en realidad, están peleando en su interior porque temen no tener razón, finalmente. A medida que los practicantes adquieren más conocimientos, las definiciones de las palabras en nuestro interior pueden cambiar para que tengamos una mejor comprensión o conexión en nuestras operaciones mágicas personales. Cuanto más limpia nos hagamos la imagen, mejor será nuestro trabajo. Es posible, sin dañar el núcleo de lo que estamos tratando de lograr, descartar viejas palabras y sustituirlas por palabras nuevas que nos ayuden a crear un vínculo mejor, más fuerte y más rápido con nuestro objetivo final. Nuestra percepción (aunque sea mejor para nosotros personalmente) puede no ser aceptada o entendida por nuestra comunidad en general. No pasa nada. Concéntrate en tu propia comprensión final de la cuestión porque ése es el juego final en cualquier asunto en el que estés trabajando.

Durante años he estudiado, escrito, contemplado y experimentado tratando de encontrar mi propia comprensión de la magia y su relación con la ciencia real y el mundo que nos rodea. He leído viejos grimorios meridianamente claros, me he sumergido en escritos descatalogados de magos fallecidos hace mucho tiempo y he buscado aspectos comunes en técnicas de diferentes culturas, siempre preguntándome cuál es la base, el esqueleto, la estructura básica sobre la que trabajaban. Ahí radica la clave. Para la mayor parte de la sociedad, la magia es una entidad supersticiosa que en realidad no existe, pero sería genial si lo hiciera. En mi mundo, la magia y la ciencia son lo mismo y bastante real; es sólo que nuestra sociedad no ha alcanzado ese punto porque una gran parte de la ciencia todavía no se explica en términos simples. ¡Qué interesante sería el mundo si la gente lo entendiera! ¿Y si a los niños se les enseñara sobre el poder de la mente? ¿Y si abriéramos la puerta a la física cuántica de manera que la gente pudiera entenderla y usarla? Pero lo que puede curar puede dañar y, para muchos, el miedo a la destrucción es mayor que el deseo de plenitud.

Así que la ceguera continúa. Incluso en nuestra propia comunidad mágica si aludimos a que la ciencia es lo que practicamos en realidad, nos llaman New Age o algún otro conjunto de palabras en tono burlón señalando que no sabemos nada. Bueno, pueden creer eso. A mí me funciona. Cura a los enfermos. Derrota a los enemigos. Sí, a veces puede llevar un tiempo; pero sucede. De hecho, estás leyendo este libro debido al éxito de las técnicas presentadas en él. Que así sea.

El poder de la liberación

En el transcurso de siete años dirigí un programa de liberación en línea durante el mes de diciembre en mi blog de WordPress (silverravenwolf. wordpress.com) para ayudar a las personas a combinar con facilidad actos de magia y rituales con tareas cotidianas. Era un programa gratuito que duraba treinta días, diseñado para ayudar al practicante de la magia a manejar el estrés del final del año en combinación con las festividades que se celebran en el mundo. El tema principal del programa de liberación era el siguiente: deja atrás una cosa, solamente una, cada día. Con el paso de los años agregué desafíos para los verdaderamente aplicados o cosas divertidas para controlar este período de gran estrés. Escribir el blog me enseñó muchas cosas, desde lo práctico a lo creativo y a lo mágico. También aprendí mucho sobre mis lectores y los asuntos con los que lidiaban. La premisa del programa era que cada año estuviéramos juntos en esto. Trabajé en el programa junto con los lectores; de ese modo no les estaba diciendo qué hacer ni retrocedía sin ningún interés creado en lo que en realidad estaban haciendo. Estaba allí con ellos, de principio a fin.

Una de las observaciones más importantes que he aprendido a través de todos estos años es que la liberación es vital para una persona sana, tanto si practica la magia como si no. Si no dejas atrás toda la basura del pasado, se acumulará hasta tal punto que te absorberá hacia el pozo de alquitrán de los desechos de tu propio subconsciente. Este revoltijo formará una burbuja de varios problemas de salud o de conductas negativas que no sólo te afectará a ti, sino al mundo que te rodea. Si dejas atrás de manera sistemática tanto detritus emocional como sea posible, puedes disfrutar de beneficios mentales y físicos que se transfieren a tu vida cotidiana.

Fue el éxito continuo del programa el que me enseñó que este proceso de liberación debería incorporarse a actividades diarias tales como bendiciones de la casa, limpiezas del entorno de forma cíclica, limpiezas espirituales del cuerpo y de la mente, meditación centrada en liberar los pensamientos y emociones negativas, y rituales, hechizos y ritos regulares de liberación. El trabajo de liberación fluye extremadamente bien durante la luna llena y la luna menguante; sin embargo, liberar la negatividad, la preocupación y el miedo mediante algún tipo de acto simbólico cada día ayuda a construir una base espiritual más sólida dentro de uno mismo. El programa de liberación del que he hablado anteriormente trabaja sobre la idea de que al liberar algo en el mundo físico que ya no nos sirve, que está roto o que nos trae malos recuerdos, estás liberando a la vez patrones de pensamientos negativos. Matas dos pájaros de un tiro.

Cuando la gente me escribe contándome que sus vidas son horribles, que sus finanzas se van por el desagüe, que su estado emocional es más que terrible, siempre les doy el siguiente consejo: métete en la cabeza que estás en una misión mágica. A algunas personas les gusta pensar en ello como un reto; otras escogen creer que las tareas son un grupo de actividades sagradas. ¡No importa cómo lo enfoques! La cuestión es que tienes que hacer la elección consciente para el cambio apoyada por un acto físico que vaya en serio.

En segundo lugar, reconoce que todos los trastornos en la vida son un proceso. Tales dificultades no son el final de la cuestión. Impactan en tu vida porque necesitas avanzar, no hundirte en la tumba de la desesperación. Para saber hacia dónde ir a partir de aquí está el asesoramiento, el estudio y la adivinación. Los problemas son comienzos. Pensamos con demasiada frecuencia en asuntos negativos como finales y aceptamos con cariño esas dificultades como si representaran a nuestro juguete favorito de hace cincuenta años. No sé por qué hacemos esto, simplemente lo hacemos. Y en ese momento pensamos que si abandonamos al maltrecho y apestoso juguete, perdemos. Nunca se nos ocurre que tenemos que liberar el impacto mental inicial del problema y avanzar en la dirección más adecuada espiritualmente para nosotros, y no picotear en él como lo haría un buitre con un cadáver. La otra cosa interesante que he aprendido es que «no se ha acabado hasta que lo digas». Incluso si el asunto parece ser una decisión sólida, hiriente y errónea sobre ti y te han dicho que no hay otro recurso, no es el fin. He aprendido que tú eres el único que cierra el estadio y apaga las luces. Nadie más que tú. La pregunta entonces es la siguiente: ¿cuáles serán mis opciones? ¿Escogeré sabiamente? Todavía puedes avanzar, apartarte del dolor y de las circunstancias desafortunadas, abandonar lo que no deseas y ganar al final. No tienes que comer, beber, dormir y hablar sobre el problema *ad nauseam* para ganar; de hecho, esas actividades probablemente te harán perder porque te has quedado mentalmente atascado al principio del proceso. No aceches a tus problemas.

Puedes seguir adelante, encontrar otro trabajo, conocer gente nueva, descubrir nuevos talentos, aprender cómo manejar mentalmente las cosas de manera diferente para mejorar no sólo tu estilo de vida, sino también el de tu familia. Siempre hay una puerta abierta en algún lugar. Claro que puede llevar tiempo, ¿y qué? Puedes decirte a ti mismo: «¿Cómo puedo cambiar las cosas para asegurarme de que la experiencia negativa no me volverá a pasar nunca? ¿Cómo puedo sacar provecho de esta situación o experiencia? ¿Cómo puedo ayudar a los demás con lo que he aprendido?». Tú no eres una canoa separada del universo, a la deriva sobre un mar de mugre en soledad, entonando una melodía de cruel desesperación. Ésa es tu percepción y no es correcta. Es narcisista. No estás apartado de nada; ¡simplemente no ves las conexiones que están justo ahí! Es la comprensión de la existencia de estos vínculos lo que enciende la luz del reconocimiento en nuestro interior. Ves que lo que pensabas que era ese barco pequeño y destartalado en realidad es un camino que lleva a todas partes; sólo pensabas que era un barco porque la luz de tu teléfono móvil estaba apagada. Tus propias ilusiones son tu peor enemigo.

Liberar la negatividad y realizar limpiezas de todo tipo ayuda a escapar de esos mitos personales depredadores y autoinfligidos, permitiéndonos avanzar de una forma positiva y llena de alegría. Así que cuando pasen cosas malas o quieras cambiar tu vida porque no te gusta cómo se está desarrollando, tengo unas simples recomendaciones que funcionan.

Primero, haz una limpieza espiritual completa con hierbas bendecidas, agua bendita, y demás (*véase* el capítulo 5) para fijar tu mente en la nueva dirección.

A continuación recoloca un mueble grande en tu casa. Sí, muévelo. Si no puedes hacerlo físicamente, pide a alguien que lo haga. Siempre hay algún mueble grande en cualquier casa que parece ser un problema: está aquí, te gustaría ponerlo allí pero nunca lo haces. Al mover un mueble grande, estás revitalizando el chi (flujo de energía) de tu entorno vital. Esto es especialmente importante si estás inmerso en problemas financieros o si alguien en tu hogar es extremadamente agresivo o negativo.

Limpia todo el desorden en la casa. Todo. Hasta lo más diminuto. No más montones de libros y papeles en un rincón. No más restos de piel de plátano seca debajo del sofá. No más ropa por todo el suelo. No dejes que cantar para ti: «¡No más, no más, no más, no más!». Usa una técnica de tres pasos; de esa manera no te deprimirás incluso antes de empezar. Puedes hacerlo en días sucesivos si el desorden te supera. Haz el proceso tan mágico como sea posible, añadiendo tantos objetos mágicos como quieras; ambientadores o friegasuelos herbales, incienso, cualquier cosa que te anime mientras trabajas.

La técnica de tres pasos aprovecha la vibración del número tres, donde cada reconocimiento aumenta o atenúa la energía pretendida por el propósito. Cuando limpies una zona, primero retira todas las cosas que no tengan ninguna emoción asociada a ellas la primera vez que trabajes en un lugar, un armario o un cajón. Deshacerse de esos objetos sin ninguna energía emocional vinculada a ellos aligera la tarea. Como mirarás la zona tres veces por separado, es más fácil avanzar. Te estás dando tiempo para abandonar emocionalmente objetos que tienen más energías enredadas y también te estás dando tiempo para hacer esta elección durante el segundo paso. Durante el último paso hazte las siguientes preguntas mientras sostienes el objeto en tus manos: ¿He utilizado esto en los últimos seis meses? ¿Tengo alguna idea de para qué sirve este objeto? ¿Cómo me hace sentir este objeto? Cuando un objeto me hace sentir angustiado me deshago de él. Siendo realistas, no puedo llevarme nada de esta vida a la siguiente, así que me pregunto a mí mismo: «¿Por qué me aferro a esta cosa vieja y andrajosa?». Ésa es mi forma de hablar conmigo misma; tú tendrás tu propio diálogo interior.

Tira o regala el objeto más antiguo sin valor que tengas en casa. Estas tres actividades (mover muebles, limpiar el desorden y eliminar un objeto viejo) son declaraciones físicas a ti mismo de que estás solucionando un problema, no aferrándote a él a toda costa. Si tratas de racionalizar por qué no estás haciendo estas tres actividades, entonces es una clara señal de que por alguna razón no estás mentalmente preparado para pasar por esa dificultad. No hay excusas. Siempre hay una manera. Ve por ese camino y las cosas empezarán a cambiar totalmente.

El último paso consiste en hacer una lista de diez cosas que te encantan y centrarte en tantas actividades como sea posible que involucren elementos de esa lista durante un período de treinta días. Utiliza el simbolismo de una de esas cosas favoritas en tu altar como un enfoque para «abrir el camino». Conozco a una persona que usa la estatua de un elefante (Ganesh); otra usa una maqueta de la nave espacial *Enterprise*; otras usan objetos como un coche antiguo, un barco, una tabla de surf, un Pokémon, y demás. El objeto no tiene que ser considerado mágico (como la estatua de un hada); de hecho, hemos comprobado que cuánto más mundana sea la imagen, mejor.

¿Qué pasa si no tienes problemas acuciantes? ¿Serán útiles estas actividades? ¡Absolutamente! El blog del programa de liberación mostró una mejora significativa en las vidas de las personas que publicaron sus comentarios mientras trabajaban en el proceso. Algunas empezaron con problemas y otras no. Había quienes estaban pasando por una enfermedad, la pérdida de seres queridos o mascotas o la pérdida del trabajo o de su hogar, y había personas cuyas vidas eran estables y sólo querían un estímulo agradable. Lo bonito de esta información es que no sólo te la estoy contando, sino que puedes leer la información por ti mismo ya que el blog está abierto al público.

Liberación antes de un trabajo

Toda magia comienza con liberación y termina con liberación.

En los viejos tiempos, el mecanismo de comenzar con liberación se llamaba «sacrificio» y, al igual que muchas palabras, tiene una variedad de significados. La mente llega demasiado a menudo a la peor connotación posible: abandonar algo que se ama de forma violenta. ¡Eso no es lo que significa en la magia! Aquí, se trata de estar dispuesto a dejar atrás conductas y pensamientos negativos, liberarte de las preocupaciones y los miedos, y prescindir de creencias rotas que en realidad están dañando tu camino de vida positivo. Puedes hacer un gran ritual, asistir a terapia o desahogarte con tus amigos; todas estas cosas son una buena forma de liberación. Sin embargo, somos humanos y con hacerlo una sola vez no funciona. A medida que avanzamos en la vida tenemos una variedad de experiencias y cada una de esas situaciones tiene asociada una energía emocional. Nunca dejas de acumular basura emocional; sin embargo, puedes limitar la cantidad con la acción adecuada, el pensamiento correcto y prácticas espirituales continuas. Como somos unos excelentes recolectores de energía, necesitamos hacer algún tipo de entrenamiento de equilibrio cada día para dejar atrás con facilidad sentimientos y pensamientos negativos. Del mismo modo, deberíamos asegurarnos de mantenernos firmes en el mejor lugar mental posible antes de cada trabajo mágico.

Existe una gran variedad de prácticas que se emplean para abrazar la idea de la liberación: crear un espacio sagrado, tomar un baño ritual, limpiezas de la casa y de la sala de rituales, ceremonias de limpieza personal, y demás. Sin embargo, aunque hayamos hecho todas esas cosas de manera regular, hacerlas cada vez que queramos llevar a cabo un trabajo puede suponer un problema. Estás ocupado. Tienes una vida plena. Encerrarte tan sólo media hora en tu habitación o correr por el bosque durante cuarenta y cinco minutos te supone un verdadero problema de planificación. Si en casa nadie te deja ducharte en paz o sentarte en el inodoro durante cinco minutos sin interrupción, está claro que no te van a dejar escaparte durante una hora para estar en comunión con los dioses.

Técnicas de liberación mental

Mira hacia el este y respira profundamente varias veces. Permite que tu mente se desplace y se mezcle con tu entorno. Toca la paz del universo y luego retrocede. Respira profundamente. Tócala de nuevo. Retrocede. A continuación, prueba este hechizo corto como tu mecanismo final de liberación para que finalmente puedas «fijarte» a esa energía espiritual. Mientras recitas el hechizo, visualiza exactamente las imágenes que están siendo invocadas.

«El humo penetrante de salvia ardiente». Inspira profundamente imaginando que estás oliendo el humo de la salvia. Mientras sueltas el aire, visualiza como el humo se lleva toda la negatividad a tu alrededor.

«El estallido de chispas líquidas». Inspira profundamente imaginando cómo esas pequeñas chispas similares a la lava queman toda la negatividad a tu alrededor.

«La ráfaga de aire salado». Inspira profundamente e imagina que estás en la playa: escucha el oleaje, huele el vapor de agua de mar. Imagina que una brisa rápida pero suave llena de ese vapor te envuelve y limpia tu cuerpo, tu mente y tu alma de todo miedo, preocupación y duda.

«La penetrante tierra negra desmenuzada». Respira el dulce aroma a tierra fresca y cálida, como la de un hermoso jardín. Imagina que, mientras desmenuzas la tierra con los dedos, estás liberando y dejando atrás físicamente cualquier energía negativa asociada a tu cuerpo.

Haz otra respiración profunda y di: *«Soy libre»*. Después, comunícate con tu mente y acepta un torrente de luz blanca o dorada que te une con la positividad del universo, o puedes dejar que ese sentimiento de paz se abra dentro de ti como una flor y, mientras sus pétalos se abren, cada uno de ellos vibra y toca la luz blanca o dorada del espíritu del Uno. Si quieres puedes entonar algún tipo de canto de fusión o una oración favorita que te llene.

Prueba esta técnica de liberación cada mañana, cada noche y antes de hacer cualquier trabajo durante al menos una semana. Si no te gusta la manera en que te he presentado los elementos, no dudes en escribir tu propia prosa. La idea es que experimentes los elementos dentro de ti. Mezclarlos es aceptable, al igual que «la ráfaga de aire salado» es realmente aire, agua y tierra. La idea es interiorizar la limpieza con la visualización que aparece en la mente y combina palabras, pensamientos y emociones en uno. Esta técnica funciona bien para los proyectos que contiene este libro además de otras aplicaciones mágicas. Te animo a que pases algún tiempo escribiendo lo que te expresará más cosas. El ensayo y error no es malo.

Liberación mental y el poder del agua

Una de mis técnicas favoritas de Braucherei es el uso de agua corriente combinado con un canto sagrado. El agua vibra bien hacia tus pensamientos. Su movimiento fluido no sólo te ayuda a liberar pensamientos negativos, sino que también absorbe tu propósito y transporta esa energía hacia la conclusión que deseas. Todo lo que necesitas es un grifo y a ti mismo.

Para liberar, mantén las manos bajo agua corriente fría. Respira profundamente, dejando que la experiencia del agua fría corriendo por tus manos impregne todo tu ser. No pienses en nada más que en el aroma del agua corriente. Sé el agua.

Haz esto durante todo el tiempo que necesites para sentir que tú eres el agua. Continúa respirando profundamente y ahora, cada vez que exhales, deja que la negatividad fluya fuera de tu cuerpo. Deja ir los miedos, las preocupaciones, el dolor emocional, el odio. La visualización es sencilla porque mientras liberas el agua va fluyendo hacia el desagüe, a menos que tu fregadero esté taponado, lo cual sin duda sería una señal de que tú también lo estás. Observa cómo el agua se va fluyendo de ti, deja que tu mente expulse esos pensamientos desagradables y experimenta el movimiento líquido en tus manos por un triple juego de acción mágica.

Si puedes, observa cómo tu propia energía se mezcla con el agua y limpia mientras fluye. Al principio, puede que veas mentalmente cosas oscuras que salen de tu interior y se mezclan con el agua corriente. Sigue empujando la energía hasta que veas mentalmente que se está limpiando. En este punto puede que desees usar un canto o un hechizo de liberación. El agua también acepta la magia susurrada sumamente bien, así que susurrar de forma metódica tu canto, hechizo u oración con un empuje verbal más fuerte al final o dejando que el volumen de tu voz llegue a ser casi inaudible aporta un empuje extra al trabajo.

Canto de liberación del agua

Agua que se mueve, agua que fluye; sácalo, abandónalo.

Agua que se mueve, agua que fluye; llévatelo, arrastrado por la marea.

Agua que se mueve, agua que fluye; libera, libera, haz que así sea.

Pensamientos retorcidos

Me gustaría que cogieras una hoja de papel de cocina y la retorcieras. Esperaré mientras vas a hacerlo, ¿de acuerdo? ¡Retuércela muy, muy bien! Ahora examínala. ¿Qué ves? Una cosa que era grande (una hoja de papel de cocina) está ahora condensada, doblada en sí misma a causa de tu fuerza. Simulemos que el extremo más cercano a ti es el lugar en el que estás ahora y el extremo más lejano es donde quieres llegar: el resultado de todos esos pensamientos retorcidos en tu cerebro. Si desenrollamos la hoja incluso sin romperla, su textura será diferente. El papel ha cambiado debido a tu acción. Conclusión: toda acción tiene una reacción, incluso aunque el cambio parezca mínimo; pero ése es sólo el principio del trabajo con la hoja de papel de cocina.

Vamos a retorcer la hoja de nuevo. ¡Espera! No lo hagas todavía. No la enrolles. Si hicieras con ella una bola, me apuesto lo que quieras a que estás atascado en algo en tu vida con lo que no eres feliz. Bien, vamos a retorcer esa hoja de nuevo, pero esta vez piensa en cómo te sientes ahora antes de empezar. Esa posición mental representa el extremo de la hoja más cercano a ti. Empieza a retorcerla. Reflexiona sobre cómo deseas sentirte en el futuro. ¿Más seguro? ¿Más feliz? ¿Más sano? Sigue retorciendo la hoja hasta que estés «sintiendo» ese objetivo deseado. Mantén la buena sensación tanto tiempo como sea posible. Ahora, deja la hoja delante de ti con el extremo más externo, el de las buenas sensaciones, apuntando hacia ti. Ten en cuenta que la hoja se desdoblará un poco. Eso te indica que siempre habrá ajustes en los que no pensaste en tu búsqueda de la mejor versión de ti mismo. No pasa nada. La vida funciona de esa manera.

No. No hemos terminado con la hoja de papel de cocina. Límpiate la cara con ella. Deja en ella tu sudor y las células de tu piel y, mientras te limpias la cara, imagina esa misma buena sensación que proyectaste en la hoja. ¡Bien! Dale las gracias al Espíritu (o a quien creas) por la manifestación de tu deseo como si ya hubiera ocurrido. ¡Sé agradecido! Quema la hoja de papel de cocina. No; todavía no hemos terminado.

Coge otra hoja de papel y límpiate la cara con ella. Trata de no arrugarla. Después, escribe o dibuja en la hoja lo que quieres exactamente: felicidad, alegría, prosperidad, lo que sea. Respira sobre la hoja y mientras sueltas el aire, cárgala con tu energía. No estoy bromeando. No proyectes energía en la hoja con tu respiración de inmediato. Con la primera respiración deja que la respiración recorra un cuarto del camino hacia la hoja y retírate mientras coges aire. En la segunda respiración, hasta la mitad o tres cuartos del camino y retírate. En la tercera respiración, con una visualización tan dinámica como sea posible (llamas, chispas, cualquier cosa que te haga feliz) proyecta la energía en las palabras o el dibujo que pusiste en esa hoja. Observa cómo tus palabras o tu diseño brilla con la energía que has proyectado en tu trabajo. Deja que la luz inunde tu diseño. Puede que en realidad lo veas vibrar y pensarás que tus ojos te están engañando, pero no es así en absoluto. Tus sentidos se están combinando para «ver» el trabajo impregnado. Retuerce bien la hoja con fuerza. Empieza por donde estás y redirige tus pensamientos (o dales la vuelta, dependiendo de tu percepción) hacia dónde quieres estar, que debería coincidir con las palabras o el dibujo que hiciste en la hoja. Mantén este pensamiento tanto tiempo como puedas, respirando sobre la hoja de papel hasta que el pensamiento se desvanezca. Deposita la hoja delante de ti y dibuja en el aire una cruz de brazos iguales sobre ella. Quémala en el exterior, dando las gracias al Espíritu (o a quien creas) por tu éxito.

¿Es una tontería? Eso parece a simple vista, ¿verdad? ¿Fácil? Absolutamente. ¿Funciona? Pruébalo y averígualo. El siguiente paso de este ejercicio sería incorporar al hechizo una mezcla de polvos o hierbas mágicas con tu condensador fluido favorito (*véase* el capítulo 4). Pero antes de llegar a eso, vamos a hablar del campo de posibilidades a tu alrededor.

Trabajar el campo: el mar de posibilidades
(El plano astral y cuerpos de energía vital)

La siguiente información representa la secuencia general que utilizo para meditaciones nocturnas así como para muchas operaciones mágicas, tales como la formulación de polvos mágicos, aceites y mezclas herbales.

Utiliza el mar de posibilidades que existe a nuestro alrededor, activando la red para todas las cosas en un nivel espiritual. Una vez que hayas memorizado esta técnica, puedes realizarla con rapidez y eficacia. Su éxito se basa en los siguientes tres puntos:

- La clara intención de que te has preparado con anticipación. Por ejemplo, si te estás concentrando en curar a tu mascota o a tu hijo, si deseas un coche nuevo o si necesitas comida en tu hogar, escribe específicamente lo que quieres antes de empezar para que no vaciles con otras opciones durante el proceso. Asegúrate de añadir siempre «sin dañar a nadie», ya que eso es lo más importante cuando se trabaja con el mar de posibilidades y produce los mejores resultados. Si tienes dudas a la hora de establecer tu objetivo, no se podrá formar una manifestación clara. Digamos que quieres un coche rojo; no, azul. Espera… no… ¡una camioneta! Una camioneta sería mejor… ¡Para! O tal vez quieras que tu expareja se vaya… ¡No! Quieres que esa persona se caiga en el inodoro y no salga nunca… espera… ¡que un camión de la basura le haga añicos! ¡Sí! Vale, ya sé que quieres venganza, pero al final ¿realmente quieres pagar por ello? Repito, detente. Piensa en las consecuencias. Si estás lleno de ira o dolor emocional, realiza primero una limpieza espiritual y luego procede con un efecto más positivo.
- Cree que cuando actives ese mar de posibilidades, lo que desees se manifestará. ¡Lo sabes!

- Mantén la boca cerrada. No le digas a nadie que estás haciendo magia sea cual sea el motivo para hacerla. No digas nada. Puedes hablar de ello una vez que hayas terminado.

Si utilizas esto como una secuencia de meditación puedes trabajar en varios asuntos diferentes a la vez, así que tal vez quieras rellenar una ficha de 3 x 5 para tener claro en qué vas a trabajar. Por ejemplo, curar el resfriado del pequeño Jimmy, un buen trabajo para la tía Sally, que Harold reciba su prestación sin retraso, y demás. Te indicaré cuándo puedes pasar de uno al otro en el transcurso de la secuencia. Sin embargo, durante la primera semana que uses esta técnica te sugiero que te limites a un solo objetivo hasta que te sientas cómodo con la secuencia.

Libera todas las preocupaciones, miedos, sentimientos negativos y el desorden de tu mente. Puedes hacerlo de forma activa o mental. Anteriormente en este capítulo te di una técnica sencilla de liberación mental que puedes incorporar aquí. Si es posible, nunca te saltes la parte de liberación de esta secuencia ni la hagas con prisa, ya que ello determinará el éxito o el fracaso del mar de posibilidades. Puedes liberar respirando profundamente varias veces y relajándote, acogiendo a la luz blanca en tu mente utilizando la técnica de liberación mental o palabras que de verdad te salgan del corazón. A veces, cuando estamos muy estresados, es importante reconocer la liberación verbalmente: «Libero todo lo que no me sirve para el éxito del camino de mi vida» o «Libero todos los sentimientos de miedo, odio y tristeza. Doy la bienvenida a la paz en mi corazón, mi alma y mi mente». Saltarse la secuencia de liberación es como hacer un pastel en un recipiente sucio que ha estado en la encimera de la cocina durante los cinco días más calurosos del verano. Sí, es asqueroso. Algunas personas se refieren a este acto de liberación como «limpieza». ¡Lo que importa no es la palabra que utilices para definirlo, sino que lo hagas! Yo suelo utilizar campanillas como un mecanismo de limpieza. Para ayudar al proceso de limpieza, puede que prefieras quemar salvia blanca, una resina específica como incienso o copal, incienso de nag champa u otra mezcla de tu elección. Rociar agua bendita sobre la nuca, donde la negatividad tiende a acumularse, también puede resultar extremadamente útil.

Reconoce y activa la pureza del mar de posibilidades proyectando un círculo mágico o creando una burbuja espiritual. Visualízate rodeado de luz blanca o dorada. Si comienzas esta secuencia como una meditación, ponte cómodo y cierra los ojos. No los abras hasta que se haya terminado la meditación. Si estás haciendo magia, probablemente estés en una zona de rituales, junto a tu altar o sentado en la mesa de la cocina listo para realizar actividades físicas y mentales. Si el propósito es lanzar un hechizo utilizando velas, hierbas y aceites, ten todo preparado en una superficie sobre la que puedas trabajar fácilmente.

Proyecta el círculo. (Para una meditación, esto estará en tu mente; para un trabajo de alerta, es posible que desees recorrer el círculo en el sentido de las agujas del reloj tres veces mientras entonas la proyección del círculo). «*Te conjuro, oh círculo de poder, para que seas para mí una frontera entre el mundo de los hombres y los poderosos, un lugar de encuentro del amor perfecto, confianza, paz y alegría que contiene el poder que evocaré aquí dentro. Invoco a los guardianes del este, del sur, del oeste y del norte para que me ayuden en este conjuro. En el nombre del Señor y la Señora, así te conjuro, ¡Oh, gran círculo de poder! ¡Así arriba como abajo; este círculo queda sellado!*».

O haz un círculo mágico alternativo. «*Espíritu delante de mí, Espíritu detrás de mí, Espíritu a mi derecha, Espíritu a mi izquierda, Espíritu sobre mí y Espíritu debajo de mí: bendice este trabajo y mantenme a salvo. Así sea*».

Nota: puedes reemplazar la palabra «Espíritu» por cualquier palabra que quieras: ángeles, diosa, el nombre de alguna deidad en particular, y demás. Puedes usar una de las técnicas de limpieza, conexión y concentración de mi libro *MindLight*, o puedes recitar tu oración, poema, salmo o hechizo verbal favorito. Es mejor hablar en voz alta cuando realizamos hechizos que implican una actividad mental, emocional y física, ya que las palabras vibran a lo largo de la red del mar de posibilidades para traerte lo que deseas. No es que tus pensamientos no sean lo suficientemente poderosos como para que puedas trabajar en absoluto silencio (de hecho sí lo son si estás lo suficientemente concentrado). Sin embargo, nuestras mentes están demasiado ocupadas y otros pensamientos pueden interferir justo en el momento equivocado. Si trabajas en voz alta y haces que las palabras vibren con la emoción, el hechizo será fuerte.

A lo largo de los años he oído argumentar que no es necesario proyectar un círculo y en algunas circunstancias estaría de acuerdo con esa opinión; sin embargo, creo que más vale prevenir que curar. Cuando proyecto ese círculo, ya sea mediante un conjuro verbal o una visión mental, sé que he creado un lugar seguro para evocar el poder lejos de miradas ocultas entrometidas y de cualquier otra cosa que haya alrededor. He erigido un área libre de escombros para poder realizar mi trabajo con éxito. Para mí, vale la pena tomarse unos minutos para montar ese círculo. Además, es una buena práctica. Nunca sabes cuándo vas a tener que conjurar un círculo en segundos; puede ocurrir.

Sella tu círculo diciendo varias veces: «*Sólo lo bueno permanece*». Después, dibuja una cruz de brazos iguales en el aire con tu pulgar derecho. Podrías añadir la bendición de mi libro *HedgeWitch*: «*Paz con los dioses, paz con la naturaleza, paz en el interior; sólo lo bueno permanece*».

Conecta personalmente con el mar de posibilidades. Haz una respiración profunda y relájate. Da las gracias al universo por las cosas buenas en tu vida y bendice a quienes forman tu hogar. Después repite varias veces: «Soy uno con el universo», permitiéndote serlo de verdad. Si no te gusta esta declaración, escoge otra que te atraiga. Algunas personas se refieren a esta actividad como «mezcla», en la que abandonas tus límites y dejas que tu ser fluya en el mundo que te rodea hasta tocar tu idea de lo Supremo del universo. Respira profundamente mientras repites la frase en tu mente varias veces. No pares hasta que te sientas completamente uno con el universo. Sentirás que algo cede dentro de ti; la dulzura del Espíritu te inunda. A veces se siente un ligero chasquido y todo es realmente más brillante que antes. Cuanto más practiques, menos tiempo te llevará alcanzar este punto tranquilo y apacible. Algunas personas sienten un claro cambio en su ser interior. Reconocerás el cambio cuando llegue, ya que no existe otro sentimiento como ése: totalmente tranquilo, absolutamente sereno. La última parte de la técnica de liberación mental a la que nos hemos referido entra directamente en tu conexión con el mar de posibilidades.

Reconoce tu conexión con el campo. *«El mar de posibilidades está a mi alrededor. El mar de posibilidades está dentro de mí. ¡El mar de posibilidades está a mi alrededor y puedo hacer cualquier cosa!»*. Repite estas afirmaciones varias veces hasta que sientas la conexión, que puede manifestarse como una fuerza interior, un reconocimiento de tu poder, un sentimiento de éxito y demás. Algunas personas añaden una visualización de ondas de energía dando vueltas a su alrededor y a través de ellas; otras ven el mar como una luz blanca o dorada que se mueve suavemente a través y alrededor de su cuerpo. A otras les va bien visualizar impulsos eléctricos de luz azul. Cuando repitas las afirmaciones por última vez, añade: *«Activo este mar para...»* y luego declara tu intención. Escoge términos que fluyan de ti y que te funcionen.

Para reforzar el trabajo, reúne el poder del mundo que te rodea. Mientras inspiras y espiras lentamente, llama a los espíritus de los elementos al menos tres veces por cada elemento, lo que equivale a tres respiraciones por elemento. Yo siempre empiezo cantando la palabra «uno» y después, cuando me siento preparada, digo *«espíritus de la tierra»*, seguido de *«espíritus del aire»* y *«espíritus del agua»*. Luego continúo cantando la palabra «uno» hasta que siento que están todos presentes. Una antigua bruja vasca dijo en una ocasión: «Utiliza siempre el mundo que te rodea»; y nunca lo olvidé.

A continuación, conecta

Para la meditación, indica específicamente lo que deseas que se haga realidad sin dañar a nadie. Después repite la declaración mientras inspiras y espiras lentamente. Estás inspirando la energía, iluminándola con el pensamiento de lo que deseas, y después enviándola de nuevo al universo. Piensa en ello como una jugada de voleibol: la pelota de energía viene hacia ti, la atrapas, la conviertes en lo que quieres que sea y luego exhalas la visualización hacia el universo para que se manifieste. Haz esto durante tanto tiempo como te sientas cómodo. Cuanto más practiques, más tiempo conseguirás retener el pensamiento; sin embargo, he aprendido que no es realmente necesario retenerlo durante un tiempo considerable siempre y cuando no permitas que las dudas u otros pensamientos interfieran en el proceso. Si lo haces, repite esta parte otra vez. Una persona a la que conozco le gusta activar la visualización saliente con rayos de tormenta. Otra persona siente un hormigueo en sus manos y se calientan. Utiliza lo que te funcione. No tengas miedo de experimentar; por ejemplo: «*sé que Connie Arber está curada*», o «*sé que tengo un trabajo nuevo fantástico que es adecuado para mí*», o «*¡me llena de alegría que Jacob tenga un coche nuevo!*». Si estás haciendo el trabajo para más de una persona, ahora es el momento de pasar al siguiente elemento o persona de la lista. Termina la meditación con el reconocimiento original de tu conexión con el campo: «*El mar de posibilidades está a mi alrededor. El mar de posibilidades está dentro de mí. ¡El mar de posibilidades está a mi alrededor, y puedo hacer cualquier cosa! ¡Así sea!*».

Nota: mientras practicas esta meditación puedes sostener un cristal o un talismán. Termina la meditación abriendo los ojos y respirando profundamente. Si proyectas un círculo mágico, di algo como: «*Este círculo está abierto pero nunca roto. Así sea*».

Para la magia, empieza a trabajar por ejemplo moliendo y mezclando una fórmula con hierbas o confiriendo poderes a una vela. Mientras trabajas, declara de manera explícita y concisa lo que deseas conseguir. No dudes en utilizar tu canto o rima favorita, o escuchar una cinta de percusión; cualquier cosa que te haga sentir empoderado. A mí me gusta el canto pagano de mi libro *To Light a Sacred Flame*: «*Que la red de los wyrrd cambie de acuerdo con mi deseo y mi voluntad*». Una vez que tus materiales estén listos, es hora de empoderarlos y lo haremos del mismo modo en que hacemos la meditación. La diferencia es que colocarás las manos con las palmas hacia el elemento físico, como una vela decorada, o sobre el recipiente de hierbas o sosteniendo un talismán en ambas manos. También puedes sostener una varita, tu *athame* de rituales o cualquier cosa que utilices para dirigir el poder si lo deseas. Cuando hago un trabajo de destierro utilizo unas tijeras de mango negro. Sí; funciona absolutamente.

Al igual que con la meditación, es hora de repetir la declaración de la conclusión deseada que has preparado mientras inspiras y espiras lentamente. Esta declaración representa tu propósito. Estás inspirando la energía, iluminándola con el pensamiento de lo que deseas y devolviéndola al universo. Sepárate del objeto dos veces antes de inundarlo de energía la tercera vez. Observa como la energía de tu mente avanza hacia el objeto y luego retrocede. Avanza un poco más hacia el objeto y retrocede.

Finalmente, permite que la energía fluya por completo dentro del objeto y déjala fluir tanto tiempo como te sientas cómodo, fuerte y controlando tus pensamientos. Al igual que con la meditación, la parte de la respiración es necesaria; unas buenas respiraciones largas mientras absorbes la energía del mar de posibilidades, lo activas y envías tu propósito de vuelta a ese mismo campo. Cuando sientas que ya has terminado (que suele ser tanto tiempo como consigas retener el pensamiento), empieza a concluir con una declaración que indique que el deseo te pertenece en el presente. Asegúrate de que tus palabras están llenas de éxito emocional, de que te «sientes» positivo, alegre, feliz. Termina con tus declaraciones originales: «*El mar de posibilidades está a mi alrededor. El mar de posibilidades está dentro de mí. ¡El mar de posibilidades está a mi alrededor, y puedo hacer cualquier cosa! ¡Así sea!*». Completa la operación mágica dibujando una cruz de brazos iguales en el aire sobre los objetos para sellar el trabajo. Desecha o continúa monitorizando los objetos que has empoderado, según requiera el trabajo.

Colocar las manos

No importa dónde coloque mis manos, así será.

Tus manos están siempre llenas de poder y tienen la capacidad de alejar o atraer energía hacia ti. La mayoría de las personas no las ven como vehículos o herramientas mágicas pero cada vez que tocas algo, te llevas un poco de ese algo y le dejas un poco de ti. Cuando colocas las manos sobre cualquier objeto haciendo magia, ya sea un cordón, hierbas secas, un sello, una petición o tus herramientas, ese objeto empieza a absorber tu energía. Esa energía es la combinación de varios factores, entre los que se incluye el patrón vibratorio del propio objeto. Sólo colocar las manos sobre cualquier objeto hace que comience el proceso de fusión.

Si no llevas a cabo los pensamientos junto con la acción correspondiente, hay poca fuerza detrás del contacto. Por ejemplo, no piensas de verdad en tu relación con los miles de objetos que tocas cada día: un vaso de agua, el volante del coche, la puerta que abres para entrar en una tienda, y demás. Lo que separa este tipo de contacto y el manejo de objetos en un hechizo es tu intención focalizada. Los pensamientos que impregnas en ese objeto mágico, como visualizaciones, imágenes, palabras susurradas y demás, se pueden combinar para dirigir y crear el patrón para la manifestación de tu deseo que luego activarás con el flujo de energía. Usar el objeto como parte del proceso es un tipo de empoderamiento.

En magia, trabajar con las manos basándote en tu propósito se llama «colocar las manos». Cada vez que trabajes con las manos debes colocarlas sobre el vehículo del hechizo con una intención sumamente clara que no esté nublada por pensamientos negativos ni emociones confusas. En este libro usamos el mar de posibilidades para activar un trabajo, mientras tus manos impulsan y distribuyen la intención en las hierbas y los polvos. La energía va de manera natural desde el mar de posibilidades hacia ti, y tus manos guían esa energía. Muchas personas se pierden pensando que deben tener una varita, un *athame* o una espada para dirigir la energía, y eso está bien; sin embargo, junto con tu mente, ¡tu herramienta mágica más importante son tus manos!

Durante una semana, practica el despertar de tu capacidad de dirigir la energía con tus manos. Míralas como si fueran una herramienta mágica maravillosa. Contempla tus manos varias veces al día; gíralas y presta atención a ambos lados, recordando el poder que prometen. Experimenta la increíble sensación que sientes cuando susurras varias veces: «¡*Despierto el poder que hay dentro de mí!*». Mientras inspiras, imagina que estás absorbiendo la resplandeciente energía del mar de posibilidades. Deja que esa energía recorra tu cuerpo como un río de iluminación. Mientras espiras, impulsa ese poder hacia tus manos. Puede que sientas un hormigueo en ellas o que las notes increíblemente cálidas. En lugar de desperdiciar la energía mientras practicas, coloca las manos sobre tu corazón y di: «*Curo mi cuerpo, mi mente y mi alma. Así sea*».

Todo ser humano tiene la capacidad de acceder y usar su propio poder increíble, que puede ser dirigido a través de sus manos. Puede que desees «preparar» tus manos antes de empezar a trabajar. La manera en que lo hagas depende totalmente de ti. El siguiente es sólo un ejemplo:

Cierra los ojos y respira profundamente al menos tres veces. Centra tus pensamientos en que tu propósito es reunir poder y preparar tus manos para trabajar con magia (o Reiki, o incluso arreglar un juguete roto). Lávate las manos con una mezcla de agua y sal, repitiendo: «*Sólo lo bueno permanece*». Sécalas con una toalla limpia. Una vez más, cierra los ojos, respira profundamente al menos tres veces y susurra lo siguiente: «*Despierto el poder que hay dentro de mí. ¡Despierto mis manos como increíbles herramientas para la magia!*». Respira profundamente y conecta con el mar de posibilidades, llevando la energía a tus manos. Entonces, cuando te sientas con energía, di: «*No importa dónde coloque mis manos, mi deseo así será!*». Procede a realizar tu actividad mágica (o a arreglar ese juguete roto).

Una vez que practiques este ejercicio durante varios meses, todo lo que tendrás que decir es: «*Coloco mis manos*», y así será porque te has preparado para despertar el poder dentro de ti para acceder y dirigir lo que necesitas en cualquier momento.

Necesito un milagro

Los milagros suceden de verdad. Todos hemos estado en esa situación en la que necesitábamos ayuda desesperadamente y gritamos diciendo algo como: «¡*Si alguna vez he necesitado un milagro, es ahora!*». Tal vez la necesidad está alimentada por el miedo y tú haces vibrar el aire que te rodea con tu petición de auxilio. Cuando pides un milagro al universo, estás activando el campo y atrayendo la energía requerida hacia ti con un superimpulso de energía ondulante. Estás empujando el pensamiento más allá de ti para tocar «lo que sea» que pueda ayudar; al mismo tiempo estás esperando un retorno (creencia), ampliando en realidad esa tubería para que la energía pueda fluir, que se unifica formando un patrón que se retrae porque lo estás esperando.

Cuando pides un milagro, no estás microgestionando energía, estás estableciendo un propósito extremadamente firme a menudo impulsado por un estado elevado de emoción, esa sensación de gran necesidad. No necesitas sexo ni drogas para llegar hasta ese punto de posible manifestación. ¡Necesitas ayuda y la necesitas *ahora*! Y el universo responde. Relájate y piensa por un momento; recuerda las veces en que has pedido auxilio sin tratar de microgestionar el resultado y luego todo encajó, tal vez no de la forma en que pensaste que lo haría, pero por lo general funciona igual de bien. Muchas personas atribuyen los milagros a una forma de dios o diosa, y no lo discuto; lo que estoy diciendo es que eres bastante capaz de acceder a esa ayuda en cualquier momento para cualquier cosa.

El equilibrio de la magia

La técnica del mar de posibilidades discutido anteriormente trabaja sobre la premisa de *así arriba como abajo; así dentro como fuera*. Cuando usas técnicas de magia o visualización se crea un desequilibrio y la manifestación de lo que tú deseas es el equilibrio. Piensa en ello como un balancín. Sacas la energía que dicta lo que quieres y un extremo del balancín baja. Como todo trabaja sobre la premisa del equilibrio, para crear una superficie nivelada de nuevo, el deseo se manifiesta al otro lado del balancín y el extremo que había bajado, sube y se nivela para que la tabla esté paralela al suelo, creando así una existencia nivelada. Esta regla de la magia (acción igual a reacción/polaridad) es una enseñanza hermética. Los polvos mágicos, el incienso, los aerosoles, los perfumes, las mezclas de aceites y las mezclas de hierbas son altamente efectivos a la hora de crear un detonante aromático dentro de ti que puede ayudarte a tener pensamientos positivos o los pensamientos que te conducirán a la manifestación que deseas. Estos pensamientos positivos, a su vez, ayudan a traer el equilibrio, lo que deseas. Éste es uno de los motivos por los que las correspondencias en magia son tan importantes. Al reunir cosas que son del mismo pensamiento o vibración emocional, estamos ayudando a nuestras mentes a mantenerse enfocadas. Practicando ese proceso de recolección de una manera espiritual ampliamos la carretera hacia un éxito mayor, despejando el camino a nuestros sueños y metas.

El problema de usar la palabra «desequilibrio» es que las personas en general ven la palabra con una connotación negativa. «¿Qué quieres decir con que estoy creando un desequilibrio cuando pienso? ¿Eso no es malo?». Piensa en la doble espiral sagrada. Una espiral representa tus pensamientos saliendo al universo y la otra muestra esos mismos pensamientos fusionándose en el universo. Las espirales están conectadas, mostrando una representación unidimensional de cómo tus pensamientos afectan al universo y cómo el universo cambia tus pensamientos. Cuando ves un diseño en espiral, no ves lo bueno o lo malo; sólo ves el símbolo de lo que es.

Doble espiral sagrada

Como experimento, intenta usar este símbolo en tu superficie de trabajo. Mientras trituras hierbas o haces un hechizo en particular, la espiral es un recordatorio de que lo que sacas es lo que recibes. Prueba a inscribir el símbolo en una vela la próxima vez que la utilices en un hechizo. ¿Qué tal te funciona?

Técnica del espejo

Si todavía estás devanándote los sesos con el concepto de equilibrio/desequilibrio, piensa en un espejo. Lo que haces frente a un espejo es siempre reflejado de nuevo hacia ti. Si enciendes una luz delante del espejo, rebota en la superficie y regresa a ti. Así es exactamente el universo. Si las cosas te están yendo realmente mal en este momento, crea un fondo de espejo. En serio. Elige un espejo de tu casa y colócalo de modo que quede frente a una pared. En la pared, pon imágenes y otros artículos de lo que quieres que sea tu vida. Ponte cada día frente a ese espejo, con la vida de tus sueños como telón de fondo, e imagínate viviendo la vida que deseas. La clave no está en mirarte a ti mismo y sacarte defectos, sino en verte a ti mismo sonriendo y feliz en la nueva vida que deseas crear.

También puedes crear un tablón de anuncios lleno de cosas que deseas para que cada vez que lo mires te motive a buscar los pensamientos que te traerán lo que quieres. La técnica del espejo es más activa, ya que puedes moverte, sonreír e incluso crear conversaciones míticas. Si crees que crear un fondo requiere demasiado tiempo, puedes pegar fotos alrededor de los bordes del espejo para que tu reflejo esté rodeado por lo que deseas desarrollar en tu vida.

Recuerda: el mar de posibilidades siempre está a tu alrededor. Nunca se va. ¡A veces, el desafío más difícil es tener en cuenta que sigue allí!

Aceptación o negación

Consideremos el significado de las palabras «encendido» y «apagado», y visualicemos un interruptor de luz. Cuando algo se considera «encendido» es que está en marcha, es un sentimiento de aceptación. Cuando pensamos en «apagado», nos vienen a la mente palabras como «parar», «no quiero eso» o «silencio». Éstas serían unas analogías muy básicas:

- apagado/encendido
- si/no
- aceptar/resistir
- querer/no querer

Cuando aceptas o quieres algo, la sensación suele ser positiva. Cuando te resistes o no quieres algo, los sentimientos a menudo son negativos (a lo sumo) o al menos inestables.

Toda magia está activada o bien desactivada, sí o no, aceptar o resistir.

¿Alguna vez has visto a un niño jugar con un interruptor de luz? Lo enciende y lo apaga una y otra vez; te vuelve loco, ¿verdad? El universo piensa de la misma manera cuando transmites tus sentimientos sobre un tema en el que la claridad no aparece por ningún lado. ¿Lo haces? ¿No lo haces? ¿Qué demonios es eso? ¡Decídete! Activar constantemente ese interruptor en tu campo y en el mar de posibilidades que te rodea conduce a la derrota o la insatisfacción.

Durante por lo menos una semana, con todo lo que hagas, con todo lo que pienses, enciende o apaga el botón mental dependiendo de tus necesidades. Sin *pensamientos superfluos*.

Cuando enciendas el botón mental, ejecuta la energía como se indicó anteriormente en el tema de colocar las manos.

Cuando apagues el botón mental, bloquea la energía de la negatividad. En la vida es realmente así de simple. ¿Encendido o apagado? Elige.

Técnica mágica para vincular, sincronizar y hundir

Hace bastante tiempo creé la técnica para vincular, sincronizar y hundir, un método mental para efectuar el cambio, para ayudarme cuando trabajo con magia de curación para personas y animales. Funciona para aplicaciones de curación en persona y a larga distancia, y es una visualización increíblemente simple.

Di el nombre de la persona en voz alta tres veces. Respira profundamente varias veces y cierra los ojos. En tu mente, mézclate con la naturaleza y el Espíritu. Utiliza la técnica del mar de posibilidades para fijar tu propósito y luego repite nuevamente el nombre tres veces si la persona no está presente (si está contigo puedes omitir esto).

Vincular: Si la persona está contigo, coloca tu mano en la parte superior de su cabeza. Si es un animal, pon tu mano donde puedas sin que el animal se moleste. Si la persona no está presente, visualízala en tu mente. Si está presente, el proceso de vinculación ya ha comenzado. Sin embargo, si no está presente, conéctate a ella usando algún tipo de visualización de conexión que te haga sentir cómodo: un cordón plateado, una ola de energía, algo que puedas «ver» bien. A mí me resulta más fácil conectar en el tercer ojo, pero puedes elegir otra parte del cuerpo.

Sincronización: Aquí es donde mezclas la energía de la intención (curación, alegría, felicidad) con su fuerza de vida, que a menudo es representada por lo que sientes por esa persona junto con su imagen en tu mente. Cuando piensas en cualquier ser (persona, animal e incluso plantas) tienes un «sentimiento» hacia él; esto es parte de la totalidad de su distintivo en este plano y cómo vibra cuando lo observas. A menudo ignoramos este sentimiento porque estamos muy ocupados procesando mil millones de cosas a la vez. Cuando bajamos el ritmo, nos relajamos y respiramos profundamente, podemos acceder a cualquier distintivo individual. Naturalmente, algunas personas se protegen bien. Sin embargo, parte de estar en este planeta es tener nuestra propia dirección vibratoria (por un tiempo). Lo mejor es que estés de acuerdo con la persona en el cambio requerido (alegría, felicidad, curación, amor) ya que esto acelerará el proceso. Para larga distancia, visualiza que estáis respirando juntos. Si está presente, pide a la persona que respire siguiendo tu respiración (o tú la suya, no importa). Tanto si está contigo o a larga distancia, ahora cierra los ojos y usa una visualización de luz giratoria donde la luz de tu propósito gire junto con su luz. Para mí, esta luz es multicolor y se vuelve blanca cuando se ha establecido la sincronización.

Hundir: Visualiza la energía que se hunde lentamente en la parte superior de su cabeza y baja hacia todos sus chakras. Como practico la magia susurrada Braucherei, donde los cánticos son parte del proceso, comienzo a cantar algo que encaje con la intención. Intenta mantener la visualización de la energía que gira el mayor tiempo posible. Una vez que hayas pasado por sus chakras, puedes concentrarte en el lugar donde puede estar el dolor o el problema dentro del cuerpo. Cuando pierdes la luz o la visualización, el trabajo está terminado. Sella con una cruz de brazos iguales sobre la persona si está allí o en el aire si no está presente. El trabajo está hecho. Déjalo ir. Lávate las manos con agua corriente o frótalas con sal para romper la conexión que has hecho. Algunos practicantes prefieren usar agua bendita o agua de Florida.

Para facilitar el proceso de vinculación en aplicaciones de larga distancia, puede que desees tener una fotografía, una prenda de vestir sin lavar que haya llevado puesta, joyas que le pertenezcan, un collar que la mascota haya usado, y demás. Hay algunas personas que se escudan todo el tiempo, por lo que puede ser difícil influirlas a pesar de tener su permiso para llevar a cabo la curación. Cuando esto ocurra, piensa en cualquier asociación que hayas tenido con ella en persona, especialmente si la has tocado. Piensa en *ese* momento o en una conversación, cuando os disteis la mano, cuando pueda haberte abrazado, y demás. Piensa en lo que sabes de ella: sus colores, flores, animales o pasatiempos favoritos para ayudarte a establecer la conexión. Haz que aquello que es familiar para ella lo sea también para ti rodeándote de imágenes mentales que la persona suele guardar para sí misma (aunque puede que no sean tuyas). Para familiares y amigos cercanos, la clave para abrir el acceso a su cuerpo astral es el amor. Esta energía es honesta y pura, y puede atravesar fácilmente el escudo, particularmente si el amor entre esa persona y tú es compartido.

La técnica para vincular, sincronizar y hundir también funciona con una variedad de técnicas mágicas, desde conferir poderes a polvos y mezclas de hierbas hasta obtener un coche nuevo. El proceso no sólo se usa en criaturas vivientes; también puede ser empleado en objetos inanimados para una variedad de hechizos como la protección una propiedad, atraer el dinero, sincronizar un muñeco de vudú con tus necesidades, y demás. Cuanto más practiques la técnica, tanto con personas como con objetos, más fácil será, y la velocidad de la manifestación te parecerá una gran bendición cuando realmente más la necesites. Cuando la estés usando para atraer un objeto inanimado como un automóvil, visualiza el vehículo que deseas y en lugar de romper la conexión al final del trabajo, atrae el coche hacia ti e imagina tus manos tocándolo. ¿Cómo te sentirías al tocar la superficie del coche? Vincula ese recuerdo de contacto físico a una sensación de alegría.

En este libro nos estamos mezclando con la energía del Espíritu, el universo como vehículo, plantas, hierbas, árboles y elementos para alegrar nuestras vidas y las de los demás. Me doy cuenta de que a menudo miramos físicamente el cielo cuando liberamos energía. Ése es uno de los muchos significados de «arriba» en las enseñanzas ocultas. Al trabajar con los elementos de la tierra, me topé literalmente con la siguiente técnica, que cambió mi percepción sobre la magia y el flujo de energía. Quizás sea útil para ti también.

Ejercicio con la tierra y relámpagos azules

Una búsqueda rápida en Internet muestra un fascinante grupo de artículos sobre la comunicación de plantas y árboles a través de una variedad de procesos químicos, su sistema de raíces y suspensores fúngicos. Mientras que algunos científicos descartan esto como algo no cierto, otros están avanzando recopilando documentación de que la creación de redes entre las plantas existe de verdad. La mayoría de personas mágicas que cultivan, trabajan en el jardín y trabajan con hierbas, plantas y árboles, aceptan que realmente existe algún tipo de comunicación, ya sea espiritual, química o ambas. Sólo porque no lo entendamos y no hayamos sido capaces de cuantificarla no significa que no esté allí. Y una vez que sientes esto, no necesitarás que te convenzan.

En este ejercicio, unimos de manera consciente la cadena en la comunicación usando el suelo. Por primera vez, coloca tus manos sobre el suelo en el exterior. En lugar de pensar en el Espíritu que está arriba, concéntrate en enviar tu comunicación al suelo. Estamos usando el suelo como nuestro conducto de vinculación a algo en otro lugar que también está en el suelo: una persona, un animal, un objeto. Me gusta usar esta técnica para curar, en la que sigo el método de conexión explicado a continuación y envío información curativa a una persona que la ha solicitado. Yo susurro literalmente mis cantos hacia el suelo. Tú eliges con quién o con qué deseas conectar.

Comienza activando el mar de posibilidades como se ha mostrado anteriormente en este capítulo. Siéntate en silencio en el suelo y coloca las manos frente a ti sobre la tierra. Haz varias respiraciones profundas y céntrate; luego di: «*Yo despierto a la Madre Naturaleza*» (o la tierra o cualquier palabra que elijas para vincularte con la red de comunicación que procede del suelo). Es importante que elijas sabiamente para llevar a cabo la conexión adecuada para tu percepción.

Luego di: «*Recojo la energía curativa del universo para viajar dentro de la tierra y sanar su centro*». Esto le permite a la naturaleza saber que vienes a ella con regalos de amor y curación, que buscas vincularte a la red de comunicación y que no eres una amenaza. Vincúlate, sincronízate y húndete con la tierra. Cierra los ojos y llena el suelo que te rodea de sentimientos de amor. Sigue haciendo esto hasta que pierdas el pensamiento.

Luego, imagina que la información que deseas enviar es una red de relámpagos azules conectados que viajará por el suelo hacia la persona en cuestión. La alcanzará, viajará a través de las plantas de sus pies y se conectará con su aura. A continuación, puedes sincronizarte con la persona y hundir la energía en el cuerpo físico (o simplemente puedes elegir conectarte con el cuerpo astral de la persona). Susurra tus cantos, oraciones, hechizos y palabras de curación, manteniendo las manos en el suelo y pensando en la persona. Puedes usar polvos mágicos o una mezcla de hierbas, moliendo el polvo en el suelo con las manos mientras entonas tus palabras.

Cuando hayas terminado, di algo como: «*Estoy agradecido por este cambio y abrazo el bienestar para mí y para (el nombre de la persona)*». Rompe la conexión con la tierra. Haz una cruz de brazos iguales en el suelo con el dedo para sellar el hechizo. Da las gracias a la tierra por su ayuda en este asunto. Deja una ofrenda ecológica de tu elección como alpiste, agua, harina de maíz, y demás. Esta ofrenda ayuda a conectar la vibración de tu propósito desde el mar de posibilidades hasta el mundo físico. Estás llevando lo necesario del plano astral al plano físico. Esta ofrenda «fija» o «ancla» tu deseo con amor y gratitud, dos energías que ayudan a dar forma al objetivo.

He usado esta técnica para una variedad de propósitos, particularmente para hechizos a larga distancia donde no hay manera de poder llegar a tiempo. Ejemplos de tales casos son la protección de niños, ayuda a viajeros desamparados, curación de aquellos sometidos a cirugía de emergencia, atrapar a un criminal y alertas de menores desparecidos.

Si haces magia con amigos o familiares, puede que quieras usar este ejercicio para sanar la zona en la que vives semanal o mensualmente.

He creado un pequeño lugar privado al aire libre con un círculo de piedras donde puedo sentarme y practicar esto. Limpio el lugar después de cada acto mágico con agua de hierbas sagrada de romero y lavanda.

Advertencia: si usas el proceso para vincular, sincronizar y hundir o el ejercicio con la tierra y relámpagos azules para obtener algo de otra persona, como robar, el universo se asegurará de que pagues por el robo. Por lo tanto, nunca te vincules a un objeto en particular que pertenezca a otra persona, como la colección de monedas del abuelo. La advertencia «el mal uso del poder significa su pérdida» no es un viejo proverbio dicho en vano. Tus acciones y tus pensamientos siempre te llevarán al equilibrio.

Resumen

En este capítulo hemos revisado varias técnicas mentales y espirituales para mejorar tus prácticas mágicas. No pruebes ninguna o pruébalas todas; la elección depende de ti. En el siguiente capítulo, cubriremos los suministros y aspectos prácticos para trabajar con polvos mágicos y mezclas de hierbas.

CAPÍTULO DOS

Herramientas y suministros

*T*e *conjuro.* Éstas son las palabras que utilizo para poner en movimiento casi todas las operaciones mágicas que realizo, incluido mi ritual de proyección del círculo. Ten en cuenta que en mi tradición comenzamos por el norte; sin embargo, en muchas prácticas, las personas mágicas comienzan por el este. La decisión es completamente tuya.

> *Te conjuro, oh, círculo de poder*
> *Para que seas para mí*
> *Una frontera entre el mundo de los hombres y los poderosos,*
> *Un lugar de encuentro del amor perfecto, confianza, paz y alegría*
> *Que contiene el poder que evocaré aquí dentro.*
> *Invoco a los guardianes del norte, del este, del sur y del oeste*
> *Para que me ayuden en este conjuro.*
> *En el nombre del Señor y de la Señora, así te conjuro,*
> *Oh, gran círculo de poder y protección.*
> *Así arriba*
> *como abajo*
> *Este círculo queda sellado.*

«Te conjuro» son las palabras más poderosas que pronuncio todos los días. Estas palabras tienen un gran significado para mí y las uso como un poderoso detonador para la manifestación de lo que deseo. ¿Qué significan estas palabras? ¿Deberías usarlas?

Echemos un vistazo al diccionario Oxford y busquemos el significado y derivación de la palabra conjurar. El significado básico en latín es *con* ('juntos') y *jure* ('jurar'). Inicialmente, la palabra significaba lo siguiente:

- jurar juntos
- unirse
- combinar
- hacer un pacto bajo juramento

Ser conjurado significaba 'unirse', 'apelar a algo sagrado', 'contener una fuerza negativa llamando a algo más poderoso que uno mismo'. Ya en 1450, los practicantes del cristianismo «conjuraban a la Trinidad» (Padre, Hijo y Espíritu Santo) para hacer su voluntad, imitando a las religiones y prácticas paganas anteriores a ellos. En 1535 aparece una referencia a «conjurar agua bendita suplicándole que quienquiera que fuera rociado con ella pudiera con eso recibir salud tanto del cuerpo como del alma».[1]

La asociación de la palabra *conjurar* que representa algo malo ocurrió cuando la palabra se vinculó con el levantamiento político, los juicios de brujas y otros eventos en los que las personas conspiraron contra la clase dominante. En el año 1500 una conjuradora era una hechicera. También implicaba juegos de manos, ilusionismo y engaño (prestidigitación). Alrededor de la misma época las personas usaban la palabra asociada a invocaciones, amuletos y hechizos.[2]

En 1649 aparece una referencia a esta invocación clásica: «Te conjuro, oh, criatura de Galbanum, por el Dios viviente, que seas nuestra defensa».

En un principio podrías asumir que Galbanum[3] es un demonio.

---

1. *The Compact Oxford English Dictionary,* 2.ª ed. (NY: Oxford University Press, 1999), 316, secciones 742 y 743.
2. Ibíd.
3. Para los interesados en la resina de gálbano, puedes consultar el siguiente enlace: www.scents-of-earth.com/gaabinsp.html (Hay otros. Investiga. ¡Disfruta!).

Pues no.

Es una resina de goma usada en incienso y en la medicina medieval. En este ejemplo, el practicante estaba, mediante las palabras pronunciadas, ordenando a la resina que se uniera a su propósito. Básicamente estaba vinculando mediante las palabras el propósito (protección, curación) al campo de la resina. «Por el Dios viviente» invoca «la perfección (Dios) activa (viviente)».

La magia herbal y la magia Braucherei o Pow-Wow dependen en gran medida de «la palabra». No la palabra de una divinidad (aunque esas palabras se usan), sino las palabras que pronuncias y la forma en que las presentas al universo. Vas a encontrar una gran cantidad de magia Braucherei en este libro. En mi práctica diaria, confío en gran medida en estas técnicas de magia alemana de Pensilvania.

El pensamiento crea la palabra. La palabra da forma al campo. El campo actúa sobre el cuerpo, la mente y el alma.

Eso es Braucherei.

Eso es evocar.

En este libro estamos trabajando con mi técnica de utilizar el mar de posibilidades, la palabra, polvos y mezclas de hierbas, uniéndolos para mejorar nuestro desarrollo de la espiritualidad y aportar alegría a nosotros mismos, a nuestras familias y al mundo.

¡Conjuremos!

Primeros pasos: suministros, tiempos y consejos

Un polvo mágico es una fórmula de ingredientes de hierbas secas molidas y mezcladas por el practicante para un propósito en particular como el amor, la salud, protección, la prosperidad y demás. Una mezcla de hierbas suele ser una mezcla de alta calidad de hierbas secas elegidas por su color, propiedades mágicas, olor y textura. A veces estas mezclas son ligeramente molidas o no. Como todas las cosas en el universo tienen un patrón vibratorio único, los ingredientes de un polvo o una mezcla mágica se elaboran para que coincidan con las vibraciones de energía de lo que deseas manifestar, atrayendo así el objeto o situación hacia ti o eliminando patrones de energía no deseados de tu campo de existencia.

Los polvos mágicos y las mezclas de hierbas mejoran tu magia mental, afirmaciones, meditaciones, rituales, lanzamiento de hechizos y vida diaria apoyando tu trabajo a través del color, la textura, la forma y el patrón de energía. Te ayudan a crear un vínculo en el mundo físico y a construir un puente más fuerte hacia lo que deseas manifestar. Las hierbas son herramientas vivientes que, al despertarlas para tu deseo, pueden ayudarte a conectar, crear y cumplir cualquier propósito. Al igual que tú, poseen el potencial puro y positivo del universo.

Cómo se pueden utilizar los polvos mágicos y las mezclas herbales

De formulación similar, los polvos mágicos y las mezclas herbales se usan en una amplia variedad de prácticas y técnicas mágicas como ofrendas a los dioses, regalos a los seres queridos fallecidos, bolsas grisgrís, relleno de muñecos de vudú y almohadas, popurrís encantados, agregadas al incienso o esparcidas alrededor de velas con poder, por nombrar sólo algunas. Los polvos mágicos y las fórmulas herbales no son sólo para hacer hechizos. Se pueden usar en meditación, afirmaciones, bálsamos curativos (dependiendo de los ingredientes), bolsas de oración cosidas a la ropa, y otras prácticas espirituales que no requieren lanzar hechizos.

La mayoría de las fórmulas facilitadas en este libro se pueden usar tanto como polvos herbales o como mezclas mágicas a menos que se indique lo contrario. La siguiente lista es un ejemplo de la versatilidad tanto de los polvos como de las mezclas. Algunas de las sugerencias funcionan mejor con polvos y otras con mezclas.

- Dentro de una vela (se hace un pequeño agujero a mano en el parte inferior de la vela).
- Rociarlos alrededor de la base de una vela.
- Como capa de una vela (la cual se cubre con miel y luego con el polvo). Por favor, ten en cuenta que ésta es una opción inflamable y debe hacerse sólo en circunstancias controladas.
- Usarlos en conjuros, grisgrís o bolsas de oración.

- Como relleno en muñecos, saquitos o almohadas.
- Agregarlos al agua bendita, que se puede rociar en una habitación, área de meditación, círculo mágico, o dejarla tal cual en el centro de una mesa o altar.
- Usarlos en la colada.
- Agregarlos a otros componentes del hechizo.
- Esconderlos debajo de las alfombras.
- Agregarlos a proyectos de arcilla polimérica (joyas, runas, y demás).
- Agregarlos a la pintura (para pintar herramientas rituales, tarjetas, objetos de madera...
- Rociarlos sobre herramientas de adivinación.
- Verterlos en un cuenco ritual sobre una petición.
- Agregarlos al incienso.
- Enrollarlos en hojas de petición que serán quemadas.
- Colocarlos en la base de un árbol.
- Utilizarlos como ofrenda en un cementerio.
- Verterlos sobre la parte superior de algo que ha sido enterrado.
- Colocarlos en sonajeros o tambores.
- Dejarlos como ofrendas, particularmente al aire libre o en su altar.
- Rociarlos en senderos.
- Rociarlos en las puertas delantera y trasera de un negocio o vivienda.
- Agregarlos al baño ritual (sólo hierbas adecuadas para el cuerpo)
- Usarlos en limpiezas espirituales.
- Agregarlos a jabones hechos a mano (sólo hierbas adecuadas para el cuerpo).
- Agregarlos durante el proceso de fabricación de velas artesanales.
- Doblarlos en paquetes de papel o de tela para guardar en el bolsillo, bolso, billetera o detrás de fotografías.
- Agregarlos al aceite ritual que se usa para ungir personas (sólo hierbas adecuadas para el cuerpo) o para adornar velas mágicas.
- Utilizarlos en saquitos para cajones de ropa, cajones de oficina, armarios, etc.
- Agregarlos en botellas y tarros mágicos como un bote de dinero, un tarro para bendecir una habitación o un frasco para repeler influencias no deseadas.

- Agregarlos a las capas de una vela hecha con láminas de cera de abeja enrolladas (sólo se debe utilizar una pequeña cantidad y el polvo debe colocarse cerca del borde inferior de la vela).

La investigación sobre polvos mágicos revela un compendio de recetas que difieren de una ciudad a otra, de un estado a otro y de un país a otro.

Su uso se puede encontrar en una variedad de prácticas mágicas, entre las que se incluyen el Hoodoo (un sistema mágico), Voudon (religión), la santería (religión), Wicca o brujería (religión), druidismo (religión), Braucherei (sistema Pow-Wow) y demás. Los ingredientes elegidos para cualquier mezcla de polvos o de hierbas están influenciados por maestros y practicantes individuales a medida que aprenden y crecen en su arte, creencias religiosas, hábitos culturales y disponibilidad de ingredientes elegidos. Esta variedad de particularidades hace que las fórmulas sean muy valiosas.

En la mayoría de los casos, se diseña una fórmula para atraer o repeler energías no deseadas; en el mundo herbal muchas plantas tienen la capacidad de hacer ambas cosas. Por ejemplo, la manzanilla se usa para aliviar el estrés, desterrar la preocupación o disipar el miedo. Las flores también se añaden en muchos hechizos para el éxito y el dinero, para atraer la buena fortuna hacia ti. El fruto de un melocotón es dulce y vibra con la energía del éxito, el amor y la prosperidad; sin embargo, la semilla del melocotón es venenosa y se usa para proteger a la persona que lo lleva y para desterrar fantasmas hambrientos y astrales malvados. También se puede utilizar para hacer desaparecer las deudas.

Es importante recordar que cada fórmula, ya sea transmitida de generación en generación o encontrada en papel, primero comenzó como un proceso intuitivo en el que los ingredientes se mezclaron y se combinaron para cumplir un necesidad mental. Esa necesidad podía haberse centrado en la curación, en reforzar los deseos espirituales de uno, o traer dinero o comida al hogar. Muchas fórmulas se pueden usar no sólo para polvos y mezclas herbales sino también para recetas de aceite mágico y agua bendita.

Tipos de polvos de hierbas

Las mezclas de hierbas son relativamente sencillas (poner las hierbas en un recipiente y mezclarlas, quizás agregando unas gotas de aceite esencial, condensador fluido, o un fijador como la raíz de orris para completar el proceso físico), mientras que los polvos mágicos son un poco más complicados debido al proceso de molienda. Existen básicamente cuatro tipos de polvos mágicos:

Polvos de consumo masivo: Aquellos con un talco de base fina, a veces de color, que se venden en tiendas de obsequios, en Internet o en catálogos para fines mágicos. Si no están elaboradas por ti, estas fórmulas producidas en masa contienen poca hierba y mucho talco (a veces se usa tapioca o harina de arroz). A menos que conozcas las prácticas del proveedor, no tienes ni idea de qué contiene, quién la elaboró, ni hace cuánto tiempo. EL talco se usaba originalmente como una base para reducir costos y ahorrar tiempo, y se podía soplar rápidamente al aire si era necesario. Este tipo de polvo no debe ser ingerido.

Hierbas molidas a máquina a partir de alimentos saludables o proveedores orgánicos: Si bien éstas no se venden como polvos mágicos, los practicantes de magia las usan en sus mezclas de polvo. Este tipo de producto consta de hierbas y raíces finamente molidas por la máquina de un proveedor cuya función principal es vender hierbas secas al público para consumo o uso tópico. Por experiencia, estos polvos no retienen su aroma ni su textura y son tan finos que pueden ser peligrosos para tus pulmones durante el proceso de mezclado, aunque se puede usar una pizca en caso de apuro si te falta un ingrediente para tus propios polvos. Otro inconveniente es que no tienes ni idea de cuánto tiempo lleva elaborado el producto y, al estar tan finamente molido, una hierba puede parecerse mucho a otra. Cuando se compran a granel para grandes lotes de polvos, este tipo de producto reduce los costos, ahorra tiempo y se puede soplar fácilmente al aire. Este tipo de polvo podría ser ingerido dependiendo de la selección utilizada. Sigue las advertencias y las indicaciones del proveedor ya que no todas las hierbas que se venden de esta manera son comestibles o seguras.

Polvos personalizados: La tercera categoría de polvo está molido a mano con un mortero o con un molinillo de café, y es de naturaleza más gruesa. Este tipo de polvo es más propenso a retener el aroma original de los ingredientes herbales. El ambiente del ritual, los movimientos de las manos y los sonidos pronunciados durante el proceso de molienda ayudan mucho para mejorar el patrón de energía del polvo. Si se desea darle color, el brillo de diamante (utilizado en productos de fabricación de jabón y velas de gel) puede aportar ese «destello del Espíritu» y fusionarse con tu correspondencia de color. El talco de color también puede ser utilizado para este propósito; sin embargo, es más engorroso y puede manchar la ropa y otros materiales. La regla práctica aquí es poner color en polvos que sólo verás tú, no en los que vayas a usar alrededor del público en general. Este tercer tipo de polvo suele ser elaborado por uno mismo o por un amigo o profesional de confianza, y normalmente contiene una variedad de elementos antinaturales o inusuales elegidos por sus asociaciones vibratorias. Igual que en una receta para un buen pastel de manzana, cada ingrediente es elegido por su capacidad de mezclarse con los demás para crear la fórmula definitiva. También se pueden agregar cantidades diminutas de aceites o fragancias esenciales para aumentar el aroma y el patrón de la formula. Un condensador fluido aumenta su potencia. La raíz de orris se suele agregar a polvos personalizados para ayudar a su preservación, aroma y calidad de conservación. Este tipo de polvo no se ingiere; sin embargo, puedes elaborar fácilmente tus propios polvos de hierbas o mezclas mágicas que cumplan con los estándares de seguridad alimentaria.

Polvos mágicos molidos a mano con seguridad alimentaria: Estos polvos comúnmente utilizados en cocina mágica consisten en hierbas de calidad alimentaria estándar como la pimienta, el perejil, la salvia, la hierba luisa, y demás. Como hay una gran variedad de hierbas comestibles, las fórmulas básicas son fáciles de moler, combinar y utilizar, particularmente si sientes que tu selección de polvos mágico no es segura para mascotas o niños. Estos polvos no contienen ningún aditivo.

¿Por qué elaborar tus propios polvos mágicos o mezclas herbales?

Hacer tus propios polvos o mezclas herbales te permite adaptar los ingredientes a un propósito particular y privado: desde elegir algo especial para tu círculo de curación o ritual de Samhain hasta ayudar a tu hija a dejar a tu desagradable y violento yerno o pedir claridad mental en una situación con carga emocional. Ser capaz de diseñar tu propia fórmula te ayuda a administrar de forma íntima las energías que deseas promover y combinar tus pensamientos y hierbas durante el proceso de mezcla y molienda. Trabajar con tu mente, tus manos y el mundo espiritual de las plantas puede brindar una gran satisfacción en cualquier situación, desde aliviar el estrés hasta la buena fortuna. Elaborar tus propios polvos y mezclas herbales es una declaración individual de poder y te permite experimentar de forma íntima el vínculo de todas las cosas.

Tus propios polvos mágicos y mezclas herbales son extremadamente económicos. Los polvos cuestan menos de hacer, no desperdician nuestros recursos naturales, son fáciles de almacenar y de usar, se pueden mezclar con muchas prácticas mágicas y se prestan bien al secreto. «Guardar silencio» es una gran prioridad si ves la magia como una ciencia gobernada por la física cuántica, ¡donde cuantos menos observadores, mejor! Como el practicante no necesita cantidades significativas de hierbas para elaborar polvos o mezclas, a la hora de comprar los ingredientes uno puede elegir los orgánicos más caros, que generalmente contienen mejor aroma y son de mejor calidad. Si deseas recolectar hierbas de la naturaleza, necesitas pocas cosas para secarlas y guardarlas en tu armario mágico personal, conservando así nuestros recursos silvestres.

Si cultivas tus propias hierbas, hacer polvos y mezclas herbales te permitirá que la cosecha de tu jardín encantado dure durante los largos y fríos meses de invierno. Como tú mismo cultivaste las hierbas, sabes su edad y, muy importante, sabes cómo crecieron, qué pusiste en el suelo, qué rituales realizaste en el jardín para ayudarlas a crecer, y cómo fue la temporada. Aquí, como jardinero, has comulgado con el espíritu viviente de la planta. Has vivido el vínculo entre la planta y el ser humano regando, desherbando, tocando, cuidando o tal vez simplemente observando, dependiendo de la naturaleza de la planta. Sabes lo que había en el suelo, el ángulo del sol a través de las plantas un día cualquiera, y tal vez te apresuraste para salvarlas una o dos veces de heladas, granizo o tormentas violentas. Puede que ya hayas realizado mucha magia rodeado de esas plantas vivientes, tal vez un ritual de solsticio de verano en el jardín o una celebración de Mabon con amigos y familiares mientras cosechas algunas de las plantas. Puede que hayas aprendido la mejor manera de secarlas para obtener el mayor rendimiento, tanto para la comida como para la magia. Aquí, el vínculo del ser, la unidad del todo, ya se ha experimentado con esas plantas, creando una plataforma más sólida para tu trabajo mágico.

Hacer polvos mágicos y mezclas de hierbas puede ser una lección divertida de enseñar a los estudiantes. No sólo pueden llevarse algo a casa con ellos, sino que aprenden rápidamente las propiedades y las correspondencias de las hierbas, captan la importancia de la ceremonia elegida y experimentan una amplia gama de técnicas mágicas a la hora de crear una fórmula simple. Al seleccionar hierbas secas, intiman más con el mundo de las plantas mágicas. Aprenden sobre la consistencia, la textura y el color. Aún más importante, los estudiantes aprenden que el polvo es un patrón alquímico en sí mismo que puede ser realzado por las prácticas espirituales utilizadas en su creación y convertirse en una fuerza motriz en su magia personal. Todas las plantas tienen su propio ADN individual, como los humanos, y su patrón de individualidad combina con tu trabajo para crear una poderosa herramienta en el polvo mágico o mezcla de hierbas.

Aditivos para polvos mágicos y mezclas herbales

Las fórmulas de polvos y mezclas de hierbas suelen ser inusuales debido a una variedad de aditivos. Estos aditivos se utilizan para fortalecer la fórmula, ciñendo el deseo al vínculo herbal y creando un puente único para la manifestación definitiva.

Los aditivos pueden incluir gemas, piedras, plumas, conchas y huesos molidos; cenizas de una petición o de una fotografía; tierra de cementerio (de la que hay varias variedades); salitre (altamente inflamable), polvo de hierro, óxido y brillo; papel moneda triturado y pulverizado, papel de periódico, imágenes de santos o de dioses y diosas, talismanes de pergamino, imágenes de runas, palabras de poder o intención impresas, imágenes de un objetivo, nombres en una tarjeta de presentación o documento judicial (usa una copia), un logotipo de una empresa o de una escuela, un número de teléfono, una dirección de IP o cartas del tarot; tierra de un banco, de una cárcel, de una corporación exitosa, de tu trabajo o de la propiedad de alguien que ha estado tratando de hacerte daño; residuos de un automóvil, de una lápida, de una iglesia o de una estatua; bigotes de gato (para mantener el equilibrio) y garras de gato (para la protección) mudados de manera natural; un diente de perro (que se haya caído de manera natural) para dominar a las personas; sal, azúcar, polvo de color, cáscara de huevo; resinas como la mirra, sangre de drago, incienso o copal; polvo de ladrillo o piedras rúnicas pulverizadas; sangre menstrual, saliva; aceites esenciales (una o dos gotas solamente), perfume líquido (una o dos gotas solamente) y mis condensadores fluidos favoritos (que aprenderás cómo hacer en este libro).

Ésta es sólo una lista simple. Los aditivos, como los practicantes, pueden ser únicos e infinitamente creativos. Estos objetos fueron elegidos por su capacidad de crear un único vínculo con el objetivo previsto. El propósito del aditivo es conseguir una conexión única con el objetivo que tu conciencia considere estimulante.

Suministros básicos para crear tus propios polvos mágicos y mezclas herbales

La siguiente lista de suministros representa un ejemplo de lo que he usado a lo largo de los años para hacer y almacenar polvos mágicos y mezclas herbales. Es una pauta sencilla que puedes cambiar a tu voluntad.

Cuencos de vidrio: Usados para mezclar. Algunos practicantes creen que los cuencos de metal contaminan la mezcla; sin embargo, otros sienten que el metal en realidad ayuda a mejorar el trabajo; sólo tú puedes elegir lo que es adecuado para ti. Necesitarás al menos dos cuencos si estás haciendo polvos, uno para mezclar las hierbas crudas y otro para contener el polvo después de la molienda (o durante el proceso de molienda si vas a elaborar una gran cantidad). Los cuencos transparentes van bien porque puedes ver lo que estás haciendo durante todo el proceso, asegurándote de que todos los ingredientes se mezclan por completo antes de almacenarlos. Los cuencos de metal, por otro lado, son livianos y menos propensos a romperse si se caen. También cantarán (vibrarán) durante el proceso de mezclado, lo que añade una energía especial a la mezcla.

Cucharas de madera: Algunos practicantes usan cucharas individuales talladas a mano con sigilos mágicos, palabras de poder u otros diseños artísticos. Otros usan palos, pinchos de bambú o sus dedos durante el proceso de mezclado. Algunos usan un tenedor de metal, sobre todo si quieren que el cuenco de metal cante.

Mortero: Utilizado para partir hierbas o raíces grandes para las mezclas herbales y moler hierbas y raíces en forma de polvo para los polvos mágicos. El tamaño del mortero depende del número de ingredientes, de la cantidad de polvo que quieras elaborar y de la consistencia de los ingredientes. Por ejemplo, un mortero más grande y pesado es sumamente útil para raíces y cortezas difíciles como la raíz de angélica, o resinas como trozos de sangre de drago. Cada hierba se descompone a su manera. Por ejemplo, la lavanda se ahueca, lo cual hace que sea una hierba difícil de agregar a un polvo uniforme. Puedes dejarla entera o usar un mortero pesado para desmenuzar los brotes. Si pones lavanda en un molinillo de café, tiende a inflarse. Hay hierbas que retienen la humedad, como las semillas de calabaza, que pueden provocar grumos. Es posible que desees utilizar el mortero más pesado para triturar las semillas, y luego prensarlas en toallas de papel dobladas antes de agregarlas a tu mezcla de polvo. Resinas como el incienso y el copal se pueden moler en un molinillo de café; el producto puede ser algo pegajoso pero manejable.

Mazo o martillo: Se usa para triturar resinas crudas como el incienso, la mirra y la sangre de drago, así como algunas de las raíces más duras como el sello de Salomón, la angélica, y demás. El martillo también se puede usar para crear polvo de ladrillo protector o para pulverizar piedras preciosas. Algunas personas usan un ablandador de carne de metal pesado.

Cucharas medidoras: Pueden ser útiles para garantizar que los ingredientes más aromáticos no dominen sobre los elementos más ligeros. Son sumamente eficaces a la hora de diseñar una receta mágica formal o de crear una fórmula que desees repetir o compartir con los demás.

Tijeras de cocina: Como ya he mencionado, aunque algunos practicantes de magia fruncen el ceño ante la idea de usar cualquier metal en un proceso mágico, otros no tienen ningún problema con ello. Las tijeras de cocina pueden ser muy útiles en el proceso previo a la molienda. Por ejemplo, si has secado muchas gavillas de citronela y estás listo para moler algunas con el fin de elaborar polvos o una mezcla de limpieza, o tal vez estés haciendo tu jabón mágico de limpieza favorito, cortar las hojas en trozos pequeños ayuda a liberar los aceites naturales y facilita el proceso de molienda. La citronela es dura y podrías pasarte todo el día moliendo sólo para obtener lo que necesitas si no usas las tijeras.

Máscara de seguridad: Puedes conseguirla en tu ferretería local y se usa para proteger los pulmones, la boca y la zona de la nariz cuando se muelen hierbas, sobre todo si estás usando un molinillo de café o añadiendo azufre, salitre, o cualquier tipo de tierra fina, gemas picadas o purpurina en tus fórmulas.

Molinillo de café: Funciona maravillosamente para ese proceso de mezclado final y puede crear una variedad de pesos en polvo desde áspero y grueso a un molido medio o a un polvo muy fino, dependiendo de los ingredientes. También se puede usar un buen molinillo para trozos de copal, incienso, mirra, y para algunas raíces trituradas previamente. En nuestra ajetreada sociedad puede que no tengas varias horas para sentarte y moler a mano todo lo que necesitas. Estoy de acuerdo en que cuanto más tiempo pases moliendo las hierbas mientras recitas oraciones, hechizos, canciones o conjuros más te ayudará a fortalecer el vínculo del polvo, pero esto suele ser poco realista cuando se trata de administrar el tiempo. Puedo oírte ahora mismo: «Lo siento, no puedo recoger a mi nieta hoy en la guardería porque estaré ocupado preparando unos polvos mágicos muy especiales». Sí, claro.

Diario o libreta de polvos mágicos: Crees que lo recordarás... ¿Cómo podrías olvidarlo? ¡Especialmente desde que el polvo funcionó tan rápido o tan bien en tu operación mágica! Lamentablemente, el tiempo pasa y un año después, cuando necesites esa fórmula de nuevo, puede que recuerdes los ingredientes clave pero no todos y cada uno de los elementos. Anotar todas tus recetas mágicas e incluir la fecha, la razón de su creación y más tarde el resultado, es una parte esencial del proceso de encantamiento y te proporciona documentación escrita de tu trabajo como referencia para futuras aplicaciones. Yo tengo tres diarios que abarcan aproximadamente cinco años cada uno y contienen un compendio de fórmulas. Es divertido recordar los acontecimientos y ver cómo he cambiado personalmente, y cómo algunas de mis técnicas han cambiado a medida que continúo aprendiendo. Estos libros están tan usados y gastados que las cubiertas se están cayendo y muchas de las páginas están manchadas, pero para mí no tienen precio.

Aceites esenciales o perfumes líquidos: Sólo se utilizan dos o tres gotas para cantidades pequeños de polvo o mezclas herbales (doce o catorce para cantidades mayores); procura que domine el aroma natural del trabajo. El aceite se puede agregar a la mezcla de hierbas crudas o masajearlo con los dedos cuando el proceso de molienda ha finalizado. Cuando se usa una fórmula explícita y uno de los ingredientes no está disponible en forma de hierbas, muchas veces se puede agregar un aceite esencial en cantidades diminutas para reemplazar esa hierba seca que necesitamos. Esto no sólo completa el patrón mágico de la fórmula, sino que el aceite también potencia las propiedades aromáticas de la mezcla, lo que puede afectar a la ejecución por parte del practicante de manera positiva. Por consiguiente, muchas de tus mezclas personales pueden contener hierbas y aceites para capturar la totalidad de la esencia mágica.

Cuentagotas: Se usa para agregar pequeñas cantidades de aceites esenciales, condensadores fluidos o fragancias a tu mezcla de polvo o mezcla herbal.

Almacenamiento: Una vez que tu mezcla de polvo o de hierbas esté hecha, puedes elegir completar el proceso de darle poder y luego almacenarlo, o almacenar el polvo o la mezcla hasta que desees conferirle poder para un propósito en particular. Elige el tipo de almacenamiento que mejor se adapte a tu estilo de vida. Dependerá de la cantidad elaborada y del período de conservación que desees. Por ejemplo, la vida útil de un polvo mágico comestible es aproximadamente de cuatro meses en plástico, seis meses en vidrio o un año si usas un sellador de alimentos al vacío. La regla general para los polvos mágicos no comestibles es de seis meses en plástico, un año en vidrio y dos años si usas un sellador de alimentos al vacío. Sin embargo, algunos practicantes sienten que los polvos no comestibles o mezclas herbales a las que se les ha conferido poder y se guardan almacenadas en vidrio realmente ganan potencia. Hay personas que usarán un polvo que tiene veinticinco años simplemente porque fue facultado por una persona fallecida que poseía habilidades magistrales en vida. También se cree que los polvos y las mezclas creadas durante un evento especial, ya sea personal o astrológico, son potentes por derecho propio debido al patrón de energía de la ocasión especial. Por ejemplo, los polvos se pueden hacer a partir de hierbas y flores utilizadas en una atadura de manos (en una boda), en Wicca o en una celebración de iniciación. Lo mismo se aplica para los eventos astrológicos, sobre todo aquellos que no ocurrirán nuevamente en tu vida; sin embargo, otros ciclos, como la luna llena, la luna nueva y la luna oscura, se usan comúnmente para polvos especiales.

Bolsa, caja o tarro con tapa para el proceso o para recolectar: Son lugares de almacenamiento para proyectos en proceso. Pueden ser tan decorativos o tan simples como desees, desde cajas y tarros extremadamente decorados hasta bolsas cosidas a máquina y bordadas o un buen saco de papel viejo. Estos contenedores contienen las hierbas o ingredientes que has recolectado hasta que se da el momento adecuado para crear de verdad los polvos y las mezclas. También se pueden utilizar como un vehículo de retención de energía donde juntas todos los ingredientes para una mezcla en particular que deseas utilizar para una persona individual. Puede que para una bolsa quieras usar negro (ausencia de color) o blanco (la mezcla de todos los colores), dependiendo de tu propósito o preferencia. En Braucherei solemos enterrar los objetos en el suelo o en frascos que contengan tierra recolectada del lugar relacionado con la cuestión para que el objeto pueda reunir poder y «nacer» en una fecha posterior.

El momento para este proceso suele ser de luna a luna, pero también usamos el método con otros números (3, 9, 21). Es posible que elijas tener una variedad de contenedores adjudicados a un polvo favorito en concreto o a un tema como la prosperidad, la curación, el destierro, etc. Tener frascos y contenedores es muy útil cuanto más te involucras en el arte de los polvos y las mezclas herbales, especialmente si tienes un horario muy ajetreado o si en tu casa hay gente que parece no poder mantener sus dedos lejos de tus cosas. Es posible que te lleve un mes entero reunir todo lo que necesitas para un polvo muy especializado: esto puede incluir elementos recolectados durante un paseo espiritual, cosas compradas en Internet, hierbas que recojas en tu próxima visita a la tienda de comestibles, tierra de un cementerio o negocio específico, sangre de un ciclo menstrual recogida en un paño blanco, una planta en concreto por la que tengas que conducir durante varias horas en el fin de semana para conseguirla o una piedra preciosa que un miembro de la familia te envió desde la otra punta del país después de que se lo pidieras. Quizás veas una próxima y estupenda configuración planetaria y desees utilizarla para hacer un sigilo para un polvo asociado a ese tipo de energía positiva, que funcionará bien en un polvo que deseas elaborar pero no tienes tiempo de reunir todo lo necesario ahora. Diseña el sigilo en el momento correcto, envuélvelo en papel o tela de color negro o blanco y agrégalo a la bolsa de tu propósito.

Tener un lugar para colocar estos objetos hasta que puedas usarlos te ahorrará mucho tiempo cuando estés listo para moler y conferir poder al polvo o mezclar la mezcla de hierbas. No hay nada más irritante que buscar en un sinfín de cajones, cajas, estanterías y tarros, diciéndote a ti mismo: «¡Sé que lo tengo! ¡Incluso recuerdo cuándo lo conseguí! ¿Dónde diablos está ahora?». Si limpias espiritualmente todos los artículos antes de ponerlos en el recipiente, comenzarán a mezclarse en tu mente como consecuencia de tu propósito mental. Sí, tendrás que llevar el proceso más lejos para que tenga lugar la realización de tu propósito, pero este paso inicial puede ayudar a configurar el trabajo. Si tu bolsa o recipiente es lo suficientemente grande, puedes incluso agregar velas, incienso y otros componentes de rituales o lanzamiento de hechizos que usarás en un trabajo.

Por ejemplo, yo elaboro a mano velas de cera de abeja que contienen polvos mágicos y pinto la parte inferior de las velas con un condensador fluido que se corresponda con el propósito. Cuando el momento de la fase lunar y planetaria se ajusta a mi propósito, hago una vela para una persona designada y la añado a la bolsa. De esa manera, cuando estés listo para hacer un hechizo de curación para Susan, ya lo tendrás todo preparado y te ahorrarás un tiempo precioso. Si los polvos o la mezcla herbal son para una sola persona, pon primero su fotografía o nombre completo en la bolsa junto con una oración inicial de asistencia para ayudarte a encontrar exactamente lo que necesitas para ese trabajo. A medida que añadas elementos a la bolsa o tarro, di el nombre de la persona en voz alta tres veces, indicando tu intención de curación para esa persona. Cuando hayas reunido todo, el enfoque ya estará ahí porque has creado un patrón de palabras y energía vinculado a la persona. Éste es un tejido realmente místico; estás construyendo (tejiendo) como si fueras una araña un patrón de base con tus acciones para lograr un objetivo específico. Las cosas que metes en la bolsa son enérgicamente pegajosas debido a tu intención de atraer algo específico. Cuando decidas que ha llegado el momento adecuado, tu trabajo será atrapar el objetivo, envolverlo e interiorizarlo, lo que llevará a su fruición.

Para una persona con una necesidad especializada, puedes usar una bolsa de papel como punto de recogida y luego quemar la bolsa una vez que hayas lanzado tu hechizo o realizado el ritual como parte de tu ceremonia. Los contenedores no desechables se pueden lavar con agua bendita o limpiar con sal o con una mezcla de sal, lavanda, y romero. Yo guardo un tarro marcado como «limpieza» con estos tres ingredientes en mi sala de trabajo. Puedes usarlo en seco o agregar una cucharadita al agua bendita cada vez que surja la necesidad. También tengo un limpiador de resina previamente molida y mezclada con incienso, mirra, copal, muérdago, cáscara de huevo, y una pizca de sal, que se puede utilizar en una variedad de aplicaciones, desde añadir una cucharadita a otros ingredientes para limpiar bolsas de conjuración, hasta quemar la mezcla de resina sobre una pastilla de carbón. Tanto si el recipiente de recolección es permanente como temporal, marco el exterior (o coloco un papel en el interior) que indica para qué es la colección, junto con una lista de los ingredientes que ya he recogido. De esta manera, nunca uso los ingredientes para la persona o propósito equivocado. Éste es uno de los sigilos que diseñé para retener y proteger la energía de mis contenedores temporales o permanentes:

Sigilo de los Ojos del Espíritu

Este sigilo se llama «Ojos del Espíritu». Escribe tu intención en el cuadrado del centro del diseño. Puedes dibujar el sigilo o usar una fotocopia. Yo acostumbro a cambiar el símbolo planetario en la parte superior del sigilo para que esté en sintonía con mi propósito. En este ejemplo, Marte es el planeta asociado. Si quisiera dibujar algo para mí, usaría Venus. Si deseara sueños, una mayor intuición o hacer un trabajo de curación para mujeres y niños, podría cambiar el símbolo superior por la Luna. Para el éxito y mi voluntad, el Sol. Para la comunicación y soluciones de todo tipo, Mercurio. Saturno para la protección, sustento, recompensas o trabajo kármico. También uso los planetas modernos: Neptuno (creatividad), Urano (libertad) y Plutón (destrucción y cambios importantes). Este diseño se puede colocar en la bolsa o el contenedor, o usarlo como sigilo para acompañar tu trabajo.

Palo testigo: Éste no es un ingrediente imprescindible, pero comencé a usar esta técnica hace unos cinco años y funciona realmente bien. El palo testigo (por lo general, no más de ocho o diez centímetros de largo) es un pequeño palo que has recogido del exterior antes de un trabajo, a menudo durante un paseo espiritual. Es un palo del suelo; no cojas una rama viva de un árbol o un arbusto, aunque puedes quitar una rama rota de un árbol o de una planta que no esté unida y no haya tocado el suelo todavía. A mí me han funcionado ambas cosas. Puedes usar un palo de madera diferente para cada trabajo o un palo para un asunto en particular; por ejemplo, un palo que hayas recogido para los rituales de prosperidad y uno diferente para la curación. El palo «es testigo» de tu hechizo, lleva la energía hacia él, y luego lo llevas contigo hasta que recibas lo que se ha pedido o puedes dejarlo sobre tu altar hasta que el deseo se haya cumplido. Si alguien intenta mientras tanto llevarse tu palo, es señal de que necesitas dejarlo ir porque el trabajo ya está en camino y es sólo cuestión de tiempo que ocurra. En este caso, devuelve el palo a la naturaleza; si se trata de un palo testigo para la atracción se puede conservar. Un palo testigo para el destierro debe ser quemado o enterrado fuera de tu propiedad. El palo testigo recuerda tus palabras, tus sentimientos y la energía que has despertado.

Láminas de cera de abeja: Utilízalas para elaborar tus propias velas usando tus polvos herbales como ingrediente principal. De todas las velas en el mercado, las de cera de abejas parecen mantener mejor el poder debido a su estructura natural diseñada por las manos de la propia naturaleza. A lo largo de los años he hecho velas con todo tipo de ceras: parafina, palma, soja… Todas ellas tienen aditivos químicos. De hecho, al investigar la soja, descubrí que la cera de soja no puede ser «completamente natural» debido al proceso de elaboración (esta afirmación estará siempre sujeta a cambios según los avances en la industria). Descubrí que la cera de abejas recibe mejor tu carga, especialmente si metes la vela en el frigorífico durante aproximadamente media hora antes de la operación mágica. El proceso de enfriamiento no sólo ayuda a la cera a absorber mejor, sino que también dura más tiempo encendida. Encontrarás instrucciones sobre cómo hacer tus propias velas de cera de abeja poderosas en el capítulo 5.

Tabla para polvo: Una tabla para polvo es una superficie plana y portátil que se utiliza para meditación, rituales y hechizos. Para trabajar con polvos mágicos, la superficie debe ser lisa y satinada. Este tipo de tabla se usa para dibujar sigilos o escribir el nombre de alguien con tu polvo en la superficie durante una aplicación mágica. Me he dado cuenta de que los palos planos y una cucharilla de metal pueden ser útiles en el proceso de diseño. Si te resulta demasiado complicado, extiende el polvo sobre una pieza de vidrio transparente y dibuja tu diseño en el polvo. Si usas una pieza de vidrio transparente, puedes colocar información impresa o dibujada debajo del cristal (como un círculo espiritual, el nombre de una persona, y demás), o la superficie puede ser opaca. Como cualquier otra herramienta mágica, la tabla se debe limpiar y bendecir entre trabajo y trabajo. Yo también he usado tablas de cortar de madera, aunque el polvo tiende a pegarse a la madera durante la limpieza. El polvo se extiende sobre la superficie con el diseño deseado, luego se activa pasando la llama de una vela sobre el patrón mientras cantas o colocando y usando tus manos, acercando y retrayendo la energía sobre la obra de arte varias veces antes de llenar el diseño con la energía. Después, el polvo se usa en el siguiente paso de una aplicación (como añadirlo a una vela) o se dispensa donde desees ubicar su propósito. Si el trabajo era sobre el sigilo, entonces es posible que desees llevar la tabla al exterior y soplar la fórmula en el aire para liberar la magia. Cuando el polvo se almacena para más adelante, puedes dibujar los sigilos en el polvo sobre la tabla como parte de la construcción de tu fórmula. Yo utilizo este procedimiento sobre todo con polvos astrológicos o rúnicos, en los que dibujo los símbolos de los planetas, signos o glifos de runas antes de almacenarlos.

Un altar herbal: Es un espacio sagrado que se usa para honrar a los espíritus de las plantas. Puede ser una mesa o un armario con una superficie plana (como una cómoda); el diseño del mobiliario que utilices depende completamente de ti. Si tienes la suerte de tener un cobertizo o un invernadero, tu altar de herbal puede estar ubicado allí. Los practicantes pueden incorporar el altar y el almacenamiento herbal en el mismo lugar para acceder a los artículos para practicar la magia y el ritual con facilidad. El altar suele mirar hacia el este, pero no es necesario. Trabajar con hierbas puede ser un proceso engorroso. Hay practicantes que optan por elaborar la mayoría de sus polvos y mezclas en la cocina usando la tabla portátil como altar para una fácil limpieza. No hay una forma correcta de honrar a las plantas; crea un altar o haz una tabla de polvo. El universo ama la creatividad y la belleza; ¡disfruta de la libertad!

Pastillas de carbón diseñadas para quemar incienso/incienso no combustible: Tus mezclas de hierbas y polvos se pueden quemar en pastillas de carbón sobre cenizas o arena en un cuenco ignífugo. Repasa siempre todos los ingredientes para asegurarte de que las hierbas que estás usando no son tóxicas. Por ejemplo, yo no agregaría aspérula, gordolobo, ajenjo, solanáceas u otras hierbas venenosas a una mezcla de incienso. Puedes hacer pastillas de incienso con tus hierbas para quemar sobre pastillas de carbón añadiendo unas gotas de miel a las hierbas o polvo y haciendo pequeñas bolas con la mezcla.

Escoger ingredientes herbales

Aunque este libro proporciona muchas fórmulas de mi colección privada, la maestría viene con el diseño de tus propias recetas y los resultados positivos de tu trabajo. Somos afortunados de vivir en un momento en el que podemos beber del conocimiento de diversas culturas, sociedades, grupos y familias que han publicado libros sobre hierbas e información tanto en forma impresa como en Internet. Esta información incluye correspondencias (listas de hierbas que vibran bien juntas, que se mezclan bien bajo influencias astrológicas concretas o que tienen colores que afectan positivamente a la mezcla). Como estudiante, es posible que desees utilizar esta información o puedes optar por confiar en cómo te sientes al trabajar con las hierbas tú mismo. Al final, si tu receta funciona para ayudar a cumplir tu propósito, entonces esa fórmula se considera un éxito. Consulta en el Apéndice información sobre recursos herbales.

¿Dónde trabajar?

Aunque puedas pensar que la respuesta es en una sala o área ritual, la mayoría de los practicantes que conozco trabajan en la mesa de su comedor o en la cocina o, cuando hace buen tiempo, al aire libre en un patio, en un porche, junto a una fogata ritual, o en el cobertizo del jardín. He usado todos esos lugares, incluso el despacho de mi casa en alguna ocasión. Sí, los polvos se pueden elaborar en un ambiente ceremonial sobre un altar pero también se prestan muy bien donde está tu corazón, y tu corazón está generalmente en el centro de tu hogar, ya sea el comedor o la cocina. También son lugares fáciles de limpiar después del proceso de molienda y mezclado.

Tras entrevistar a varias personas en todo el país, he aprendido que todos usamos algún tipo de mantel, bandeja o plato para la mezcla final y el empoderamiento mágico. Por ejemplo, aprendí de primera mano un montón de magia herbal del autor Ray Malbrough. Hace años, Ray me enseñó a utilizar platos de arcilla pintados con varios diseños según la necesidad para activar mis polvos y mezclas de hierbas en nuestro trabajo de espiritismo. Yo tengo un plato para trabajos en general, uno para polvos o mezclas de manifestación y magia, uno para curación, otro para presentar una petición a mi protector, etc. Un amigo mío de Texas aprendió magia con hierbas en Haití. Él usa una bandeja. La decoración y el diseño de esta superficie son totalmente individuales. También creé una tabla planetaria quemando los sigilos de los planetas sobre la superficie de una pieza ovalada de madera de tilo y una tabla rúnica usando el mismo material y técnica. Di color a ambas tablas con mi propia recta de tinte a base de plantas, luego añadí un sellador en las tablas para que resistan la humedad. De esta manera, puedo usarlas desde la preparación hasta el lanzamiento de los hechizos. Me llevó un tiempo realizar todos estos proyectos; ¡el proceso fue parte de la diversión!

¿Por dónde empezar?

• • • • •

Sólo hay energía que se ve afectada por portales, puertas, caminos y patrones. No es humana. No piensa. Simplemente existe.

Ray Malbrough me enseñó que el proceso de encantamiento puede ser tan importante como el acto mágico en sí. En el proceso de elegir, coleccionar, perfeccionar, decidir y mezclar, se añade la intención a un trabajo. Si tienes dificultades para visualizar durante el ritual o la meditación, entonces los accesorios que utilices, además de la preparación que hayas hecho, ayudarán a dar a tu trabajo el impulso que necesita para formar el patrón de manifestación requerido. El proceso en cualquier trabajo mágico (es decir, las acciones previas) contribuye a solidificar el objetivo que hayas elegido, siempre y cuando no hayas contaminado el tiempo de preparación con negatividad, miedo o dudas.

A veces, tomarte más tiempo para recolectar los ingredientes necesarios para una mezcla de polvo o de hierbas, en realidad, puede ayudar a disipar algunos de esos pensamientos no deseados. A medida que reúnes los objetos puedes entusiasmarte más con tu proyecto Esta alegría y entusiasmo emocional cala en tu trabajo, alentándolo a ganar poder e impulso hacia el resultado deseado. A veces paso mucho tiempo creando los recipientes que contendrán mis polvos y mezclas herbales; dejo fluir mi creatividad pintándolos, haciendo *decoupage*, tiñéndolos, lijándolos, grabándolos y demás. Agrego adornos como cintas, amuletos naturales o hechos por humanos, y purpurina (¡me encanta la purpurina!). Me paso horas asegurándome de que el recipiente que contendrá mis polvos y mezclas de hierbas terminadas, ya sea de estaño, de madera o de vidrio (no uso plástico porque quiero el máximo tiempo de conservación), sea creativamente agradable. ¡Después de todo, para creer en la magia, debes estar dispuesto a crear!

¿Por dónde empezar cuando deseas diseñar un polvo mágico o una mezcla de hierbas? *Por tu intención.* ¿Qué es exactamente lo que quieres alejar o atraer hacia ti? ¿Cuál es el asunto sobre el que deseas trabajar? ¿Estás buscando un objeto en particular (como un coche, un ordenador o una nueva mascota), ajustar una habilidad (como la adivinación o el trabajo con los sueños), o mejorar algo de ti mismo (como tu potencial creativo)? Quizás necesites resolver un problema o crear un campo de energía (llamado protección mágica) a tu alrededor o alrededor de un ser querido.

Y aquí yace el mayor obstáculo en la magia: la claridad de propósito; saber lo que realmente queremos. La mayoría de los humanos, incluida yo misma, somos bastante indecisos cuando se trata de establecer objetivos: hoy queremos esto… no… Espera, eso no… Tal vez lo otro… ¡Mecachis! Tengo que hacer la colada. Tengo que recoger a mi madre. Tengo que pagar esa factura de la luz. Incluso si tuvieras ese objetivo algo decidido, ¡bien! La vida nos absorbe, y nuestros pensamientos descienden (en lugar de ascender), y abandonamos el objetivo, así como así. ¡Puf! ¡Ya no está!

Se puede diseñar un polvo mágico o una mezcla de herbal para cualquier propósito; sólo necesitas comenzar con una intención clara. Aquí es donde puede entrar en juego tu cuaderno, bloc de notas o fichas. Cuando redactes tu intención, mantenla clara y concisa e incluye todos los elementos de tu deseo. Yo tengo a mano una libreta de papel cuadriculado cuando diseño mis polvos y mezclas. Puedo pasar unos minutos o varios días reelaborando mi intención en esa libreta. También escribo cosas que me vienen a la mente durante ese período de tiempo: frases buenas que escucho, conversaciones de amigos que creo que son relevantes para mi trabajo, o pensamientos que tengo de naturaleza espiritual que pueden ayudarme a afinar mi intención. Entonces, una vez que estoy satisfecha con cómo está escrito mi objetivo (aunque todavía puedo cambiarlo), empiezo a trabajar en la recolección de hierbas, aditivos o aceites que considero que combinan mejor con esa intención. Cuando termine el trabajo, escribiré la fórmula final, la fecha, la fase lunar y en qué signo estaba la Luna durante el proceso en mi cuaderno de polvos y mezclas. Como todo el mundo, a veces tengo prisa y sólo me aseguro de poner la fecha correcta para poder mirar más adelante en una efeméride el signo de la Luna o las energías astrológicas que utilicé.

¡Ah! Y hago garabatos. Sí, hago garabatos mientras pienso, y muchas veces uso el mismo garabato, pulverizado, rasgado o quemado en mi polvo. En ocasiones contiene sigilos mágicos como runas, un pentáculo, o simplemente espirales de líneas y puntos. En la actualidad, ése es mi ingrediente distintivo.

La doctrina de las signaturas

Al analizar las correspondencias utilizadas en el ocultismo europeo, el estudio de las hierbas se puede rastrear desde la antigua Sumeria (ubicada en el Irán actual) hasta los primeros griegos. Uno de los primeros escritores en abordar el campo de la medicina de las plantas y su asociación a la astrología y la magia fue el romano Dioscórides. Su libro, titulado *De materia medica*, fue publicado alrededor del año 77, hace aproximadamente dos mil años. Durante un tiempo, los futuros escritores sobre el tema estudiaron al autor y su trabajo en lugar de hacer sus propios experimentos de campo. Para el año 1500, la imprenta europea funcionaba a toda potencia. Pensadores valientes como Agripa von Nettesheim (1486-1535), Johannes Trithemius (1462-1516), y Philippus Aureolus Paracelso (1493-1541) traspasaron los límites de las directrices del gobierno y de la Iglesia. En lugar de tan sólo leer y estudiar lo que ya se había escrito, llevaron a cabo experimentos sobre lo que querían aprender. Su trabajo incluía la alquimia, la medicina, las hierbas, la astrología, la teología... Reexaminaron las obras clásicas como la de

Dioscórides e hicieron revisiones basadas en sus propios experimentos. Para el conocimiento de las plantas, esto significaba viajar a otras áreas, hablar con curanderos de diferentes nacionalidades, y luego traer esa información para comprobarla ellos mismos.

Estos hombres (Agripa, Trithemius y Paracelso) y muchos de sus contemporáneos confiaban en que existía un alma mundial, al que todos estamos vinculados de alguna manera. Es a partir de esta idea que se investigaron, desarrollaron, estudiaron y, lo más importante, se anotaron las correspondencias relacionadas con hierbas, astrología y magia. Fue Paracelso quien dijo que el cuerpo no era una cosa aparte, sino una casa para el alma y, por lo tanto, el médico debe tratar tanto el cuerpo como el alma para convertir a la persona enferma en una sana. Hoy Paracelso es considerado el padre de la industria farmacéutica química, de la cirugía moderna y de la homeopatía. También fue un mago que usaba remedios caseros, amuletos, talismanes y una variedad de estudios para curar a sus pacientes. Viajó por toda Europa, hablando con médicos, barberos (que a menudo apoyaban a los médicos), mujeres sabias, hechiceros, alquimistas, monjas, empleados de las termas, magos, caballeros, príncipes, reyes, gitanos y monjes. Desde los rangos bajos hasta los de la nobleza, desde los inteligentes hasta los ingenuos, recogió tanta información como pudo para los propósitos de la curación. La obra de Paracelso, la doctrina de las signaturas, creó correspondencias que todavía se usan hoy en día, basadas en las familias de las plantas, las condiciones en las que crecieron de forma natural, su forma, tipo de hoja, sistema de raíces, color, y demás, y sus efectos en el cuerpo, tanto físicos como espirituales.[4]

Por ejemplo, un procedimiento para curar una enfermedad de la piel consistía en mezclar una parte de cuatro hierbas juntas, luego exprimir el jugo en un cuenco y agregar una pequeña cantidad de jabón. Ésta es la parte médica. La receta continúa indicando al curandero que tome una pequeña cantidad de sangre del paciente al atardecer y la vierta en agua corriente. Luego, el curandero escupe tres veces y dice: «¡Toma esta enfermedad y vete con ella!». (Todavía es común hoy en día en el reino de la magia Braucherei, el hoodoo, la santería, el voudon, etc.).

---

4.   Paracelso: *Paracelsus: Selected Writings*, 43.

También se le indica al curandero que camine de regreso a la casa por un camino abierto y en silencio. El momento y el procedimiento para transferir la enfermedad al agua corriente, escupir, pronunciar palabras de destierro y caminar en silencio hacia y desde el agua es claramente mágico,[5] ¿o no? Se han realizado experimentos recientes en los que una gota de sangre extraída del cuerpo y llevada a otra habitación reacciona ante un evento que el cuerpo está experimentando. ¿Qué partes de la magia que parecen tan absurdas pueden estar basadas en la ciencia cuántica? ¡Todavía no hemos llegado allí!

Echemos un vistazo a esa parte de «caminar en silencio». En la ciencia de la mente, sabemos que cualquier conversación puede cambiar las circunstancias, confundir los pensamientos e interponer elementos que no deseamos. En silencio, un observador no puede cambiar tu actividad mental. Si eres el curandero, debes centrarte en la curación, no en el miedo, ni en el fracaso, ni en alguien que decide romper el silencio y contarte qué cenó anoche porque no puede soportar no ser el centro de atención.

El silencio es oro, de Verdad. Es una luz dorada, vacía de negatividad. Deja que tu mente deambule en él. Oro, el color preferido de Braucherei. Oro, la salida de sol (nueva energía). Oro, la puesta de sol (desterrar, disipar). Oro, el punto álgido del poder del mediodía. Oro: ganar, coraje, lealtad. ¿Qué asociaciones científicas, además de las personales, puedes encontrar como resultado de tu propia contemplación de ese extraño y antiguo hechizo? ¿Qué te viene a la mente cuando piensas en la palabra *oro*? El oro también representa, astrológicamente, el mediodía solar, un momento de gran poder para los trabajos mágicos. El mediodía solar es cuando el sol está en su punto más alto en el cielo. La hora del mediodía solar depende de tu longitud y de la fecha actual. Algunos practicantes de magia sienten que es el mejor momento para realizar hechizos para el éxito. Existen aplicaciones móviles que puedes poner en tu teléfono u otro dispositivo que te dirán cuándo tiene lugar el mediodía solar en tu ubicación.

Muchos practicantes trabajan con la doctrina de signaturas original, con *Herbal* de Culpepper, *Enciclopedia Cunningham de las hierbas mágicas*, *A Compendium of Herbal Magick* de Paul Beyerl, y *Hoodoo*

---

5. Kieckhefer: *La magia en la Edad Media.*

Herbs and Root Magick: A Materia Magica of African-American Culture de Catherine Yronwood. También encontrarás información herbal de mis propias investigaciones en muchos de mis libros, como *Witch's Notebook, Solitary Witch, HedgeWitch* y *HexCraft*. Cuando comienzas a trabajar con plantas creando tus propias fórmulas y mezclas basadas en su tamaño, color, forma, propiedades medicinales, crecimiento, examen de raíces y experimentación, estás compilando tu propia doctrina de signaturas. ¡Ten confianza!

Uno de estos días, la ciencia, la medicina y la magia finalmente se unirán, y en lugar de escupirse la una a la otra desde lados opuestos del triángulo, encontrarán la luz en el terreno común que ya existe, pero que es ignorado. Hoy, la doctrina de las signaturas va hacia un nivel completamente nuevo en beneficio de la salud, la curación y la espiritualidad. Observamos más interés en los chamanes amazónicos y nativos americanos y, en el proceso, en la espiritualidad y la ciencia. Un ejemplo es el trabajo de Julia Graves en *The Language of Plants: A Guide to the Doctrine of Signatures*, que te puede resultar sumamente útil en tus prácticas espirituales.

Correspondencias mágicas

Todas las cosas en todas partes constan de energía. Esta energía late (rápido o despacio) en patrones matemáticos o geométricos únicos. Una correspondencia es una relación entre dos patrones, ya sea por tamaño, forma, color, elemento, o tradición histórica. En la magia moderna hay patrones angelicales, animales, herbales, gemológicos, astrológicos, simbólicos, de colores, elementos y deidades, por nombrar solamente algunos. Los patrones que son muy parecidos entre sí funcionan bien juntos y, cuando se unen, construyen una red de energía que puedes usar en tus operaciones mágicas. Este sistema de energía de luz se conoce generalmente como patrones trabajando con afinidad. Las correspondencias suelen encontrarse en subcategorías relacionadas con los elementos de la tierra, el aire, el fuego y el agua. Otras categorías usadas son las de género; por ejemplo, algunos planetas son considerados femeninos y otros masculinos. Lo mismo sucede con las hierbas, gemas y piedras. El género no implica que el artículo sea sólo para niños o para niñas; aquí puede representar una energía activa (masculina) o una energía pasiva (femenina).

La creación de las asociaciones entre los elementos comenzó en la antigua Sumeria. En su opinión, los dioses les habían revelado las artes y oficios, y eran inalterables. Todo debía tener un nombre para asegurar su lugar en el universo y, cuando conocían el nombre «verdadero» de algo, entonces tenían poder sobre ello. En esencia, creían que el nombre mantenía al elemento energéticamente en su lugar.

Entre los primeros documentos sumerios hay listas de piedras, animales, y plantas, clasificadas según sus características externas. Esta creencia también fue paralela a los antiguos egipcios. La llegada del cristianismo no cambió la idea de vincular nombres y patrones de energía. Como ya he mencionado anteriormente, Paracelso elaboró su propia doctrina de las signaturas en el año 1500 mediante el estudio de la escritura clásica griega y romana y llevando a cabo sus propias investigaciones. En la magia de curación Braucherei es esencial usar el nombre de la persona enferma, ya que pronunciar su nombre identifica a la persona para el universo y proporciona una vía clara para que la curación tenga lugar a lo largo del camino de la energía del nombre. El nombre de la persona debe pronunciarse tres veces, asegurando así que el universo envía la energía en la dirección correcta. La doctrina de las signaturas adoptó una imagen completamente nueva a medida que los europeos y otros habitantes inmigraron a Estados Unidos. Traían plantas para retener sus creencias tradicionales; «en algunos casos, esas importaciones tuvieron un impacto significativo en el desarrollo agrícola».[6] Aprendieron sobre las plantas de aquí que nunca antes habían visto y adquirieron conocimientos sobre las plantas indígenas nativas americanas, aumentando y mejorando el creciente almacén de información. Las personas de ascendencia africana e insular trajeron sus creencias y su estilo inventivo de convertir objetos de uso cotidiano en grandes objetos de poder. Este caldero de información, transmitido en gran parte de forma oral, generó muchas de las correspondencias mágicas que tenemos hoy.

---

6.   Davis: *American Bewitched*, 27.

En este libro encontrarás varias listas de correspondencia entre las que se incluyen simbolismos astrológicos, información sobre hierbas, colores y demás. Cada sección contiene algunos consejos que aprendí en el camino y que pueden ayudarte en la preparación y el uso de tus propias fórmulas. Te proporciono estas listas para que puedas diseñar o mejorar tus propios polvos, mezclas herbales, hechizos, meditaciones, rituales y operaciones mágicas. Espero que encuentres esta información de utilidad, no sólo para la recopilación de tus fórmulas, sino también para escoger el momento mágico.

He aprendido que las plantas literalmente se acercan y te tocan si están tratando de decirte algo o de compartir energía. Pueden rozarte la pierna o un brazo. Pueden que estén enfermas (si estás cuidando un jardín, por ejemplo) y deseen atraer tu atención a sus necesidades. Presta atención a tus emociones y a lo que se despierta dentro de ti mientras sientes la delicadeza (o a veces la bofetada) de la planta. Puede que te rías y me llames pretenciosa, pero tengo una técnica de susurros para curar y cuidar de las plantas enfermas. Les hablo sobre lo que estoy haciendo (regando, fertilizando…) y de cuán hermosas sé que van a ser. Les digo lo mucho que lamento que se hayan encontrado con dificultades y que ahora estoy dirigiendo mi energía para ayudarlas a crecer y ser increíbles. Puede que pienses: «¡Menuda estupidez! ¡Qué rara eres! ¿Cómo empezaste a hacer eso?».

Porque estaba totalmente sin blanca y quería un jardín bonito.

Sí.

Cuando mis hijos eran pequeños, íbamos muy justos de dinero y, sencillamente, no nos sobraba para comprar hermosas plantas en el invernadero. Así que esperaba hasta finales de julio y compraba las plantas de rebajas en la ferretería que había al otro lado de la calle. Esas plantas generalmente estaban medio muertas y costaban menos de cincuenta centavos cada una; las dejaban languidecer bajo el sol abrasador, absorbiendo el polvo del aparcamiento. Me las llevaba a casa y les decía cuánto las amaba, lo hermosas que podrían ser y cuánto les agradecería si pudieran crecer y ser felices. Solía usar cantos de Braucherei con una voz cantarina. En el solsticio de verano, sacaba mi radiocasete y les ponía a todo volumen música clásica y de Enya.

Sí.

Para mi asombro, año tras año, aquellas plantas quebradas y decrépitas se recuperaban. Hasta el día de hoy compro plantas que parecen muertas a precios de oferta fuera de temporada sólo para poder susurrarles y hacer que se curen. Tengo tres rosales que compré este año por unos pocos dólares en las rebajas del fin de la temporada. Todos están preciosos. Seré la primera en admitir que uno de ellos estaba en una situación muy delicada, pero finalmente se unió al plan y está floreciendo alegremente. Quién lo hubiera dicho.

Los elementos

Según el *Oxford English Dictionary*, la palabra *elemento* tiene un misterioso origen y se encuentra por primera vez en textos griegos con el significado de 'un todo complejo' o 'una sola unidad compuesta de muchas partes'. Desde la época antigua hasta la medieval había sólo cuatro asociaciones de elementos en Europa: tierra, aire, fuego y agua; si estabas orientado a lo oculto, el quinto elemento era el espíritu. Cornelio Agripa y muchos otros llamaron a este espíritu la quintaesencia. Sin embargo, otras culturas, como la china, tienen un conjunto de elementos diferente: tierra, fuego, agua, madera y metal.

Hoy en día, aunque los científicos enumeran más de 100 elementos químicos (algunos creados por el hombre), las personas mágicas continúan confiando en los cinco elementos básicos del ocultismo medieval, usando algunos de los elementos adicionales de la era moderna para apoyar a los cinco originales, dependiendo del hechizo o ritual. Por ejemplo, la plata (un elemento o metal) se usa en varios hechizos y es un símbolo de la diosa divina, de los misterios femeninos, de la magia lunar, del sueño y del psiquismo. Muchos asociarían la plata con la tierra porque viene del suelo, pero puede que otros elijan una asociación de correspondencia diferente debido a su posible origen estelar. El oro, otro metal precioso, representa al dios, los misterios masculinos, el éxito, la prosperidad, el bienestar general y todas las magias asociadas con el sol.

La teoría actual de los orígenes del oro rastrea su creación como resultado de la explosión de una estrella masiva que se convirtió en una supernova:

Análisis de alta precisión de algunas de las muestras de roca más antiguas de la Tierra proporcionan una evidencia clara de que las reservas accesibles del planeta a los metales preciosos son el resultado de un bombardeo de meteoritos de más de doscientos millones de años después de la formación de la Tierra.[7]

El oro llegó a este planeta mediante asteroides o meteoritos. Si esto es cierto, es muy interesante que el oro y la plata sean enviados por el cielo (por lo tanto, no serían atribuibles a la categoría general de elemento tierra), y que en la Antigüedad ya se atribuyeran estos metales a los dioses y las diosas. Es algo sobre lo que reflexionar. Menciono la información sobre la plata y el oro porque muchas fórmulas creadas por alquimistas y ocultistas serios contienen una pequeña cantidad de oro o plata.

Cuando llegues a la sección del condensador fluido de este libro, encontrarás la opción del oro como la fuerza motriz de las fórmulas originales. Cuando estos condensadores fluidos se agregan a los polvos y mezclas mágicas aumentan el patrón vibratorio de la fórmula general y ayudan a mantener la carga más tiempo, lo que te permite enviar la energía como elijas de una manera más dirigida.

Tierra, aire, fuego y agua

Al investigar hierbas para uso mágico y medicinal, a menudo encontramos una correlación elemental primordial con la tierra, el aire, el agua y el fuego. Con el paso del tiempo a cada uno de estos elementos se les han asignado asociaciones espirituales y mágicas para comprender el mundo que nos rodea y nuestras acciones en él. Cada uno de nosotros procesamos estas conexiones de forma diferente; aun así sabemos que estos elementos tienen una energía primordial que afecta al plano de la Tierra. Lo universal es la energía; lo que *no* es universal son los nombres que le atribuimos.

---

7.   Véase www.sciencedaily.com/releases/2011/09/110907132044.htm

El universo contiene las semillas de todas las cosas, que atraen hacia sí mismas lo que necesitan para crecer. En el momento del reconocimiento de la activación, las partículas de aire se juntan, formando el viento cósmico del karma. Este movimiento activa las partículas de fuego, que se reúnen para crear calor y cabalgan sobre el viento cósmico. Las partículas de fuego activan las partículas de agua, que se condensan para formar una lluvia torrencial llena de rayos. Esta lluvia vibra con el propósito y la carga eléctrica energiza la semilla. Las partículas de tierra se juntan y se combinan con los otros elementos, y así nace la solidificación de cualquier cosa. El quinto elemento, el espíritu, impregna todo y ayuda a asignar la «dirección» (el patrón) dentro de sí mismo, ya que el Espíritu estaba allí antes de la correlación, y lo estará a partir de entonces.[8]

Al observar la manifestación de esta manera, vemos que es un proceso de ondas, con una ola que llama a otra en una sucesión de pasos para crear un todo.

En la magia Braucherei, la homeopatía, la medicina holística, y demás, existe la observación del desequilibrio de los elementos en cualquier padecimiento en particular. Este desequilibrio comienza con el pensamiento original: la semilla. La cantidad de cada elemento que atrae hacia sí y cómo se comportan esas partículas se basan en el pensamiento continuo.

Una última razón para usar los cuatro elementos en magia es la homogeneidad que comparten con todas las cosas en este planeta. Los elementos son un conducto hacia cada ser vivo por el cual la energía puede viajar para alcanzar su objetivo.

Todos caminamos sobre la tierra.

Todos bebemos agua.

Todos usamos algún tipo de energía de fuego para calentar, cocinar o cultivar alimentos.

Todos respiramos aire.

Todos estamos conectados a través de los elementos.

---

8. Dalai Lama: *El universo en un solo átomo.*

Ejercicio del elemento universal: el huevo mágico

Muchas veces la gente me dice: «Esto es un desastre. Sé cómo he llegado hasta aquí (o tal vez no), pero sencillamente no sé qué hacer para solucionarlo. ¿Para qué trabajo? ¿Hago muchos hechizos y rituales? ¿Hago magia todo el tiempo? Estoy tan lleno de odio (o miedo, o dolor). ¿Hago una sola cosa y luego lo olvido?». Éstas son preguntas difíciles a las que cada uno de nosotros nos enfrentamos en nuestro camino de vida. Cuando me siento de esta manera, vuelvo al principio (o a lo que creo que es el principio) y considero qué pensamientos y comportamientos de los que pude haber usado crearon el desastre en primer lugar. Entonces, como al parecer está en mi naturaleza, me digo a mí misma: «¡Esto es ridículo! ¡Ya no acepto esto por ninguna razón! Voy a levantarme y a seguir adelante. Ahora. En este momento. ¡Hoy! ¿Qué quiero? ¡Alegría! ¿Qué necesito? ¡Alegría! ¿Qué voy a manifestar? ¡Alegría!». Luego siento cómo esta línea de determinación surge dentro de mí, esta lanza de poder que rompe y destruye la porquería, y realizo una acción que vibre con el mensaje de cambio.

Cuando simplemente no sabes qué camino tomar, coge la brillante lanza de cambio que hay en tu interior y realiza cualquier acción física que mueva tu brújula interna en la dirección del cambio positivo.

El siguiente ejercicio puede ayudarte a avanzar en una nueva dirección o a solidificar una dirección positiva que ya esté en proceso en tu vida. Yo sugiero hacer una limpieza espiritual (*véase* el capítulo 5) y luego proceder con este ejercicio para trabajar por la alegría.

No puedes equivocarte con la alegría.

La alegría te llena de sentimientos de felicidad, paz y rectitud en el proceder; se expande más allá de ti y se filtra en el universo, atrayendo más alegría.

La alegría cura.

He mencionado que toda la magia comienza y acaba con una liberación. Antes de hacer este ejercicio, te pido humildemente que olvides absolutamente todo lo negativo en tu vida Dale la espalda. Reconoce y acuerda dentro de ti que aceptarás el poder curativo de la alegría en tu vida. El ejercicio sólo te llevará unos momentos de principio a fin y es mejor si te encuentras en un lugar tranquilo donde no te puedan molestar; pero, por otro lado, si es necesario puedes hacerlo en el cuarto de baño en el trabajo.

Sí. Yo lo he hecho. En realidad, aun peor: en una letrina portátil. (¡Oye! ¡No había ningún otro lugar privado!). Incluso entre toda esa mierda, *funcionó*.

Comienza sentándote en silencio. Relájate. Comienza a liberar pensamientos negativos. Ahora, levántate y gira tu espalda para que estés mirando en la dirección opuesta. Ésta es una acción física que afirma que estás liberando algo que te mantiene en un patrón negativo.

Reconoce el mar de posibilidades como se indica en el capítulo 1. Ten en cuenta que está en ti, a tu alrededor, y forma parte de ti, todo al mismo tiempo. Te impregna. Activa ese mar de posibilidades para la alegría.

Luego, deja que tus pies se arraiguen al suelo como si fueras un árbol. Levanta los brazos como las ramas de ese árbol e inclina las palmas para recibir la energía del cielo. Visualízate como los paganos de antaño, con tierra, mar y cielo.

Vuelve a una posición relajada donde te sientas cómodo con las palmas de las manos hacia arriba frente a ti. Es en tus manos donde vas a manifestar la alegría. Visualiza una hermosa semilla en tus palmas. ¡Una semilla grande! ¡Una semilla de un color vivo! ¡Una semilla resplandeciente! Ésta es la semilla de la alegría. Cúbrela con respiraciones largas y profundas. Éste es el viento kármico que sacude la semilla, instándola a despertar y aportar alegría a tu vida. Este viento, como el mar de posibilidades, impregna la semilla y ambos se convierten en uno.

Pasa lentamente de la idea del viento al concepto del fuego, el calor que rodea a la semilla y la insta a cobrar vida. Respira profundamente varias veces, imaginando cómo el fuego estimula la semilla y luego hundiéndose lentamente en ella de manera que ahora brilla con calidez. Es muy posible que tus palmas se calienten. El roce de la llama (puedes visualizar cómo la llama cambia de rojo a azul si te sirve de ayuda) convoca a la lluvia, el agua de la vida, que cae suavemente alrededor de la semilla, luego acumulan poder y se fusionan alrededor de la semilla. Justo antes de hundir el agua en la semilla de la alegría, observa los rayos crepitando dentro del agua.

Hunde el agua en la semilla de la alegría junto con la luz parpadeante. Ahora la semilla brilla, chispea, está caliente y se mueve como si estuviera esforzándose por cobrar vida. La luz parpadeante convoca a las partículas de tierra que bailan en tus manos alrededor de la semilla, vibrando y temblando a medida que entran en contacto con los otros tres elementos. Puede que tus manos comiencen a temblar. Observa cómo las partículas de la tierra se hunden en la ahora muy activa semilla de la alegría. Haz una respiración profunda y lleva esa semilla vibrante que tienes en tus manos al chakra de tu corazón. Mantén las manos sobre tu pecho, inclina la cabeza hacia arriba, levanta los codos... espera... espera... porque éste es el momento del nacimiento. Luego extiende los brazos con las palmas hacia el cielo y, con una gran exhalación, proclama en voz alta: «¡Doy a luz a la alegría!».

Puede que sientas un hormigueo de placer en tu cuerpo o un aumento de adrenalina. Ten en cuenta que, al dar a luz a la alegría, esta energía ha penetrado en tu cuerpo, tu mente, tus emociones, tu alma, tus cuerpos astrales y el espacio que te rodea. Conecta con todo lo que eres tú.

Haz una buena respiración profunda. Expresa tu gratitud al universo, y toca lo Único que existe.

Mézclate con ello.

Siéntelo.

Da la bienvenida a la paz.

Da la bienvenida a la alegría.

Puedes usar este ejercicio para cualquier manifestación que desees. Una manera simple es comenzar con el sentimiento de la alegría y luego centrar ese sentimiento en lo que deseas. Por ejemplo, ¿sientes que un nuevo trabajo te traerá una gran alegría? (Ten en cuenta que no he dicho «¿crees?»; estamos buscando la conexión de sentimientos). Luego, vincula la alegría al hechizo para el nuevo trabajo. La otra lección importante del ejercicio del huevo mágico es reconocer la alegría cuando la recibes. Digamos, por ejemplo, que has hecho el hechizo para la alegría y durante el día recibes una visita inesperada de alguien que te aporta una gran felicidad en el momento en que ves su cara. ¿Qué es ese momento fugaz? Es tu alegría. Reconócela. Siéntete agradecido por ello.

El huevo mágico es otra técnica para guardarla en tu caja de herramientas mágica y puede resultarte extremadamente útil en una variedad de circunstancias. Puedes otorgar poder a cualquier elemento físico, vegetal, animal o humano usando este método, adaptándolo a la situación y a la persona. Aquí lo importante es el método base, que lo llevas donde quieres que vaya.

Elementos primordiales

Al revisar los elementos primordiales en relación con las plantas, estamos categorizando la función de la energía y el diseño de la planta en lugar de la química. Tales correspondencias indican las similitudes de la planta que mejor se ajustan a uno de los elementos primitivos. Entonces, estas similitudes se tienen en cuenta en nuestra elección para usar la planta en magia, donde los elementos primordiales tienen una función espiritual asignada a ellas:

Fuego: Motivación, pasión, creatividad y la electricidad de la forma.
Aire: Pensamiento, memoria, comunicación, lógica, el acelerador (o no) de la colocación de la energía.
Agua: Intuición, emoción, fluidez, el camino entre lo consciente y lo subconsciente.
Tierra: Estabilidad, sustento, condensación del poder o del patrón en una sola forma.

Estas asociaciones difieren dependiendo de la persona mágica, su preparación anterior, su proceso mental, y a qué grupo pueden pertenecer o no. No hay una sola asociación «correcta» a estas energías primordiales.

Algunas personas eligen creer que las energías primordiales tienen conductos hacia la manifestación en el plano de la tierra. Considerémoslas como las tuberías que gobiernan el comportamiento y el flujo de los patrones primordiales de fuego, aire, agua y tierra. Son conocidos de la siguiente manera:

Fuego: salamandras
Aire: sílfides (hadas)
Agua: ondinas (sirenas)
Tierra: gnomos

Se cree que estos seres son la conexión entre el plano astral y el elemento tal como se expresa en nuestro plano de existencia. Si tienes problemas para verlos como «seres», intenta pensar en ellos como portales o algún otro tipo de mecanismo de conexión. Lo más importante es que entiendas que cualquier nombre es un esfuerzo para cuantificar y comprender un patrón de energía particular y su uso; estos nombres han cambiado con el tiempo a medida que lo han hecho nuestras culturas. Recuerda que darle un nombre a algo es otorgarle poder y canalizar la energía en un solo patrón. Cuanto más reconocido sea el patrón por otros humanos, más fuerte será.

En magia, los elementos también se clasifican como métodos en los que liberar el poder acumulado (como un hechizo), usando el mundo material como vínculo con el astral, donde tendrá lugar el cambio deseado. Aquí, los elementos representan instrumentos de liberación:

- El fuego crea un cambio a través de la combustión.
- El aire crea un cambio a través de la disolución o la evaporación.
- El agua crea un cambio a través de la mezcla y la dilución.
- La tierra crea un cambio a través de la descomposición.

Algunos practicantes de magia conectan la signatura elemental de una planta con el método de liberación del mismo elemento. Por ejemplo, si recoges unas hierbas por su relación con el fuego, serán despachadas a través del elemento fuego. Por el contrario, hay otros practicantes que no hacen coincidir la signatura elemental de la planta con el método de liberación.

Estos factores de liberación de elementos (fuego, aire, agua, tierra) también se correlacionan con influencia y el comportamiento humano, y se cree que cuando la persona objetivo encuentra el elemento en su propia vida, el elemento une tu magia a esa persona. Si usamos un condensador fluido que se corresponda (por ejemplo, un condensador de tierra para liberar la magia de la tierra), se cree que el condensador garantiza la fijación de ese elemento al objetivo y que el hechizo mantendrá tu carga hasta que ordenes la liberación. El elemento combinado con el condensador fluido dispensa el poder como la inyección de una jeringa, asegurando que no se pierda el patrón que creaste desde el momento del inicio del trabajo original hasta el momento de la entrega. Básicamente, tu trabajo no se pierde en el departamento de correos de la vida. Piensa en los métodos de liberación de los elementos como si fueran líneas ferroviarias con el nombre de cada elemento (tierra, aire, fuego, agua), en las que cada tren transporta sólo un elemento.

Por ejemplo, digamos que creaste un hechizo para el amor usando plantas con la signatura del elemento agua (todas las plantas que han sido clasificadas como asociadas con el agua en la doctrina de las signaturas). En este hechizo sólo quieres que la persona sienta que es amada; no estás tratando de hacer que te ame a ti. Tal vez tengas un amigo que está pasando por un momento difícil o quizás tu abuela esté en el hospital y no puedas estar allí. Aquí me gustaría hacer un inciso: cuando se trabaja para influenciar a otro, como en un hechizo de curación o de amor, el objetivo siempre tiene el derecho de rechazar esa energía, y el núcleo interno de su ser elegirá si desea aceptar o rechazar lo que se le ha enviado. Siempre hay una opción. Si te preocupa este territorio turbio, declara en tu trabajo que «Fulano tiene el derecho a rechazar este trabajo. Si la energía es rechazada, por favor, envíala a alguien que la haya pedido y la necesite». En lugar de ser el juez y el jurado, deja que el Espíritu elija.

Puedes colocar la mezcla herbal en un recipiente con agua fría a un grado centígrado. Mientras remueves el agua, hunde tus sentimientos de amor y compasión en el agua, visualizando a la persona a la que estás enviando el amor. Agrega varias gotas del condensador fluido y continúa agitando. Puede que sientas que la energía aumenta un poco después de añadir el condensador. Sigue revolviendo hasta que pierdas el pensamiento de amor hacia tu abuela. Haz tres respiraciones en el agua y luego sella el trabajo dibujando una cruz de brazos iguales sobre el recipiente. Escurre las hierbas y tíralas; no sirven para nada más. Exprésales tu gratitud. Coloca el agua filtrada en un recipiente y luego libérala en una masa de agua como un río, un arroyo o el océano. La liberación, el agua hacia el agua, es importante para mantener intacta la cadena del elemento. La teoría es que cada vez que tu abuela entre en contacto con el elemento agua (lavando o bebiendo) tu deseo se activará inmediatamente y ella sentirá tu amor.

Imaginemos que queremos crear una increíble obra maestra de arte, escritura o música en la que sentimos que necesitamos el fuego de la inspiración y la creatividad. Podríamos elegir hierbas con sólo signaturas de fuego y enrollarlas en una hoja de papel que tenga nuestro garabato mágico (*véase* el capítulo 5), nuestro nombre y nuestro propósito escritos en él. Cubre el rollo de papel con un poco de condensador fluido de fuego y luego quémalo en un recipiente ignífugo, cantando: «Doy la bienvenida al fuego de la creatividad a mi trabajo» o cualquier encantamiento verbal de tu elección. Sopla dentro del fuego tres veces mientras está activo, enviando tu propósito a las llamas. Continúa hablando hasta que sólo queden cenizas. Tira la ceniza a la basura cuando se enfríe. Siempre que entres en contacto con el elemento fuego mediante una habitación cálida, una piedra caliente, sentándote bajo el sol, trabajando a la luz de las velas…, el elemento fuego activará el hechizo que has lanzado para ti mismo.

¿Qué pasa con el dinero? Hubo un tiempo en el que existía el trueque, no el dinero. El concepto antiguo de riqueza material, en realidad, no equivale a nuestros tiempos modernos, en los que el dinero se considera riqueza, pero éste no es más que un concepto, una construcción para mover energía basada en lo que crees que tiene valor para ti. Para que lo sepas, no existe oro ni plata real que respalde tu dinero; eso desapareció hace mucho tiempo. Ahora es sólo papel y tinta. Tradicionalmente, el elemento tierra se usaba para el dinero, dando a las cosas una forma sólida. Hoy puedes notar que tu dinero mágico funciona mejor si te concentras en el aire como el elemento vehicular de tu elección.

Igual que podemos hacer un condensador fluido universal para trabajar con todos los elementos, también podemos crear una mezcla herbal o un polvo universal para trabajar del mismo modo. Para hacer esto, tenemos dos opciones: usar dos hierbas de cada signatura del elemento para crear el compuesto o utilizar dos de cada signatura planetaria clásica para crear el compuesto. El compuesto del elemento tendrá ocho ingredientes y el compuesto planetario tendrá catorce. Usa el ejemplo expuesto a continuación para el compuesto del elemento o crea el tuyo propio. El compuesto planetario universal para condensadores fluidos se proporciona en el capítulo 3. También se puede usar como polvo o mezcla herbal.

Compuesto del elemento universal

• • • • •

Pachulí (tierra), corteza de roble (tierra), salvia (aire), muérdago (aire), jengibre (fuego), sasafrás (fuego), violeta (agua), manzanilla (agua)

Te he dado una noción básica de información histórica mística sobre correspondencias y elementos en un esfuerzo por mostrarte que durante miles de años la religión, la ciencia y los practicantes de lo oculto han estado intentando entender cómo funciona el mar de posibilidades, y en este esfuerzo han asignado varios patrones y vínculos, con la esperanza de que al hacerlo pudieran aprender y utilizar los secretos del universo. La ciencia primitiva nos dice que la materia tiene cuatro estados: sólido, fluido, gaseoso y plasma. A medida que hemos ido progresando a lo largo de los siglos, se ha agregado otro estado, luego subestados, y demás, a la física cuántica. Aprendimos que las partículas subatómicas también tienen «estados». Lo que tenemos que mirar hoy entre todo el vasto material que los antiguos nos han dejado es su lógica, su jerga y sus experimentos. Esto no quiere decir que lo que tenemos no sea exacto; es simplemente que cada persona debe ponderar su propia traducción y desechar las pistas falsas. Creo que el mayor error es la idea de que un proceso debe ser complicado de elaborar o de lo contrario no tiene poder. He visto demasiado a menudo una variedad de campanas y silbatos en magia y rituales sin ser necesario y que, en realidad, complican el proceso en lugar de avanzar rápidamente, lo que conlleva una pérdida de tiempo y dinero innecesaria.

Si una correspondencia no te gusta, existe una razón para ello. Utiliza tu propia lógica e intuición para considerar por qué sientes intrínsecamente que la asociación tradicional anularía tu trabajo en lugar de ayudar a realizarlo. Los avances en el estudio de las plantas hoy en día nos brindan una gran cantidad de información sobre su valor medicinal, así como sobre sus patrones de crecimiento, y ese análisis nos puede decir exactamente cómo funcionará esa hierba en asociación con cualquier práctica relacionada con lo oculto. En caso de duda, usa las correspondencias tradicionales como base y luego ajusta su encantamiento con estudios adicionales.

Combinar hierbas y aditivos con tu propósito

A medida que aprendes, descubrirás que una gran cantidad de hierbas son para desterrar; sin embargo, debido a su color o a su aroma también se han empleado históricamente para atraer energías específicas hacia uno mismo o se utilizan para aumentar las propias vibraciones tan sólo a través del aroma. Anteriormente, te di los ejemplos del melocotón, en el que la planta se puede utilizar para atraer y desterrar. Un ejemplo aromático es la lavanda, que se usa para eliminar el estrés, promover el sueño relajado (al desterrar energías no deseadas) y a la vez elevar la conciencia espiritual personal debido al aroma, provocado por la paz y tranquilidad que se puede sentir como resultado de exhalar el aroma en el campo de trabajo. La lavanda es una hierba excelente para usar al principio de cualquier rito, ritual, hechizo, meditación o limpieza, ya que destierra la negatividad y aumenta la conciencia espiritual.

¿Hay alguna hierba que no deberías utilizar durante tu proceso de selección? A lo largo de los años, he aprendido a no usar una hierba, flor o raíz por la que siento aversión de forma inherente. Si estás haciendo un polvo para otra persona, nunca elijas una hierba, raíz o flor que no le guste. Digamos, por ejemplo, que estás creando un polvo o mezcla herbal curativa para meterlo en una bolsita para tu tía favorita, que actualmente está enferma. Ella no soporta el olor de la lavanda, así que, aunque sería una elección correcta en cuanto a la intención, sería desafortunada para tu tía. A la hora de hacer mezclas para los demás, escucha sus gustos y aversiones por los aromas. Esto no sólo demuestra que te preocupas, sino que también indica que has aprendido que las vibraciones espirituales de la planta no encajan con el patrón de energía de la persona.

La deidad o espíritus servidos durante el proceso de elaboración de unos polvos o una mezcla herbal mágica también son relevantes para la preparación general de la fórmula. Por ejemplo, tengo una mezcla de la diosa oscura que fue creada específicamente para las energías de Hecate, Morrighan, Bast, Dame Holda y otras diosas que se ocupan de la justicia, la magia y la protección. Es una fórmula de ofrendas que se puede usar como polvo o como una mezcla herbal e incluye hierbas fuertes y aromáticas como el pachulí, la albahaca africana o la lavanda, y tierra de las puertas de un cementerio (donde se les hizo una petición a los espíritus de protección).

En estructuras afrocaribeñas (vudú y santería) los ingredientes utilizados se consideran propiedad de los espíritus y no tienen asociación planetaria alguna (aunque, de nuevo, el conocimiento del practicante puede negar esta afirmación). Las hierbas se clasifican como dulces o amargas, lo cual no tiene nada que ver con el sabor, sino con las propiedades y características de la planta. Las hierbas amargas se usan para eliminar el mal, la negatividad, la mala suerte, etc., mientras que las hierbas dulces atraen el dinero, la prosperidad, el amor, la suerte, la salud. En las mezclas europeas y en muchas prácticas estadounidenses (como Braucherei o Pow-Wow), las asociaciones planetarias de la planta reemplazan a los espíritus culturales y los tabúes de los homólogos afrocaribeños. Por ejemplo, en Braucherei una fórmula muy potente para el éxito y la prosperidad requiere hierbas recolectadas y secadas bajo el signo astrológico de Leo. Esta receta mágica incluye todas las cosas amarillas o doradas, o asociadas con esos colores como pétalos de girasol, semillas de caléndula, flores de manzanilla y raíz u hojas de diente de león. Incluso se cree que algunas hierbas para el destierro como el romero, la belladona, la citronela y el hisopo retienen más poder cuando se cosechan bajo el signo de Leo al mediodía.

El espíritu de las plantas y que tú las reconozcas también juega un papel importante en tu proceso de selección y, finalmente, en el poder de tu polvo o mezcla herbal. Si has cultivado las hierbas tú mismo, puede que ya tengas una conexión. Si no, tendrás que conectarte con esos espíritus mientras seleccionas, preparas y mezclas tu fórmula. Tu creencia en lo que gobierna el universo y cómo todo encaja en el diseño de ese universo afecta a la forma en que percibes los espíritus de las plantas. Cada persona tiene una definición diferente a partir de la cual trabaja. Esta definición se basa en sus experiencias, conocimientos, creencias y propósitos. A lo largo de los años, como he trabajado con plantas y me he convertido en una ávida jardinera, he aprendido que, para mí, las plantas son espíritus ligeros. Tienen ondas de energía que en nuestro mundo atribuiríamos a los «sentimientos». Se comunican. Se ven afectadas por tus acciones y tus emociones. Científicamente, aprendí que cada planta tiene su propio ADN individual. Así pues, cada planta combinada con su espíritu y su estructura es única. Cuanto más trabajes con hierbas, flores y resinas, más intuitivo serás en tus opciones para unos polvos o una mezcla mágica en particular.

Como una regla empírica mágica al elegir los ingredientes, sujeta la hierba en tu mano (si puedes) y cierra los ojos. Relájate y deja que el espíritu de la planta te hable. Dile a la hierba cuál es tu propósito y observa qué fluye a través de tus sentidos. ¿Se intensifica su aroma? ¿Te sientes bien? ¿Ves hermosas luces en tu mente? Todas éstas son respuestas afirmativas a la elección de esa hierba para tu mezcla. Si, por otro lado, no percibes nada, te sientes incómodo o no ves nada en tu mente, la respuesta es no; ésa no es la hierba que debes usar para tu fórmula. También puedes usar un sistema binario de adivinación que emplea una piedra blanca y una piedra negra en una bolsita. Plantea tus preguntas para que las respuestas sean sólo sí o no. Por ejemplo, puedes recibir por respuesta un sí a la pregunta de si el espíritu de la manzanilla está dispuesto a trabajar en tu propósito, pero cuando elijas agregar manzanilla y ortiga a tu intención, tu respuesta puede ser negativa. Ésta es también una buena forma de determinar si la fórmula que has desarrollado está completa. Tu última pregunta siempre puede ser: «¿Falta algo?». Si la respuesta es sí, deja que tu intuición te guíe en qué adiciones pueden ser necesarias. El sistema binario también puede ser un elemento conveniente en otras operaciones mágicas una vez que aprendas a confiar en él. Por cierto, tu estúpido deseo de elegir sólo la piedra blanca porque la reconoces al tacto puede anularse usando dos objetos del mismo tamaño, pero con diferentes colores como un botón negro y un botón blanco.

¿Qué pasa si no tienes la hierba física y la compras por Internet, o si tal vez estás eligiendo dónde recolectarla? Usa el mismo tipo de meditación diciendo primero al nombre de la hierba o flor en voz alta varias veces o convierte el nombre de la hierba en un mantra de tres minutos.

También puedes sostener una imagen de la planta en la mano mientras te concentras en contactar con el espíritu supremo de la planta.

Cómo recolectar espiritualmente

La palabra *recolectar* aquí se refiere a recoger plantas y hongos del entorno natural. Es también un proceso, una mezcla espiritual de tu ser (mente, cuerpo y espíritu) con el mundo natural que te rodea. No hay nada como pasear por el bosque o el campo en busca de ingredientes únicos para tu trabajo mágico; es emocionante y apacible a la vez. Un nivel completamente nuevo de existencia rodea tu alma y te llena de una singularidad universal que, sencillamente, no puedes experimentar comprando hierbas en una tienda. Caminar con la madre naturaleza y aprender sobre ella construye una conexión entre ti mismo y el mundo que te rodea que no se puede comprar en ningún sitio.

Al hablar con personas mágicas que recolectan plantas, todas están de acuerdo en que las hierbas recogidas de forma espiritual, honrándolas, hablándoles y fusionándose con ellas, aportan un nivel completamente nuevo en su crecimiento espiritual. Notan que, cuando utilizan estas hierbas en encantamientos, parecen tener más poder porque las hierbas se recogieron de una manera sincera y comunicativa. Su trabajo, entonces, es un proceso dinámico que vibra mejor con el propósito elegido de principio a fin. En el capítulo 1 hablamos sobre el paseo espiritual, que sienta las bases para la recolección espiritual. ¡Cuanto más aceptes el proceso de recolección en tu vida, más emocionante será ésta! Cuando aceptas de verdad conectar con el espíritu de la naturaleza, ella dará un paso al frente y te hablará para ayudarte con tus problemas; sólo debes ser observador y aceptar la información que se te da.

El proceso de recolección es único para ti: sólo tú sabes lo que piensas y cómo te sientes. Sólo tú puedes interpretar los mensajes que recibes de las plantas. Todo comienza con tu creencia, tu intención y tu voluntad para abrir la puerta a la comunicación con la naturaleza. Deja tu mente lógica al margen junto a tu cerebro y permite que tu intuición funcione a todo gas. Una vez que realmente dejes que la comunicación fluya, tu curva de aprendizaje personal se disparará.

Consejos de seguridad para recolectar

- Viste de forma adecuada según el clima, el terreno y los peligros que implica trabajar en la naturaleza. Si la zona es nueva para ti, investiga un poco en Internet acerca de qué criaturas puedes encontrar y qué equipo puedes necesitar para guiarte de forma segura. Lleva siempre agua. Ten guantes a mano y utilízalos cuando manipules plantas venenosas o que sean desconocidas para ti. Asegúrate de tener una ofrenda para la planta; algunas persona usan agua, otras tabaco o almidón de maíz. Sin embargo, yo no recomiendo usar fertilizantes, ya que podrías matar a la planta.
- Investiga qué plantas de la zona están en peligro de extinción y evita recolectarlas.
- Hazte con una guía de campo para identificar las plantas de forma segura. Podría ser un amigo de confianza, un libro o una aplicación para tu teléfono. Si no estás seguro de alguna planta, podría ser venenosa; no la cojas. Vuelve a casa e investiga más. Siempre puedes salir de nuevo. Hay varias aplicaciones a través de las cuales puedes preguntar a un experto si no estás seguro de tu propia identificación.
- Lleva contigo bolsas de almacenaje, así como un bolígrafo y pequeñas hojas de papel o un rotulador para escribir en la bolsa. Puedes identificar correctamente una planta mientras estás al aire libre, pero si tienes varias hierbas diferentes al final del día, es posible que no recuerdes lo que has recogido, especialmente si eres novato en el proceso.
- Ten las herramientas apropiadas para recolectar: bolliné, tijeras para trabajos pesados, o algún tipo de herramienta de poda; tú sabes lo que te funciona mejor.

El proceso de recolección

Recolectar es un proceso espiritual intuitivo. Puede que antes de emprender tu aventura al aire libre desees hacer una meditación o ritual, especialmente si tienes una necesidad urgente en tu vida. Es posible que desees escribir tu propósito en un trozo de papel y llevarlo sobre el corazón o meterlo en una bolsa mágica especial para recolectar que hayas elaborado. Cuando llegues a la zona, tómate un tiempo para sentarte y hacer el ejercicio del mar de posibilidades. Mientras lo haces, tal vez quieras mantener el papel con tu propósito en la mano y frotarlo suavemente con los dedos. Permítete beber de los elementos que te rodean. Susurra a la naturaleza la intención de tu excursión de hoy. Sé consciente de todo lo que oigas y veas. Los animales, los pájaros y los insectos de la zona también te hablarán. Toma notas mentales tanto de lo usual como de lo extraño; los pájaros de colores brillantes o los estridentes y habladores tienen un mensaje para ti. Un grupo grande de un tipo particular de insecto o de un insecto poco común también tiene algo que debes saber

Cuando llegues a la planta que desea recolectar, hónrala con una oración. Dile a la planta lo que estás haciendo y por qué. Pide permiso para tomar una porción de la planta. Si te sientes bien, la respuesta es afirmativa. Si estás asustado, tienes malestar estomacal o experimentas fatiga, esa planta no desea compartir en este momento. Puede que esté enferma o puede ser la última en esa zona. Nunca cojas la planta o flor más grande y hermosa. Ésa es la reina de esa planta en esa zona: la matriz energética, el foco del patrón, el vórtice de la energía. Si tu recolecta se ve interrumpida, es una señal de que debes seguir adelante; hay un trabajo del que no eres consciente y podrías alterar el equilibrio si coges demasiada cantidad de una planta o la planta incorrecta.

Siempre dejo una ofrenda de gratitud cuando recolecto plantas silvestres. Es un intercambio de energía apropiado que vibrará en un nivel superior del alma; no es en vano. Antes de abandonar la zona, pregúntale al Espíritu si hay algo que puedas haber pasado por alto. Espera unos minutos, relajándote o haciendo una meditación, y luego vete. Mientras te vas, puede que encuentres algo que el Espíritu desea que recibas.

Recolectar en tu propio jardín

Presta especial atención a lo que crece alrededor del edificio en el que vives. Ninguna mala hierba es realmente mala; es una planta con un mensaje. Si tienes jardín, notarás que la maleza puede no ser la misma de un año a otro. Las malas hierbas son mensajeras del Espíritu. ¿Qué están tratando de decirte? Investígalas; ¿cómo se relacionan su propósito y patrón de crecimiento con tu propia vida? Antes de quitar las malas hierbas, hónralas. Como todas las plantas tienen una función mágica, considera secar las malas hierbas y usarlas en tus hechizos durante los meses de invierno, teniendo cuidado de no recolectar plantas que sean dañinas para ti o para tu familia. El Espíritu también te enviará mensajes con alguna flor ocasional, una planta que parece salir de la nada, una sola flor donde nunca hubo una antes o una parcela colorida que durante años sólo ha tenido helechos, musgo u otro conjunto completamente monocromático. Normalmente no recolecto esas plantas, pero las honro y hago ofrendas en gratitud por su mensaje. Si hay varias plantas, suelo elaborar un condensador fluido con lo que he reunido, ya que el condensador durará años y si secara lo poco que hay, no duraría tanto tiempo.

Cuando una planta poco común entre en tu vida, tómate un tiempo para sentarte, sostener la planta en tus manos (siempre que sepas que es seguro y que no es tóxica o dañina al tacto; por ejemplo, no toques la hierba carmín porque puede causar dermatitis de contacto). Relájate y pregunta tranquilamente por qué ha llegado a tu campo. Siente el color, la textura y el aroma de la planta dentro de ti. Prueba mi ejercicio para vincular, sincronizar y hundir del capítulo 1 con todas las plantas que sean nuevas para ti o cuando necesites ayuda y creas que la planta te puede ayudar. No te olvides de anotar tus impresiones para poder consultarlas más tarde.

¿De verdad tienes que trabajar físicamente con la hierba para internalizar el mensaje? (Es decir, ¿debes elaborar un polvo, una bolsita, un condensador fluido, y demás?). No. Considera la experiencia como un contacto con un animal totémico en concreto y trabaja con la planta o hierba en un nivel espiritual. Por ejemplo, digamos que en un año determinado tu propiedad parece estar invadida por hiedra venenosa o zumaque. No querrás manejar estas hierbas. Tómate tiempo para pensar sobre tu vida en correlación con la presencia de estas plantas. ¿Qué están tratando de decirte? Si consideras necesario eliminar esa planta de tu propiedad (como en el ejemplo anterior), tómate un tiempo para honrar el mensaje y hacer una ofrenda a la Madre Tierra en señal de agradecimiento antes de quitar la planta. Incluso puedes decirle a la planta por qué debe crecer en otro lugar, ya que es un peligro para tus mascotas o para tu familia.

Investigar plantas y hierbas para un resultado mejor

La tercera temporada en nuestro nuevo hogar presentó una energía y unos mensajes de las plantas interesantes para mí. Debido a las circunstancias familiares, proyectos en curso y el intransigente clima primaveral, no podía salir tanto como quería. Cada vez que planeaba adecentar el terreno surgía algo. Cuando se acercaba el verano, me di cuenta de que la naturaleza de la vida vegetal que me rodeaba estaba llena de fuerza y yo todavía parecía estar atrapada en el interior por elección propia (si es que eso tiene algún sentido). Cada vez que salía, sentía vergüenza porque mi jardín y mis macetas crecían a su libre albedrío. Luego llegó el golpe de calor y supe que ese año no iba a lograr un mantenimiento regular de la finca. A mediados de agosto, tomé una decisión. Aunque todo aquello parecía un infierno desde la carretera, iba a dejar que siguiera creciendo, luego recolectaría lo que la naturaleza hubiera decidido traerme a principios del otoño y usaría esas plantas durante los meses de invierno en mis trabajos. Esto significaba que, en lugar de confiar en lo que yo iba a plantar conscientemente en mi jardín (porque era demasiado tarde), confiaría en que la madre naturaleza me facilitara lo que ella creía que necesitaba. No creo que mis vecinos estuvieran muy contentos con mi bohemia decisión, pero así lo dejé. Esta elección me hizo salir de mi zona de confort y aprender sobre plantas y hierbas que no había usado nunca o casi nunca.

Tuve que investigar para descifrar las opciones de la madre naturaleza. Usé una aplicación en mi teléfono llamada MyGardenAnswers, Internet y varios libros que tenía en mi biblioteca. También hablé con amigos a los que les gustaba recolectar. Cada vez que identificaba una planta correctamente, anotaba la fecha de la recolecta, lo que había observado sobre su patrón de crecimiento, sus propiedades medicinales, correspondencias astrológicas y una plétora de palabras clave para ayudarme a entender y hacer un buen uso de la planta o hierba. Descubrí que una de las «malas hierbas» más frecuentes esa temporada alrededor de mi casa era la onagra. Mientras investigaba en la planta, pensaba: «¡Guau! ¡Qué interesante!». Entre las palabras clave que reuní para esta planta se encontraban: protección, eliminar la ira, caza, pociones mágicas, amor, calma, cambio de forma, suerte, logro de metas, antidepresivo, atrae abejas y mariposas, magia lunar, curación de hematomas (físicos y emocionales) y combate la procrastinación y el letargo. Uno de sus nombres tradicionales es «vela nocturna». Hasta ese momento, sólo había comprado onagra en su forma seca que, por supuesto, no tiene tan buen aspecto y nunca me convencían las ofertas del supermercado. Sin embargo, el mensaje que recibí de la planta fue un poco diferente a todas las palabras clave que había encontrado: «Has olvidado reír».

Y era cierto.

Lo que quiero decir con esta historia es que los mensajes que recibes de las plantas y las hierbas no necesariamente se ajustan a lo que otros han escrito sobre esa planta o esa hierba. Es un ser vivo y comunicará lo que quiera con respecto a lo que necesitas. Eso no significa que debas desechar tus investigaciones; la nueva información te permitirá ampliar tus conocimientos de un modo mejor para ti y para el trabajo que planeas hacer.

Esa temporada agregué varias plantas a mi despensa mágica, entre las que se incluían las siguientes:

Maleza rosada: AGUA/VENUS. Detiene los chismes o hace que alguien cierre su maldita boca; elimina sustancias tóxicas; inhibe el crecimiento de bacterias; potencia las fórmulas mágicas curativas en general. Es una hierba excelente para combinar con la piedra ojo de tigre cuando necesitas la verdad del asunto y no un montón de suposiciones o percepciones inexactas basadas en datos incorrectos.

Solanum carolinense: FUEGO/MARTE. Desvía la negatividad para que se alimente en sí misma; protege; de la familia de las solanáceas. En un jardín evita que los insectos se alimenten de patatas y tomates, ya que los insectos se deleitan en ella.

Hierba carmín: AGUA/VENUS. Envenena el avance de un amor o atención no deseada; rompe hechizos (lamentablemente, como ya se ha mencionado, la hierba carmín puede causar dermatitis de contacto). Sus bayas se usaban en la Antigüedad para hacer tinta que se volvía marrón con el tiempo.

Mora silvestre: VENUS/AGUA. Úsala para la curación, la prosperidad y la protección, así como para causar confusión en los enemigos. Se cree que las espinas suprimen el mal en el aura de una persona y destruyen las enfermedades.

Plantas prodigiosas

El Espíritu también te hablará a través de plantas prodigiosas, esas plantas que te regalan por tu cumpleaños, tu aniversario, unas vacaciones, la recuperación de una enfermedad, una inauguración o simplemente porque sí. Presta especial atención a estas plantas y a sus mensajes. Las plantas cortadas se pueden secar y usar en una variedad de aplicaciones mágicas. Las plantas vivas transmiten un mensaje más profundo, ya que la planta o selección de plantas han venido a ti para ayudarte en tu camino espiritual. Tengo dos violetas africanas que llevan conmigo varios años: una que compré cuando me mudé a mi nuevo hogar y una que me dieron como regalo de inauguración de la casa. Ambas plantas son extremadamente protectoras en la naturaleza y florecen durante todo el tiempo. Les hablo e incluso les he puesto nombres. Sequé las flores y las uso en velas, saquitos, polvos y bolsas de conjuración. Las personas mágicas a menudo comparten plantas vivas y secas para la magia. Si alguien se ofrece a darte una planta o recibes unas hierbas que no esperabas, debes saber que el Espíritu está hablando con esa persona y que esa planta o hierba es necesaria en tu vida en ese momento.

Secar hierbas silvestres y frescas

Muchos practicantes de magia recolectan hierbas silvestres y de jardín por la mañana temprano después de que el rocío se haya secado. Si tienes la intención de lavar las hierbas, es posible que desees recogerlas mientras el rocío aún se encuentra en ellas. Lávalas con cuidado, sacúdelas y luego déjalas secar sobre toallas blancas suaves o toallas de papel blanco. Existe una teoría popular que dice que colocar las hierbas sobre el color blanco les ayudará a retener su poder. Recoge semillas como las de eneldo sólo antes de que estén a punto de ponerse marrones. Cuélgalas boca abajo con un bolsa de papel ventilada y sujeta con bandas de goma sobre las cabezas para atrapar las semillas. Este sistema también va bien para el tomillo y el romero.

Si no puedo llegar a las hierbas cuando se han secado debido a una apretada agenda, coloco varias capas de toallas de papel blanco sobre mosquiteras colocadas a modo de estantes para que el aire pueda circular por encima y por debajo. También ato las hierbas con cordón cuando están frescas y las cuelgo de alambre de corral o toalleros de madera. Tanto si las cuelgo como si las pongo a secar, siempre etiqueto todo inmediatamente. No hay nada más frustrante que contemplar un mar de hierbas de una exitosa recolecta y no saber qué has recogido, ¡especialmente si se trata de una hierba nueva! Una vez que las hierbas se hayan secado por completo, quita las hojas intentando no magullarlas y guárdalas en un recipiente de cristal hermético (recomendado) en una zona oscura. Si las vas a utilizar para cocinar, no las conserves más de seis meses ya que las hierbas tienden a perder su sabor pasado ese tiempo. Sin embargo, las hierbas mágicas son un poco diferentes y se pueden almacenar durante un año aproximadamente (algunas incluso más). Hay practicantes de magia que creen que cuanto más vieja es la hierba, más poder contiene.

Una planta al día

En 2008 publiqué *HedgeWitch: Spells, Crafts, and Rituals for Natural Magick*. Se trata de una colección de prácticas mágicas que utilizo en jardinería y artesanías en el hogar, como jabones, sales herbales y azúcares (que se pueden emplear como polvos mágicos), lectura de hojas de té, velas sucias, y demás. La parte central del libro era un programa de trece ritos para la transformación personal. Era mi interpretación sobre cómo encontrar avenidas espirituales para uno mismo a través de la mezcla del espíritu con el mundo natural que nos rodea y el viaje de cuidar el jardín físico además del mental. Para transformarse, uno debe estar dispuesto a ir más allá del yo y «saltar el seto» entre el mundo físico y el espiritual, cuyo camino será único para cada persona. Los detractores del libro en la comunidad mágica se molestaron porque no seguí una línea de pensamiento más tradicional en la preparación del material, ni incluí información medicinal para uso del lector, que a menudo se considera parte del repertorio. Cuando escribo para el público, siempre me concentro en los aspectos espirituales de las plantas y dejo la información medicinal a los expertos. He hecho lo mismo en este libro. En él, llevamos esa idea espiritual más allá haciendo un esfuerzo conjunto para dar la bienvenida a la experiencia de recolectar en tu estilo de vida mágico. Para ayudarme a hacer esto, daba un paseo espiritual todos los días durante un verano y cogía una sola planta cada día para aprender sobre ella y estudiarla. Esto me abrió los ojos no sólo a la espiritualidad en la naturaleza del universo, sino también a cómo podría usar esas plantas en mis aplicaciones mágicas. Este tipo de paseo espiritual puede llevarte más allá de tu zona de confort, y ése es tu propósito.

¿Cuántas hierbas utilizar?

La cantidad de hierbas utilizadas en cualquier fórmula determinada depende de la elección del practicante. Hay personas que usan números pares para atraer cosas y números impares para desterrar. Otras prefieren usar fórmulas con tres, siete, nueve u once, y luego están las que usan el sistema de adivinación binario mencionado anteriormente para determinar el número de ingredientes con independencia del resultado numérico. Algunas personas se guían por su intuición, pasando sus manos sobre las diversas hierbas para elegir cuál es la adecuada para su propósito. Hay personas que las eligen sólo según su color, textura o aroma, siempre que esas elecciones lleven una correspondencia que ellos entiendan.

Conocí a un maestro practicante que iba a dar un paseo mágico. Contaba con años de experiencia en correspondencias herbales en la que apoyarse. Salía en un momento en concreto (generalmente impulsado astrológicamente) y le bastaba con caminar por la ciudad. ¡Sí, por la ciudad! Mientras caminaba, llamaba a las hierbas en voz baja; no basándose en un nombre herbal sino en el propósito. Su «llamada» era abierta. Aquello con lo que se encontraba o veía en su caminata era lo que usaría siempre que la planta coincidiera con la sabiduría popular que él conocía tan bien. Si una planta le llamaba pero no estaba seguro, la guardaba en un bolsillo aparte y trabajaba con ella más tarde para ver si coincidía con su propósito. Algunas veces esa hierba era necesaria para otra cosa, y otras, era para el propósito en cuestión. Una vez más, la intención que hayas formulado por escrito es la base de cualquier selección independientemente de cómo elijas tus ingredientes.

Al entrevistar a varios practicantes que crean sus propios polvos y mezclas herbales, he descubierto que todos tienen una variedad de fórmulas basadas en diferentes criterios.

Algunos de sus polvos y mezclas provienen del estudio de otros practicantes y libros, algunas mezclas son impulsadas principalmente por correspondencias astrológicas, algunas por referencias folclóricas de familiares, y otras sólo por el color. Hay recetas basadas en los elementos, como todas las que tienen ingredientes correspondientes al fuego o al aire. En algunas de esas fórmulas predomina un tipo de asociación de elementos, con un solo ingrediente correspondiente a un elemento diferente. Por ejemplo, mi polvo de hechizo de fuego se compone de hierbas correspondientes al elemento fuego y una hierba (verbena) asociada al aire. Aquí, el elemento aire se agrega para empujar al elemento fuego.

Este polvo funciona bien si se elabora cuando la luna está en un signo de fuego, y es mejor usarlo cuando está en un signo de fuego o aire. Sin embargo, también lo puedes utilizar cuando necesites que algo vaya rápido (independientemente del signo en que se encuentre la luna) y es muy útil cuando la luna está saliendo de cualquier signo y preparándose para entrar en el siguiente.

Pueden que estés pensando: «¡Madre mía! ¡Esto es muy complicado!». Sólo es tan difícil como quieras que sea. Como dije antes, existen practicantes que han utilizado con éxito hierbas basándose solamente en el color y la forma. Por ejemplo, mis polvos para derribar contienen todos los ingredientes rojos: canela, sangre de drago, pimientos rojos secos, pétalos de rosas rojas y un ingrediente muy extraño: arcilla roja seca sobre la que primero se ha escrito una petición mientras todavía es maleable, luego se ha dejado secar, se ha untado (con un aceite mágico, aceite esencial puro, perfume o condensador fluido), y se ha pulverizado para integrarla en el polvo. ¡Sí, puedes ser creativo y tener éxito al mismo tiempo!

El polvo para derribar tiene una variedad de usos: como una ofrenda a Thor, para derribar obstáculos, encontrar el éxito, conseguir que algo avance o se lleve a cabo de forma rápida, o como retribución kármica. Un polvo, una variedad de usos. Para reforzarlo, agrega yohimbe en polvo.

También puedes usar runas planetarias para elegir el tipo y número de ingredientes de tus polvos o mezclas herbales. Encontrarás esta información en el capítulo 5.

Si deseas utilizar el color como tu enfoque principal, aquí tienes una lista para ayudarte en la toma de decisiones, no sólo en tus trabajos herbales sino también en la elección de la vela mágica asociada.

Correspondencias mágicas de colores

Es posible que desees utilizar el poder vibratorio del color en tus trabajos, tanto si estás considerando usar velas de colores, manteles de altar, saquitos, bolsas de conjuración, como telas para paquetes mágicos. Puede que también quieras añadir color a tus polvos. Usa la siguiente información como guía hasta que hayas elegido qué colores te funcionan mejor según tu propósito. También puede que quieras usar tu color poderoso, que es el color que representa el día en que naciste. Encontrarás esos colores enumerados en el apartado de los días mágicos del capítulo 3.

Negro: Devolver la negatividad a quien la envía; adivinación; trabajo negativo; protección; retribución kármica.

Azul-Negro: Sanar el orgullo herido; huesos rotos; protección angelical.

Púrpura oscuro: Llamar al poder de los antiguos; sigilos/runas; gobierno; trabajar con los muertos; honorar a las diosas oscuras; poder espiritual.

Lavanda: Favores de los demás; curación de la mente; trabajo angelical; curación con Reiki; alivio del estrés.

Verde oscuro: Invocar el poder de la regeneración; crecimiento, espíritus de la naturaleza y la agricultura (como la jardinería); trabajo financiero (como ahorros e inversiones a largo plazo, o influir en una institución financiera; usar con marrón).

Verde menta: Ganancias financieras (usado con oro y plata, o miel).

Verde: Curación o salud; punto cardinal norte; buena fortuna y prosperidad (con oro o plata).

Verde aguacate: Comienzos; curación de relaciones tóxicas.

Verde claro: Mejorar el clima; crecimiento; abundancia de comida (usar con oro).

Azul índigo: Revelar secretos enterrados; protección en los niveles astrales; defensas.

Azul oscuro: Crear confusión (debe usarse con blanco o te confundirás a ti mismo).

Azul: Protección; alivio del estrés; magia del agua.

Azul real: Potencia y protección.

Azul claro/pálido: Protección del hogar, edificios, gente joven; curación de mascotas.

Rojo rubí: Amor o ira de naturaleza apasionada; movimiento; avance.

Rojo: Amor, ambiente romántico; energía; magia del fuego; punto cardinal sur.

Rojo claro: Profundo afecto de naturaleza no sexual.

Rosa oscuro: Armonía y amistad en el hogar.

Rosa: Armonía y amistad con la gente; magia vinculante; crea caos.

Rosa pálido: Amistad; mujeres jóvenes.

Amarillo: Curación; punto cardinal este.

Oro oscuro: Prosperidad; magia del sol.

Oro: Atracción; riqueza en el hogar.

Oro pálido: Concluir con honor; prosperidad en la salud.

Naranja quemada: Oportunidad; cosecha.

Naranja: Ganancias materiales; sellar un hechizo; atracción de negocios y oportunidades monetarias.

Marrón oscuro: Invocar a la tierra para obtener beneficios; tesoro; tratar con la raíz de un problema.

Marrón: Paz en el hogar; hierba mágica; amistad; milagros; ganar un caso judicial.

Marrón pálido: Beneficios materiales en el hogar.

Plata: Dinero rápido; juego; invocación de la luna; magia de la luna; prosperidad; espiritualidad.

Blanco roto: Tranquilidad.

Blanco azucena: Vela madre (quemada durante treinta minutos en cada fase lunar).

Blanco: Rectitud; pureza; punto cardinal este; magia devota; ayuda angelical; limpieza.

Gris: Glamour mágico de todo tipo.

Meditación de la naturaleza para elegir los colores e ingredientes herbales adecuados

Se cree que alrededor de cada persona se encuentra su propio campo de energía, anidado dentro del mar de posibilidades. Este campo no es sólo una capa protectora, sino que también es un almacén de pensamientos que se han unido al cuerpo. Estos patrones se adhieren a la persona. Puedes limpiar, reinventar y cambiar los patrones en este cuerpo espiritual a voluntad si te das cuenta de que el cuerpo espiritual existe y que contiene cosas interesantes. Este campo suele estar asociado con un color y es la base de muchas técnicas para la lectura del aura, cuyo color indica si estás sano o enfermo y la dirección general de tus pensamientos diariamente. Estos colores a menudo están asociados con los chakras (los siete vórtices de energía del cuerpo). La cuestión es que no todo el mundo puede leer auras en el sentido tradicional simplemente observando colores o energías. Algunas personas no pueden ver nada en absoluto, y como tu mente está llena de una variedad de problemas cualquier día determinado, escoger un solo color para un trabajo, técnica, polvo, mezcla…, puede no ser suficiente.

Hace aproximadamente cuatro años comencé a leer personas, no a través del color del aura sino mediante imágenes de la naturaleza. En ese momento, no se lo conté a nadie. No lo hacía para compartirlo, sino para entender. Cerraba los ojos y pensaba en esa persona en su estado actual, y luego llegaba hasta el universo… hasta la naturaleza… mezclándome con ella y pidiendo que me proporcionara imágenes de la naturaleza que más se correspondieran con la persona en ese punto en el tiempo. A partir de ahí, pedía imágenes (o imágenes mentales) de lo que necesitaba para ayudar a una persona con su problema o para tratar de entender por qué estaba exhibiendo un tipo determinado de comportamiento. Para esta técnica, debes aprender a confiar en lo que ves. Sin embargo, antes de usar el proceso, deberías limpiar de alguna manera tu propio cuerpo espiritual (un baño espiritual, respirando profundamente o una limpieza mental), para no confundir tus necesidades privadas con las necesidades de la persona a la que intentas ayudar. Como esto no siempre es posible, tener una rutina de métodos de limpieza espiritual diaria mantendrá tu campo relativamente claro cuando necesites acceder a las imágenes rápidamente. Yo suelo sentarme en mi mecedora al aire libre, cierro los ojos, respiro profundamente, digo el nombre completo de la persona tres veces, conecto y me fusiono con el mundo a mi alrededor, y luego le pido al universo que me traiga las imágenes de la naturaleza que necesito para ayudar a esa persona. El proceso lleva unos cinco minutos en total, algunas veces menos y otras más. Cuando termino, escribo lo que he visto para que no se me olvide y poder analizar las imágenes para incluirlas en trabajos futuros.

No pido imágenes específicas. Sólo pienso en mi mente como si fuera un lienzo en blanco donde se va a desarrollar una escena de la naturaleza. Por ejemplo, es posible que con una persona vea una variedad de hermosas flores, siendo el rosa o el rojo el color predominante rodeado de un verde exuberante. Si no sé cuáles son las flores, no me preocupo. Los colores que elegiré para ella serán rojo, rosa y verde. Podría hacer la bolsa de conjuración verde, la vela de color rojo para su trabajo y luego agregar pétalos de rosa en el polvo o en la mezcla herbal. Para otra persona, puede aparecer una escena boscosa; entonces voy a respirar ese aire con olor a pino o el almizcle de las hojas en el suelo, y voy a ver hermosos abedules pintados con una reluciente luz solar. Para esta persona, me aseguraría de que la fórmula herbal incluyera los aromas que sentí en mi visión, pino y pachulí, a pesar de que las correspondencias no sean tradicionales para el tipo de trabajo que pueden haber solicitado. Podría añadir una vela amarilla (para la luz del sol) y una bolsa de conjuración blanca (el abedul). También incluiría abedul en la mezcla herbal porque ése es el árbol que vi claramente y, de inmediato, supe el nombre. Nunca hago suposiciones. Por ejemplo, en una escena de bosque, puedo razonar que hay cosas como helechos o musgo, pero si no los veo en mi visualización inicial, no los agrego.

La parte más importante de esta técnica es no forzar o ser crítico con lo que estás viendo. Sigue la corriente. Nada está ahí «presuntamente».

Mientras realizas la meditación o la visualización, es importante que no te molesten y que seas consciente de lo que la naturaleza está tratando de decirte. Puede enviarte una ligera brisa en la cara (la persona necesita ayuda del elemento aire para que las cosas avancen) o varias abejas podrían aparecer en tu espacio (esta persona está lidiando con un grupo de personas que tratan de cambiar algún tipo de estructura) o te puede llegar un ruidoso alboroto del gato de tu vecino desde su jardín (alguien está a la ofensiva... Éstos son beneficios adicionales para la meditación o la visualización y permiten que los animales y los insectos te hablen a través de sus acciones.

Este tipo de trabajo es muy chamánico e intuitivo. No te preocupes si no tienes experiencia. Eso no es importante, ya que la naturaleza habla con todos nosotros durante todo el tiempo. Ninguna persona es mejor que otra; todos tenemos un don. Sólo debes despertar ese don reconociéndolo.

Medir los ingredientes herbales para tus polvos mágicos o mezclas herbales

Existen dos maneras de medir los ingredientes herbales para tus polvos o fórmulas de mezcla de hierbas: la formal y la informal. La cantidad de ingredientes (a base de hierbas o especialidades) en cualquier polvo mágico varía; sin embargo, en una receta formal uno mide la totalidad del conjunto, siempre factorizando a uno. Al igual que el Ojo de Horus, que es una antigua fórmula matemática egipcia para medir partes de hierbas con fines curativos, también el polvo mágico es un patrón numérico que siempre debe ser igual a una de las medidas (secas o líquidas). Por ejemplo, si usas ocho hierbas para una fórmula en particular, puedes usar pizcas de cada hierba, lo que equivale a un todo. Si quieres seguir las fórmulas antiguas, usando nuestro ejemplo de ocho ingredientes, usarás siete pizcas de siete hierbas y la última pizca, dedicada al espíritu, podría ser un ingrediente poco común como cenizas o piedra molida. Para dejar esto claro, digamos que hemos seleccionado tres hierbas para usar en nuestro polvo mágico. Usaríamos una pizca de cada hierba; la última pizca, un ingrediente especial dedicado al Espíritu, conforma el conjunto. Ésta es una técnica de medición formal.

La técnica de medición informal se basa más en tu propia intuición además de en la disponibilidad de ingredientes. Este tipo de medición es con el que cocinaba mi abuela cuando era una niña. Con los años, mi abuela aprendió qué cantidad debía poner en sus recetas simplemente por intuición. Para ella, este tipo de medición era un chorro, una pizca, un poco o un puñado. Ella se guiaba por su experiencia y por lo que sentía que estaba bien para elaborar los platos más magníficos.

Si quieres usar un mecanismo de adivinación para hacer una elección rápida de una hierba, puedes usar un método binario como una piedra negra que significa que no y una piedra blanca que significa que sí. Las piedras deben tener un tamaño y forma aproximados. Coloca las piedras en una bolsa junto con hierba eufrasia e incienso. Cuando desees obtener una respuesta de sí o no respecto a un ingrediente en particular, elige una piedra de la bolsa. Esta sencilla herramienta adivinatoria puede ayudar en el proceso de medición informal, especialmente si dudas a la hora de hacer la elección correcta.

Capítulo tres

Momentos para la magía

De todas las técnicas que he aprendido a través de los años, usar el tiempo mágico en mi trabajo espiritual ha demostrado ser la más beneficiosa. Sí, tuve que estudiar, experimentar, y tardé un poco de tiempo en llegar a dominarlo.

Pero sí; valió la pena.

Lo maravilloso del tiempo mágico es que puedes usar mucho o poco; la elección depende completamente de ti. Habrá situaciones en tu vida en la que querrás ser certero con el momento, y habrá otros casos en los que intuitivamente sabrás que no es necesaria una gran planificación, que la ventana de la oportunidad es la correcta para poner el espectáculo mágico en marcha porque sientes que es preciso. Ninguna de estas técnicas es mala, y la prueba está en tus éxitos.

Momentos para mezclar polvos o para hacer mezclas herbales

Muchos practicantes reúnen, muelen y mezclan sus polvos o hierbas en un ambiente ritual de acuerdo con las fases y signos de la luna, las horas planetarias o las correspondencias diarias. En general, en la sabiduría popular lunar los polvos y las hierbas mezcladas para atraer cosas hacia ti se deben mezclar durante la luna nueva o creciente. Los polvos y las mezclas herbales para el destierro y la protección se deben moler durante la luna menguante. Los polvos para exorcismos y fuertes limpiezas espirituales deben prepararse el primer día de la luna oscura, usando el tiempo restante para un período de descanso (aunque los gustos o la preparación individual o pueden cambiar cualquiera de las definiciones anteriores).

El primer pilar astrológico para muchos practicantes de magia comprende las fases o cuartos de la luna. Durante todo el año cada ciclo completo de la luna llevará un tema específico para ti. Este tema cambia dependiendo de tu trayectoria de vida actual, tus metas, el momento en que naciste y de lo que esté sucediendo en los cielos en el presente. Cuando prestas atención a los ciclos de la luna, tanto si estás trabajando con los cuartos (el patrón del ciclo lunar de cuatro divisiones es el más utilizado en los almanaques generales) o con las fases (el patrón de ocho divisiones que es el favorito de muchos practicantes de magia), incluso los momentos más difíciles se pueden utilizar de una forma más poderosa y espiritual. Las fases de la luna se basan en cálculos matemáticos basados en la relación entre la luna y el sol. Sería fantástico si, en el momento exacto de cada uno de estos puntos de inflexión, sucediera algún tipo de evento exterior o existiera una campana celestial que sonara en algún lugar del éter, pero no es el caso. Desde un punto de vista matemático, el universo es un lugar extremadamente concurrido y los eventos externos se ven afectados por las demarcaciones de miles de millones de cosas (está bien, es una exageración, pero ya me entiendes). La siguiente información es mi perspectiva sobre las fases de la luna, cómo te puede afectar su influencia y cómo usar lo que tienes en ese momento para crear tu magia.

Fases de la luna

Luna nueva
La luna nueva ocurre cuando la luna está entre cero y cuarenta y cinco grados directamente por delante del sol, y su lapso de tiempo para el cálculo de actividades es desde el punto de la luna nueva (0 grados)

hasta aproximadamente tres días y medio después. La luna nueva es un momento poderoso. Aquí la luna se levanta al amanecer y se pone al atardecer. Tradicionalmente este momento se considera propicio para los comienzos y para empezar nuevos proyectos; sin embargo, el trabajo con semillas de cualquier proyecto debe estar hecho dos días antes de la luna nueva (*véase* «Luna balsámica»). Durante la luna nueva, reunimos los suministros para impulsar con creatividad las semillas que plantamos. Éste es un excelente momento para un paseo espiritual, meditaciones de *pathwork* y para formar afirmaciones. Usualmente, el tema de este ciclo lunar se te presentará dentro de las primeras veinticuatro horas de la luna nueva. El significado del «tema del mes» está influenciado por el signo en el que se encuentra la luna, además de por su asociación con cualquier planeta en este período de tres días y medio.

Es importante escuchar tu diálogo interno y tus sentimientos durante este período de tiempo y liberar fracasos pasados relacionados con cualquier proyecto en curso que desees añadir o hacer avanzar para el que hayas encontrado una inspiración nueva y creativa que te llevará en una dirección diferente necesaria. Muchos practicantes de Braucherei esperan ansiosos la salida de la luna nueva con gran anticipación, ya que esta energía puede ser dirigida a influenciar la vida de uno de manera positiva. Los practicantes modernos piden nueve deseos a la luna nueva; escriben lo que desean en un diario o llevan a cabo algún tipo de hechizo o rito para complementar sus nueve deseos. Es interesante revisar tus trabajos anteriores, generalmente al final del año, y saber cuáles eran tus deseos cada mes y si se manifestaron o no, o si ha cambiado tu deseo por esas cosas.

Las observaciones sobre lo que no llegó a pasar te ayudarán a comprender más plenamente tu camino espiritual y tus habilidades. Éste no es un análisis negativo. Puede que la mayoría de las veces te encuentres diciendo: «¡Guau! ¡Estoy tan contento de que no haya sucedido!». Y puedes ver que otros meses en los que cambiaste tus palabras y tu dirección resultaron en lo que realmente recibiste.

Al atardecer del primer día completo de la luna nueva, deberías poder ver una parte de la luna en el horizonte; este «tiempo intermedio», este crepúsculo, es una fuente de oportunidades que te lleva a donde desees. Éste es el momento de guiar tus energías hacia el tipo de posibilidades que crees necesitar para cumplir tus deseos. Considera llevar a cabo una ceremonia sagrada dirigida a llamar a estas oportunidades específicas para ti. Espolvorea polvo de honor en el suelo justo cuando el sol se ponga y puedas ver la luna. Particularmente me gusta elaborar mis velas y polvos abre caminos aproximadamente dos horas antes de que esta fase termine y comience la próxima.

Muchas veces mis alumnos me dicen: «Sé que es luna nueva y que debería comenzar este proyecto, pero realmente tengo ganas de dejar cosas atrás y sé que esas actividades generalmente se reservan de forma ritual para otras fases de la luna. Sin embargo, me siento obligado a realizar una limpieza espiritual completa y otras actividades de liberación, como limpiar mi garaje». Mi respuesta es siempre ésta: ¡Hazlo! Muévete con tu brújula interna. Tu sistema de navegación te está diciendo que tu vida está demasiado abarrotada y que es necesario eliminar la negatividad y las energías no deseadas que obstaculizarán tu camino de vida. Sigue tu guía interno. Escucha tus sentimientos. Hacia el final de este período sentirás llegar la oportunidad. Cada mes tiene algo especial; búscalo.

Esta fase lunar comienza con una conjunción (poder) y termina con un sextil (oportunidad).

Luna creciente

La luna creciente sale a media mañana y se pone después de la puesta del sol. La luna pasa de estar en sextil con sol, un punto resplandeciente de oportunidades mágicas, a una cuadratura (ajuste requerido). Usa este momento para atraer caminos abiertos, ideas y ayuda del universo. En esta fase, la luna se mueve de cuarenta y cinco a noventa grados por delante del sol. Este período de influencia también dura aproximadamente tres días y medio. Si quieres ser realmente preciso, saca tu almanaque y un juego de rotuladores de colores diferentes y recorre el año destacando todas las combinaciones del sol y la luna.

Cada ciclo lunar (de luna nueva a luna nueva) tendrás una conjunción (la luna nueva), dos sextiles, dos trígonos (asistencia), una oposición (la luna llena) y dos cuadraturas; este diálogo entre la luna y el sol son puntos de energía que se pueden usar de varias maneras. Por norma general, los días de mayor energía son la luna nueva y la luna llena, los días para las oportunidades son aquellos en que la luna y el sol están en sextil, los días en que las cosas avanzarán fácilmente son los trígonos, y los días en que debes hacer ajustes en tus planes para lograr su realización son las dos cuadraturas. En pocas palabras, esto significa que tienes dos días de energía, dos días de oportunidades, dos días fáciles y dos días de cambios o ajustes para trabajar dentro de la planificación mágica. Una vez más, sigue tu instinto. Estas pautas son sólo eso: pautas.

Los estudiantes se confunden con este tipo de planificación porque piensan que un evento ocurrirá justo en el momento preciso en que, digamos, la luna está en sextil con el sol (ese período de oportunidades). Sin embargo, el universo no sólo se rige por el sol y la luna; por lo tanto, un evento correspondiente en el mundo físico asociado con cualquier diálogo planetario suele darse al menos doce horas antes de la alineación exacta. Dependiendo de la conversación universal, esta ventana se estrecha o expande. Sin embargo, en el tiempo mágico tomamos el promedio, lo que significa que trabajamos en cualquier punto del período de doce horas antes de que la alineación pueda rendir los beneficios que necesitas. Sin embargo, si trabajas *después* de la alineación, habrás perdido el autobús. A la hora de sincronizarnos con la luna, en el sentido de querer atrapar toda su energía, por ejemplo durante la luna llena, nuestra ventana para llevar a cabo la magia es usualmente dos horas antes del evento. Sin embargo, un solo diálogo entre la luna y otro planeta dura únicamente unas dos horas, por lo que es posible que quieras tenerlo en cuenta en tus trabajos mágicos y, al igual que con el aviso anterior, haz el trabajo antes del diálogo exacto, no después.

Volviendo a la fase de luna creciente: aquí probablemente disfrutarás de algún tipo de ayuda externa que podría ser cualquier cosa desde consejos a información general o un regalo que potenciará tu progreso. Realizar el ejercicio del mar de posibilidades durante esta fase debería resultar en un avance excelente; si no es así, hay que hacer un trabajo de liberación. Esta fase lunar es definitivamente un momento para abandonar tus miedos y avanzar con valentía. El trabajo de autorrealización funciona muy bien durante este período. Las influencias externas también tendrán lugar al final de la fase de la luna creciente o al comienzo de la fase del cuarto creciente (que no debe confundirse con el primer cuarto de la luna del sistema de cuatro ciclos). Sin embargo, esta energía requiere que de alguna manera hagas un ajuste. Por ejemplo, puede que te des cuenta de que tu investigación tiene ciertas carencias y necesites buscar información más detallada, o que tu hijo pierda o rompa una parte de un proyecto en el que estás trabajando, o que experimentes un retraso porque tienes que llevar a tu gato al veterinario. Si consideras estos ajustes como oportunidades para el cambio en sí mismos, necesarios para que puedas alcanzar tu objetivo deseado (y que de alguna manera te los saltaste en la parte de planificación de tu trabajo), no son tan difíciles de tratar. La frustración no gana nada. La percepción lo es todo.

Por lo tanto, la primera semana de la luna nueva contiene dos fases: la luna nueva y la luna creciente. Aquí es donde tu creatividad comienza realmente a florecer con grandes ideas, nuevas formas de prácticas que mejorarán tu trabajo, reunir y estudiar nuevas investigaciones, y demás. Este tipo de actividad fluirá en tu vida si lo permites. De nuevo, al igual que con la luna nueva, los signos en los que se encuentra la luna durante este período de tiempo influirán y completarán tu experiencia. ¡Espera oportunidades al comienzo y ajustes hacia el final, y listo!

Usa la energía hacia el final de esta fase para elaborar polvos para la limpieza del aura, para el buen humor, para el perdón, para la recuperación de deudas, para sueños y visiones, para el ángel de la guarda, para aliviar la pena, para los deseos, polvos de la sabiduría del búho blanco y cualquier polvo o mezcla herbal para bendecir. Este momento es simplemente una recomendación. Prefiero usar la fase y la luna en los signos, que pueden no siempre corresponder a las pautas anteriores.

Si quieres ver el ascenso de esta luna, comienza tu trabajo al mediodía. Para tomar la energía de su puesta, hazlo a medianoche.

Esta fase lunar comienza con un sextil (oportunidad) y termina con una cuadratura (ajuste).

Cuarto creciente

La fase del cuarto creciente (que no debe confundirse con el primer cuarto del sistema de cuatro divisiones) es cuando la luna se mueve de noventa a ciento treinta y cinco grados por delante del sol. Se abre con la energía de ajuste requerida y se cierra con una actitud de «a toda marcha». Ahora estamos en nuestra segunda semana del ciclo; éste es un momento para seguir adelante y aplicar tus talentos. Los problemas en esta fase sólo surgen si has estado ignorando los mensajes del universo o, si de alguna manera, has saltado la pista de tus deseos originales o has estado de algún modo manejando mal la energía que tenías disponible. Aquí estás creando las primeras capas o niveles de un proyecto, ¡y a menudo sentirás que realmente salen chispas de la punta de tus dedos! Éste es un momento de seguir adelante a menos que estés inhibido por tus propios pensamientos y comportamientos. A mitad del camino, la energía simplemente fluye: éste es el momento de llevar a cabo la magia para ayudar a impulsar cualquier proyecto hacia el éxito.

Los polvos y las mezclas herbales que se elaboran aquí generalmente están diseñados para todo tipo de atracción, como dinero, motivación, curación rápida, abundancia y éxito en general. En esta fase, a menudo debes comprometerte a hacer todo lo posible y puedes encontrarte totalmente inmerso en un proyecto. Sin darte cuenta, estarás conduciendo a través de miedos y dudas del pasado, dejándolos atrás en el polvo de la carretera mientras avanzas. Deja que tu creatividad fluya. Durante este período de tiempo, puede que revises tus notas y sientas el impulso de crear un polvo o mezcla en el que hayas estado pensando. Muchos condensadores fluidos se pueden elaborar también en este momento, dependiendo de la luna en los signos y de otro diálogo astrológico.

Hacia el final de la fase te sentirás absolutamente magnético con ideas, personas, cosas, animales y eventos. Puedes sentir «la atracción» dentro de ti. Cuando alcances ese nivel emocional, será el momento de realizar la magia de atracción. Comprueba los signos de la luna para obtener un éxito de navegación mayor.

Esta fase se abre con una cuadratura (ajuste) y termina con un trígono (facilidad).

Luna gibosa

La luna sale a media tarde, se pone alrededor de las tres de la mañana y se mueve de ciento treinta y cinco a ciento ochenta grados por delante del sol. Es un momento ventajoso para detallar el trabajo y el crecimiento personal; aquí es donde aplicas la nueva información que aprendiste en las fases anteriores y usas esas ideas para mejorarte a ti mismo o tus proyectos actuales. El trabajo grupal se intensifica en este momento y el intercambio de energía, creatividad e ideas empujará cualquier proyecto u organización hacia adelante. Ahora es una buena oportunidad para trabajar en objetivos acordados con una pareja o con miembros de la familia mágicos. Esta fase se abre con un trígono (facilidad), termina con una oposición (cambios necesarios para el equilibrio) y funciona particularmente bien cuando te das cuenta de que con la oposición te encuentras en el medio; lo único que tienes que hacer es equilibrar la energía. La oposición es la luna llena, y el período de doce horas anterior (que cae en la fase gibosa) puede ser un momento muy activo. Tus manos pueden literalmente vibrar con la energía, una señal de que deberías estar dirigiéndola de manera positiva. La claridad de propósito suele acompañar a esta fase. Los polvos y las mezclas para la adivinación, el pensamiento intuitivo y la sabiduría pueden ser muy útiles en este momento (ya sea para elaborarlos o para emplearlos en tu magia). En este momento de solidificación del poder, elabora polvos para la curación (crecimiento de la piel, cierre de heridas...). Si es un eclipse lunar, los efectos del trabajo durarán más (de tres a seis meses).

Estas primeras cuatro fases lunares: luna nueva, luna creciente, cuarto creciente y gibosa, son las fases crecientes de la luna. Juntas representan el crecimiento y la atracción. En mi práctica Braucherei, artículos con los que se trabaja para la atracción se entierran justo antes de la luna llena para reunir energía y luego «nacen» durante la próxima luna diseminadora. Podría tratarse de un sigilo, una muñeca, una herramienta mágica en particular o un vehículo de adivinación.

Luna llena
La luna sale al atardecer, se pone al amanecer y viaja de ciento ochenta a doscientos veinticinco grados por delante del sol. Estamos en la mitad del ciclo lunar. Comienza con la oposición (cambios realizados para el equilibrio) y termina con un trígono (facilidad). Ha comenzado la parte menguante del ciclo lunar, en la que las energías se alejan, a veces para manifestarse semanas o meses después. ¡Tienes que estar dispuesto a liberar! Es un buen momento para revisar tu despensa mágica y abas-

tecer estantes para limpiar hechizos antiguos, organizar la avalancha de notas que tomaste en las últimas dos semanas, almacenar nuevos suministros que podrían haber entrado, etiquetar frascos, botellas y bolsas, o eliminar el polvo y la suciedad de tus proyectos terminados. Éste es un momento tradicional para darte cuenta de lo que debes liberar para poder continuar. ¿Qué energías no te están funcionando? Debes hacer espacio en tu vida abriendo tus dedos mágicos y permitiendo que las cosas que te estorban se marchen.

Las primeras doce horas después de la luna llena podrían usarse mejor como un tiempo de inactividad para que puedas darte la oportunidad de revisar las últimas dos semanas y el trabajo que has hecho. Es probable que el tema de la luna nueva anterior se haya mostrado y es posible que desees comenzar el ciclo menguante con una limpieza espiritual personal y trabajos dirigidos a lo que necesitas dejar ir. Aquí es donde usarías tus polvos o mezclas herbales para limpiar el aura. Es un buen momento para meditar, quemar salvia en casa y planificar proyectos centrados en la liberación. Éste es el momento del «panorama general» del mes, en el que te sientas y te permites ver las cosas desde una perspectiva a pantalla completa. El final de este período de tres días y medio se puede completar con energía renovada de otro tipo, y puede que sientas que no hay suficientes horas en el día para encargarte de tus responsabilidades y tal vez tengas que hacer malabarismos con las cosas que amas. Ésta es una señal de que el trabajo que hiciste en las primeras dos semanas del ciclo está a punto de traer la manifestación que deseas (dependiendo del objetivo). De hecho, ¡cuanto más ocupado estés, mejor! Esta avalancha significa que todo está siguiendo su curso aunque no lo creas. La mejor manera de lidiar con ese último período de medio día es mantener la calma y continuar.

Diseminadora

Ahora nos encontramos a unos tres días y medio después de la luna llena, período en el que la luna se mueve de doscientos veinticinco a doscientos setenta grados por delante del sol. La luna sale a media tarde y se pone a media mañana. Es un momento excelente para compartir tu trabajo con los demás, hacer obras de caridad o tender una mano amiga a los necesitados. Este segmento comienza con un trígono (facilidad) y termina con una cuadratura (ajuste). El período de ajuste que ocurre hacia la mitad (aproximadamente un día más o menos dentro de la fase) se centra con mayor frecuencia en las necesidades personales y carencias de uno. En lugar de exigir que los demás deben cambiar su comportamiento, ésta es una oportunidad para cambiar el tuyo. Desafortunadamente, demasiadas personas quieren proyectar sus necesidades y usar el comportamiento de los demás como una excusa para exigir que otros cambien para poder ser más felices. En lugar de eso, tómate este tiempo para encontrar soluciones lógicas y viables sobre lo que puedes hacer en tu interior para realizar los cambios que deseas que ocurran. Puedes sentir la necesidad de hacer otra limpieza espiritual personal o limpiar una zona grande de tu entorno. En mi práctica de Braucherei, el final de esta fase es aproximadamente siete días desde la luna llena. Es cuando se pueden desvelar los elementos que fueron enterrados en el suelo (aunque a veces preferimos esperar nueve días). Ésta es la hora del nacimiento. Puedes realizar tu propia ceremonia o reconocer la culminación de la energía y luego dejar que el objeto «vaya» a hacer su trabajo.

Cuarto menguante

No debe confundirse con el cuarto de la luna del sistema de cuatro segmentos, aunque cubre parte del mismo territorio. La luna sale a medianoche y se pone al mediodía, moviéndose de doscientos setenta a trescientos quince grados por delante del sol. Muchos practicantes sienten que éste es el momento de mayor poder para trabajos de destierro, siendo la medianoche la hora preferida. Es un período de mucho trabajo en el que rindes a tu mejor nivel para liberar y alejar la negatividad, el mal y el desequilibrio. Ahora es el momento de desterrar enfermedades, irradiar infecciones y derribar lo que debe ser eliminado. Aquí es donde los objetos se entierran para la destrucción y la descomposición; por ejemplo, transferir una enfermedad a un objeto y enterrarlo en un cruce de caminos donde no vaya a ser desenterrado, o revisar viejas fotos de personas que te hayan lastimado y quemarlas. Tira ropa vieja y andrajosa, objetos que no puedan ser reparados, o destroza y deshazte de los objetos que rebosan odio o tristeza. Hacia el final del período de tres días y medio, el movimiento y la organización de objetos domésticos o cosas del pasado, como fotografías que desees conservar, encuentra un camino natural a la reestructuración, y por el movimiento físico ayuda a refrescar lo se ha quedado obsoleto o ha sido olvidado. La magia rápida (cosas que desearías que hubieran ocurrido rápidamente) que comenzó en la luna nueva a menudo se materializa aquí.

Esta fase comienza con una cuadratura (ajuste) y termina con un sextil (oportunidad). En este segmento del ciclo lunar, comenzarás a fusionar nuevos pensamientos sobre lo que has aprendido en las últimas tres semanas y comenzarás a buscar nuevas direcciones para avanzar en tu trabajo. Los destierros más pesados para despejar el camino a una vida mejor podrían hacerse justo cuando la luna cruza la fase del último cuarto y la balsámica, lo más cerca posible de las tres de la mañana.

Luna balsámica

Al final del ciclo lunar, la luna sale a las tres de la mañana y se pone a media tarde, moviéndose trescientos quince grados para terminar el ciclo de trescientos sesenta y entra en conjunción con el sol para comenzar el próximo ciclo. De todas las fases de la luna, creo que ésta es la más diferente en cuanto a cómo se usa, lo que depende de la elección y el entrenamiento anterior. Hay algunos practicantes que no participan en ningún trabajo mágico en este momento. En lugar de eso limpian, reorganizan o descansan. Hay otros que ven este período de tres días y medio, particularmente su punto medio, como «el momento» para patear traseros mágicos. Hay otros que usan ese último día del ciclo para limpiezas espirituales personales, sobre todo si ha habido sufrimiento como una larga enfermedad, un divorcio, la pérdida de un ser querido, y demás. Meditar en el momento tranquilo de este último día, conectar con el mar de posibilidades y hacer trabajo de limpieza de energía puede ser de gran utilidad. Ésta es una buena fase para revisar todos tus proyectos y ver qué se puede completar antes de la luna nueva. Las tareas pequeñas son tan importantes como los más grandes; cualquier acción afirmativa que despeje tu calendario se considera buena. En mi trabajo de Braucherei, escribo en una hoja de papel lo que deseo que permanezca muerto para siempre. Hago el papel añicos y coloco los pedacitos en tres sobres. Una vez que los sobres están sellados, los quemo por separado y también mantengo los montones de cenizas fríos separados. Luego los disperso en tres lugares físicos fuera de mi propiedad; si es posible, uno de los montones en agua corriente antes de la luna nueva.

La luna en los signos

Las fases de la luna (ocho ciclos) y sus cuartos (cuatro ciclos) son bastante estándar con casi todas las enseñanzas ocultas; sin embargo, la luna en los signos tiene de hecho la misma influencia en la fórmula general, junto con las fases de la luna (o más, dependiendo de las creencias del practicante). La luna representa la emoción, y la emoción es la gasolina del motor de tu magia. La luna en los signos te habla de tu cariz emocional y del de los que te rodean; básicamente, alude al tipo de combustible con el que tienes que trabajar.

La luna pasa rápidamente a través de los signos cada mes y pasa aproximadamente dos días y medio en cada uno dos veces al mes (dar o recibir). Esto te da una gran ventaja para ajustar tus trabajos mágicos. Encontrar esta información en cualquier día determinado es fácil. Hace unos años era insólito, pero hoy hay muchas aplicaciones para tu teléfono, ordenador o iPad que te dan rápidamente las fases, así como información de la luna en los signos para el día en curso. ¡Incluso hay aplicaciones para cálculos de horas planetarias! Yo las utilizo no sólo para polvos y otros trabajos mágicos, sino también para hacer ajustes a mis seminarios y realizar limpiezas espirituales cuando estoy en camino. En las limpiezas, por ejemplo, las personas que veo durante una hora planetaria de Saturno generalmente están lidiando con figuras autoritarias negativas o tienen una enfermedad crónica.

Es posible que hayan experimentado recientemente la pérdida de un familiar o de un amigo, que hayan perdido un trabajo o una casa, o que estén pasando algún tipo de dificultad con un progenitor mayor. Están buscando deshacerse de la energía negativa que los deja atemorizados, a la deriva, inestables o amarrados. En ocasiones, veo a alguien que acaba de recibir una gran recompensa, una buena experiencia kármica, o que ha envejecido de alguna manera, como al haber sido abuelo.

Aquellos que programan sus citas durante la hora de Júpiter son muy diferentes, y puedes notar el cambio en la energía. Estas personas tienen la mentalidad de la expansión y la buena fortuna. Quieren eliminar la energía negativa para poder experimentar un sentido de la espiritualidad más intenso, o buscan aumentar o desarrollar su conocimiento observando minuciosamente y disfrutando de todo el proceso de limpieza. Sin embargo, también veo a personas que han dejado que las cosas vayan demasiado lejos en sus vidas y están retrocediendo seriamente o personas que tienden a exagerar las circunstancias de forma natural. Aquellas que probablemente hagan la mayoría de preguntas y tengan dificultades con otras personas en general vendrán durante una hora de Mercurio; ¡y las personas en horas de Venus traen regalos!

A la hora de trabajar con el tiempo astrológico, también puedes usar un almanaque como *Llewellyn's Daily Planetary Guide*, que proporciona un extenso compendio de información astrológica y es muy práctico de mantener junto a tu diario de polvos y mezclas herbales. También puedes usar las efemérides estándar si lo deseas.

En este libro he incluido los glifos tradicionales para los doce signos del zodíaco y los nueve planetas porque son muy útiles en la magia con sigilos y se puede agregar en forma pictórica a tus polvos y mezclas. Estos sigilos se pueden usar en conjunción con la luna en los signos y la información de hora planetaria.

Directrices generales para la luna en los signos

A continuación he enumerado los doce signos astrológicos y el sabor que la luna asimila mientras viaja a través de cada signo. También te proporciono la categoría del signo (cardinal, fijo o mutable), el planeta regente, el planeta exaltado (si lo hay), el color más asociado con ese signo y el elemento que lo rige.

Antes de ver esta información, me gustaría hacer dos apuntes importantes. El primero es la definición de planeta exaltado y el segundo es acerca de las asociaciones angelicales. Un planeta exaltado se considera fuerte cuando viaja a través de un signo en particular, aunque no rija ese signo. También se considera que son menos gruñones de lo habitual (Marte y Saturno en particular). Se sienten cómodos allí y, generalmente, rinden muy bien a menos que estén afligidos (discutiendo con otro planeta o estrella fija). En un principio, como no existían las duplicaciones de exaltaciones en el sistema clásico astrológico, no había suficientes planetas para los doce signos; por lo tanto, hay algunos signos que no tienen una asociación planetaria exaltada clásica, como Mercurio, que es elegido para ser tanto el planeta regente como exaltado para Virgo. Sin embargo, los astrólogos modernos han reestructurado las relaciones planetarias exaltadas aunque, lamentablemente, no todos están de acuerdo, por eso mi libro puede decir una cosa sobre un planeta exaltado y en otros libros o documentos se puede leer una opinión diferente. No te preocupes y sigue tu instinto. La información planetaria exaltada simplemente te da otras opciones, ampliando un poco el campo cuando estás formulando tus propias recetas.

Hay varios poderes angelicales que coinciden con cualquier planeta o signo astrológico. En este libro he usado sólo una o dos de las energías más familiares. Si deseas obtener más información sobre el trabajo angelical, consulta mi libro *Angels: Companions in Magick*.

Puedes usar la información del signo astrológico para elegir cuándo te gustaría mezclar u otorgar poder a un polvo o una mezcla herbal. También he incluido las fórmulas de polvos o bolsitas para cada signo. Estas recetas mágicas se crearon utilizando el planeta regente y los planetas regentes de los decanatos involucrados en cada signo. Un decanato es la subdivisión de un signo astrológico. Para dar una interpretación más compleja a cada signo, los antiguos astrólogos dividieron los signos, añadiendo información que modifica y mejora el patrón de energía del signo. Estos decanatos cubren períodos de diez grados con un total de tres subdivisiones únicas en cada signo. A cada decanato se le asigna la regencia de un planeta, lo que significa que puedes ajustar tu trabajo mágico a un día en concreto para capturar el tipo de ventana energética que deseas combinando el día, la fase lunar, la hora planetaria y el decanato regente. Mucha gente no se molesta en llevar a cabo este tipo de sincronización; sin embargo, un problema crítico puede hacerte pensar (y elegir) lo contrario. Estas fórmulas se pueden emplear para una variedad de propósitos, incluso como un significador para una persona donde el signo coincide con su signo de nacimiento, para un momento cuando la luna u otro planeta está en ese signo o como potenciador en un mes en particular en el que el sol está en ese signo. Es mejor elaborar estos polvos durante la luna nueva que coincida con el signo en el que se encuentra.

🐏 Aries: Comienzos, ataque y nuevas experiencias; el «primero» real. ¿Cuál es su desventaja? El trabajo de Aries es famoso por durar sólo unos días. Aunque Aries es conocido como el signo «iniciador» supremo, no se considera un finalizador fuerte y funciona mejor como organizador de proyectos que se llevarán a cabo en otros signos. Por ejemplo, si quisieras elaborar un polvo o mezcla de fuego mágico, podrías comenzar cuando la luna esté en Aries, luego esperar y agregar más ingredientes correspondientes bajo los signos de Leo y Sagitario, los otros signos de fuego del zodíaco. Esta colección de energía de signos también agregaría más influencia de fuego a mi fórmula de triple acción. La luna de Aries es buena para un impulso inicial en la dirección correcta y fantástica para experimentar con nueva información o para añadir técnicas recientemente descubiertas a un trabajo. La luna de Aries a menudo se usa para exorcismos y rituales de destierro en los que la explosión pretende acabar con el problema de una vez por todas. Es impresionante contemplar el poder abrasador de Aries (si alguna vez has irritado a alguno). Un polvo o mezcla hecha bajo esa misma energía alberga un golpetazo único y particular. Sin embargo, úsalo y finaliza. Cuando el globo de energía explota se detiene el gorjeo, lo que probablemente es una cosa espléndida. Aries debería utilizarse no para comenzar una guerra, sino para ganar la batalla final. EL SIGNO DE ARIES ES UN SIGNO CARDINAL QUE REPRESENTA LOS COMIENZOS. ELEMENTO: FUEGO. REGIDO POR MARTE. PLANETA EXALTADO: EL SOL. COLOR ROJO. PODER ANGELICAL: AIEL/MACHIDIEL.

FÓRMULA HERBAL DE ARIES: pimienta de Jamaica, albahaca, resina de sangre de drago, mostaza, galangal, laurel, hierbabuena.

🐂 Tauro: ¡Sensual y constante! La luna de Tauro favorece las inversiones y los efectos a largo plazo en cosas que valoras. Muchos consideran a Tauro el signo más estable del zodíaco y, si alguna vez has conocido a una personalidad Tauro, deberíamos colgar el cartel de «más obstinado» justo debajo de la palabra *Tauro*, que lo hace perfecto para hechizos pegajosos. Trabaja bajo la luna de este signo y hagas lo que hagas durará un tiempo infinito; perfecto para encantamientos de cosas como un hogar seguro, comida, decoración hogareña agradable y funcional, cuidar tu cuenta de ahorros y jubilación, comodidad, buena suerte, crecimiento constante en tus inversiones, lujo... Algunas personas sienten que este signo no funciona con trabajos para conseguir dinero rápido, pero en mi caso no es así, particularmente cuando utilizo la calidad pegajosa de esta luna usando miel, melaza, telarañas o pegamento. Tauro es también conocido por su apreciación de la belleza, y su energía puede aportar un profundo sentido de gratitud a tus trabajos, lo que pone la mente en el marco correcto para un cambio positivo. Muchos trabajadores mágicos eligen usar esta luna en combinación con la luna de Cáncer para la protección y los guardianes mágicos, donde Tauro representa el hogar y la casa y Cáncer guarda la unidad familiar.

FIJO: ESTABLE. ELEMENTO: TIERRA. REGIDO POR VENUS. PLANETA EXALTADO: LUNA. COLOR: NARANJA O VERDE. PODER ANGELICAL: TUAL/ASMODEL.

FÓRMULA HERBAL DE TAURO: rosa, lirio, verbena, violeta, almendra, sauce, escutelaria.

♊ Géminis: Movimiento, inteligencia (pero no necesariamente sabiduría), comunicación y creatividad. Géminis proporciona un golpe rápido a los trabajos y me recuerda a un boxeador que revolotea sobre el ring, propiciando golpes certeros en la cabeza del oponente y luego saltando rápidamente fuera de su alcance antes de que le hagan puré. Debido a la naturaleza mental de este signo, es excelente para polvos y mezclas herbales que contienen sigilos, peticiones, imágenes, cenizas o palabras. Géminis convierte a la luna en un mensajero brillante capaz de entregar cualquier paquete mágico. Los polvos para juegos de azar se mezclan en este signo, así como en los signos de Sagitario y

Leo. Las lunas de Piscis, Acuario y Géminis son excelentes para preparar elementos que vayan a ser usados en adivinación, y pedir ayuda a los antepasados durante este período suele resultar beneficioso. Las lunas de Géminis, Virgo y Acuario son ventanas para la preparación de elementos para hechizos (como un canto o un amuleto), diseñar un hechizo o un formato de ritual, o planear el momento para un trabajo. No perderás el tiempo si pasas unas horas hojeando tu almanaque mágico planificando futuras actividades mágicas. Algunos practicantes optan por cargar velas, mezclas de herbales y polvos en general cuando la luna está en Géminis, ya que es una buena luna «emisora». MU-TABLE: SE MUEVE FÁCILMENTE CON EL CAMBIO DE CIRCUNSTAN-CIAS. ELEMENTO: AIRE. REGIDO POR MERCURIO. PLANETA EXAL-TADO: NINGUNO. COLOR: AMARILLO, AZUL O PLATEADO. PODER ANGELICAL: GIEL/AMBRIEL.

FÓRMULA HERBAL DE GÉMINIS: bergamota, lavanda, citronela, mejorana, hierba luisa, mandrágora, salvia, canela, mandarina.

Cáncer: este es el signo del hogar de la luna y aquí es donde está más a gusto, donde se relaja y no usa máscaras, donde se siente cómoda y poderosa. En este signo se ocupa de las cosas más cercanas a nuestro ser interior: cuestiones de curación emocional, el psiquismo hasta cierto punto, la «raíz» de una situación, misterios de mujeres, magia lunar, protección de casi cualquier cosa (particularmente niños y recursos que afectan al equilibrio del hogar o del yo interior y cosas asociadas con tu legado). Es ideal elaborar polvos y mezclas para la oración general, la limpieza espiritual, la curación, el cuidado de los niños y la cocina mágica bajo este signo. También se pueden crear mezclas para la persuasión, el control y la dominación, especialmente poderosas en una luna nueva o llena de Cáncer. Usa la luna de Cáncer para la paz en el hogar. CARDENAL: COMIENZOS. ELEMENTO: AGUA. REGIDO POR LA LUNA. PLANETAS EXALTADOS: JÚPITER Y NEPTUNO. COLOR: ROSA O VERDE MAR. PODER ANGELICAL: CAEL/MANUEL/MURIEL

FÓRMULA HERBAL DE CÁNCER: eucalipto, mirra, sándalo, rosa, gaulteria, melisa, menta, cálamo.

Leo: Lealtad, niños, talento, creatividad, inspiración, juegos de azar, enfoque de ambiciones, fuerza. Leo rige el oro; por lo tanto, en algunas tradiciones se considera el signo supremo para llevar a cabo magia relacionada con el dinero y la prosperidad. ¡Es ideal para tu carrera, para obtener grandes ventas de tu producto o para conseguir el mejor trabajo del mundo! Algunos practicantes de Braucherei consideran que la luna de Leo, especialmente en el signo solar de Leo, es más ventajosa para recolectar hierbas que tienen gran repercusión, y que los polvos elaborados bajo esta luna mantendrán su carga más tiempo y contendrán un impulso mayor de energía. Las signaturas de esta luna son coraje y pasión intensa y constante. FIJO: ESTABLE. ELEMENTO: FUEGO. REGIDO POR EL SOL. PLANETA EXALTADO: NINGUNO (AUNQUE LOS ASTRÓLOGOS MODERNOS LE ATRIBUYEN PLUTÓN). COLOR: ORO O AMARILLO PODER ANGELICAL: VERCHIEL.

FÓRMULA HERBAL DE LEO: girasol, muérdago, cedro, ruda, caléndula, manzanilla, romero, pachulí, clavo de olor, canela.

Virgo: ¡Análisis, soluciones, magia invisible, maestría oculta, magia animal, orden, detalle, terminar el trabajo! Si necesitas evidencias o pruebas, usa la luna de Virgo o Escorpio. Donde Escorpio busca secretos en general, Virgo averigua el motivo. Es valiosa en casos de custodia de los hijos o para delatar delincuentes y prácticas desleales en el trabajo. Este signo es el sabueso del zodíaco. Virgo también resulta útil para hacer ajustes en tu situación física, incluyendo el trabajo y la salud, y para dejar malos hábitos. Si necesitas «arreglarlo», traer dinero y comida al hogar o curar mascotas y animales, este es tu signo. Virgo asimismo se usa para elaborar polvos para la persuasión, el control o la seducción; cuanto más cerca de Libra sin ser vacío, mejor. MUTABLE, PERO SON FRÍOS Y CALCULADORES EN SU POSICIÓN CAMBIANTE. ELEMENTO: TIERRA. REGIDO POR MERCURIO. PLANETA EXALTADO: NINGUNO. COLOR: AZUL O AMARILLO. PODER ANGELICAL: VOIL/ HAMALIEL.

FÓRMULA HERBAL DE VIRGO: menta, verbena, marrubio, eneldo, helinio, muérdago, violeta.

♎ Libra: Artístico, socialización, asociaciones, temas legales (en los que el resultado debe ser justo). La innovación es una energía vital con este signo que fomenta las búsquedas inventivas e intelectuales. Debido a que Libra es el signo del equilibrio (una gran rareza en el mundo), las energías cambiarán y se moverán como la arena bajo tus pies; sin embargo, puede ser útil al considerar todos los aspectos de una situación y contemplar la intención de tu trabajo. Éste es el signo del «hogar hermoso» y es un buen momento para elaborar polvos mágicos y mezclas herbales enfocadas en encontrar una gran oferta para compras de artículos costosos, ropa bonita y decoración para el hogar. Cuando la luna está menguando, se suelen llevar a cabo hechizos para destruir una sociedad y, cuando está creciendo, para consolidar una. Recuerda siempre que Libra actúa primero en lo que es justo para uno (yo, yo, yo), y cuando se ha obtenido ese equilibrio (o al menos el yo está satisfecho para bien o para mal) avanza hacia el mundo. CARDENAL: INICIADOR. ELEMENTO: AIRE. REGIDO POR VENUS. PLANETA EXALTADO: SATURNO. COLOR: LAVANDA O MORADO. PODER ANGELICAL: ZURIEL/JAEL.

FÓRMULA HERBAL DE LIBRA: bálsamo de Galaad, espuela de caballero, lirio, plátano, aquilea, tomillo, eucalipto, hiedra, tilo.

♏ Escorpio: La luna de Escorpio es el poder animal del zodíaco porque lo intensifica todo (sentimientos, colores, energía, creatividad), incrementando tu habilidad para convocar o desterrar. Es la luna que debes usar cuando parece que no puedes obtener el entusiasmo que necesitas para completar un proyecto o cuando no puedes aumentar la energía porque no consideras este problema como algo tan importante. Si has caído en la rutina, la luna de Escorpio puede ayudarte a descubrir por qué. En una actividad a la que llamo «el poder de la traducción», añade la energía de la luna de Escorpio a un polvo de movimiento (como el de triple acción), realizando la magia en el punto medio de la luna de Escorpio. Cuando la luna alcance su punto medio en Sagitario (el siguiente signo), agrégale también esa energía lunar y luego completa el polvo o la mezcla herbal. La luna de Escorpio es perfecta para la investigación, para hallar en silencio la verdad de la materia, para trabajos de ocultismo en general, para la magia, para dar seminarios, para el sexo, la liberación y la ganancia a través del dinero de otras personas, como una herencia o las ventas. Escorpio tiene la capacidad de mover cantidades masivas de energía y un gran número de personas. Es, sin duda, un motor para cualquier trabajo. Piensa en un volcán bajo del mar y el impacto que tendría si entrara en erupción. Es la luna para el final o la transformación: tú eliges. Si miras en el amplio lienzo del encantamiento, todas las acciones mágicas son una forma de seducción; la luna de Escorpio te proporciona una gran oportunidad. Sólo un apunte: nunca mientas a un Escorpio y esfuérzate al máximo por lidiar con todas las cosas con honestidad durante la luna de Escorpio. FIJO: ESTABLE. ELEMENTO: AGUA. REGIDO POR PLUTÓN (MODERNO), MARTE (CLÁSICO). PLANETA EXALTADO: URANO. COLOR: BURDEOS O ROJO OSCURO. PODER ANGELICAL: BARCHIEL/SOSOL.

FÓRMULA HERBAL DE ESCORPIO: guindilla, jengibre, ortiga, asperilla, tabaco, eufrasia, raíz de regaliz.

♐ Sagitario: ¡Rápido, rápido, rápido! La luna de Sagitario es como un animal que ha consumido demasiadas bebidas energéticas: conectado (en más de una forma). Si quieres que algo se *mueva* bien, usa la luna de Sagitario: asuntos legales, asuntos exteriores, filosofía, estudios superiores, publicaciones, viajes, conexiones. También es un signo de naturaleza: el fantástico aire libre, las magníficas vistas de la vida. Usa la luna de Sagitario para elaborar polvos y mezclas herbales para una mayor espiritualidad, comulgar con la naturaleza y seres de un orden diferente (como los ángeles), o volver a poner en marcha un viejo proyecto. ¿Quieres elaborar una mezcla para la alegría? ¡Usa la luna de Sagitario! Los polvos y las mezclas para las oportunidades como los abre caminos, los de triple acción y la miel caliente, suelen elaborarse bajo la luz de esta luna, así como las mezclas para la creatividad y la automejora. ¿Necesitas matricularte en una universidad u otro organismo de educación superior? Crea tu amuleto o bolsa de conjuración durante la luna de este signo. La luna de Sagitario tiene un don inusual: te permite vincularte rápidamente a otra persona o elemento. Éste es un buen momento para usar mi técnica para vincular, sincronizar y hundir. MUTABLE: ESPÉRALO; SAGITARIO ES EL TREN DE MERCANCÍAS DEL ZODÍACO QUE SE MUEVE A TODA VELOCIDAD. ELEMENTO: FUEGO. REGIDO POR JÚPITER. PLANETA EXALTADO: NINGUNO. COLOR: VERDE O NARANJA. PODER ANGELICAL: ADVACHIEL/AYIL.

FÓRMULA HERBAL PARA SAGITARIO: cincoenrama, clavo de olor, salvia, hisopo, sasafrás, perejil, melisa, espino cerval.

🐐 Capricornio: Negocios, reglas, organización, personas de la tercera edad, espíritu empresarial, inversiones, autoridad, cumplir la ley. Capricornio es el gran estabilizador. Si te sientes totalmente fuera de control o las cosas parecen demasiado alocadas para manejarlas, intenta trabajar cuando la luna esté en este signo. Es buena para presentar directrices, trabajar en el negocio familiar y metas a largo plazo para el futuro. Elabora polvos y mezclas bajo esta luna para ganar dinero o favores inesperados, atraer necesidades materiales o cualquier cosa que pueda estabilizar tus circunstancias. Éste es otro signo estable que sonríe amablemente al reforzar algo ya construido y al trabajar en metas profesionales. Durante la luna de Capricornio se suelen elaborar polvos y mezclas para crear y romper vínculos, conjuros y hechizos para influir en otra persona. Sin embargo, déjame ser clara: ese trabajo funcionará bien si el objetivo es culpable, no una víctima sino un perpetrador.

Es posible enviar a alguien a la cárcel, así como pedir al karma que le atrapen. Si tu objetivo son los inocentes o estás molesto por un desaire personal (por ejemplo, con alguien que cogió el último pastelito de la bandeja), es posible que no estés encantado con los resultados obtenidos y esperes un contraataque por medios poco agradables. La eficiencia y la conciencia (aprender a fusionarse con entornos materiales) son atributos positivos de esta luna. En la quietud, la fuerza se convierte en forma. CARDENAL: INICIADOR Y GUARDA DEL TIEMPO. ELEMENTO: TIERRA. RE-

GIDO POR SATURNO. PLANETA EXALTADO: MARTE. COLOR MARRÓN. PODER ANGELICAL: HAMAEL/CASUJOIAH.

FÓRMULA HERBAL PARA CAPRICORNIO: pachulí, sello de Salomón, lobelia, escutelaria, olmo americano, hiedra, romaza, jengibre, romero.

🜁 Acuario: Creación de lo único y extraño, cambiar el camino, libertad, individualidad, ruptura de las tradiciones, ayuda a los demás, caridad, el elemento de la sorpresa. La luna de Acuario apoya el movimiento social positivo. ¡Es un buen momento para trabajar en fórmulas y recetas de polvos nuevas, dejando que tu mente salte de esa caja proverbial al universo, donde todas las cosas son posibles! Éste es un momento perfecto para elaborar un polvo o mezcla herbal para la creatividad. Acuario es un signo fijo, así que ten cuidado con los cambios que deseas hacer, ya que serán duraderos. Casi todos los Acuario que conozco son ávidos compradores con un gusto refinado que consiguen buenas ofertas por difícil que pueda ser. Si consideramos este proceso de otra manera, vemos que la luna de Acuario puede ayudarnos a encontrar formas innovadoras de trabajar en antiguos problemas y resolverlos teniendo en cuenta los beneficios. Si estás tratando de esconder algo no lo hagas bajo la luna de Acuario, ya que lleva el poder del público. Las tendencias y las modas son la ambrosía de este signo lunar; sin embargo, si la idea es de alguna manera perjudicial para los demás, fracasará. Acuario es el genio intelectual del zodíaco y fomenta la ciencia junto con la magia. La luna de Acuario, como la de Géminis y Virgo, se presta bien para escribir hechizos, calcular el tiempo mágico y para fórmulas y mezclas de energía o materia material. Bajo esta luna se fomenta el desarrollo psíquico, que incluye la creación de polvos mágicos y mezclas herbales para mejorar las habilidades adivinatorias, la creación de servidores o formas de pensamiento para llevar a cabo un trabajo mágico, y sigilos mágicos. Sólo recuerda que Acuario es un signo fijo: ¡lo que crees permanecerá! FIJO. ELEMENTO: AIRE. REGIDO POR URANO (MODERNO), SATURNO (CLÁSICO). EXALTADO: NINGUNO. COLOR AZUL. PODER ANGELICAL: CAMBIEL/AUSIEL.

Fórmula herbal para Acuario: sello de Salomón, eupatoria, escutelaria, rosa, menta, sargazo vejigoso, amaranto, consuelda.

≋ Piscis: Meditación, sueño reparador, oración, soñar, actividades artísticas, visionario, glamuroso, el entramado de todas las cosas. Si estás elaborando un polvo para influir en alguien de una manera positiva, comienza con la luna de Sagitario para hacer la conexión y luego transfiere el polvo o mezcla herbal a esta luna, ya que las personas tienden a ser más optimistas cuando la luna está en Piscis. También es el momento en que están inclinadas a ser más espirituales e intuitivas. Si estás tratando de ayudar a un amigo o miembro de la familia para que vea una verdad personal o ayudarlo en una situación en la que es necesario que dé un paso atrás y observe todo el problema, éste es el momento perfecto para usar ese polvo o mezcla. Muchos practicantes ocultistas usan la luna de Piscis para preparar mezclas con el fin de confundir o desorientar a un enemigo con la luna de Piscis en vacío, el mejor momento con menos posibilidades de ser descubierto. Los polvos para el sueño y la adivinación, como sueño dulce, bola de cristal y visiones y sueños, vibran bien bajo la luna de Piscis. Nunca des por hecho que la luna de Piscis (o su personalidad) es débil; ¡es una mera ilusión! La luna de Piscis se sirve de muchos ámbitos a la vez, entre las palabras, entre la respiración. ¡Si le mientes, lo sabe! MUTABLE. ELEMENTO: AGUA. REGIDO POR NEPTUNO (MODERNO), JÚPITER (CLÁSICO). EXALTADO: VENUS (CLÁSICO), PLUTÓN (MODERNO). COLOR: MORADO. PODER ANGELICAL: BARCHIEL/PASIEL.

Fórmula herbal para Piscis: tilo, salvia blanca, nuez moscada, raíz de diente de león, zarzaparrilla, anís estrellado, albahaca, romaza, pachulí, hierba hechicera.

No des por hecho que siempre serán los signos cardinales (Aries, Cáncer, Libra o Capricornio) los que proporcionarán más acción. Si quieres algo para mover y agitar todo un poco, usa la luna en Géminis. Si quieres que algo se mueva en una sola dirección, usa la luna en Sagitario, pero ten cuidado con Sagitario; su planeta regente es Júpiter, que tiende a expandirlo todo, así que redacta tu hechizo con precisión y vigila con la exageración del miedo (que arruinará tus resultados). Aunque Júpiter es conocido como el Gran Benéfico, puede ser contraproducente si no tienes un enfoque positivo.

Por último, si estás teniendo problemas para que algo en tu vida se mueva, trabajar mientras la luna está en los últimos grados del signo en el que se encuentre actualmente puede aportar el impulso que necesitas para la eliminación de obstáculos o el cierre necesario para que puedas avanzar, siempre y cuando el primer aspecto de la luna en el siguiente signo sea positivo. Me he dado cuenta de que esto ocurre en un vacío lunar (cuando la luna no está hablando con ningún otro planeta en su viaje al siguiente signo); sin embargo, el vacío lunar puede acelerar o cambiar las circunstancias en juego, pero esto sólo durará hasta que la luna cambie de signo. Lo mismo puede decirse de un Mercurio retrógrado; yo lo llamo el efecto «tirachinas». Las veinticuatro horas en las que Mercurio se detiene y retrocede albergan un gran poder; es puro potencial, el punto muerto que se puede usar para lanzar lo necesario con el fin de hacer un cambio increíble en tu vida. (Cabe señalar que hay dos tipos de vacío lunar, el clásico y el moderno).

En este punto, puedes que estés diciendo: «Vaya, todo esto es interesante, pero no me gusta porque es aburrido aprenderlo. Me va bien con los cuartos o fases de la luna. Las cosas me funcionan con ese método. Añadir más cosas en las que pensar es una pérdida de tiempo». Está bien. No necesitas esta sección del libro para elaborar tus polvos o mezclas.

Pero qué pasaría si te dijera: «Aquí tienes una gran clave: si repasas la lista de energías de cada luna en los signos, verás que cada signo es en realidad una mezcla del signo anterior y del siguiente!». Ésta es la razón por la cual la mayoría de las personas, realmente, no se dan cuenta de los cambios en la energía de un signo al siguiente cuando se centran en la luna y su baile mensual a través del zodíaco. La luna se mueve rápidamente y es la diosa de la fusión; lleva (transfiere) la energía de signo a signo, creando una mezcla única cada día. Su fórmula de manifestación incluye los ingredientes de donde ella ha estado, de con quién está hablando en el momento presente (los otros planetas), y del lugar a donde irá. En resumen, ¡ella es como tú! Y, al igual que tú, posee una gran cantidad de cualidades ocultas, gemas de poder que brillan y destellan, talentos y conocimientos que esperan ser vistos.

Días mágicos

Muchos practicantes de magia trabajan con los días de la semana y sus regentes (el planeta que rige el día) en el momento de la elaboración o el uso de sus polvos, mezclas herbales, condensadores fluidos, aceites, inciensos y otras operaciones mágicas. El día es la energía de base, la plataforma. La hora planetaria es el mecanismo de ajuste. Cada día está gobernado por una energía planetaria clásica (*véase* el apartado «Horas planetarias»).

Para reunir la mayor cantidad de energía un día en particular, elegirías el planeta que rige ese día. Por ejemplo, si quisiéramos crear unos polvos mágicos para enviar a alguien oraciones de sabiduría mediante un hechizo de siete días adaptado sólo a esa persona, lo haríamos el miércoles (día de Mercurio) en una hora de Mercurio, ya que los mensajes, los envíos y la sabiduría se relacionan con la energía de Mercurio para mezclar y otorgar poder a nuestro polvo para la sabiduría. También podríamos incluir en el polvo unas gotas de condensador fluido universal o un condensador herbal elaborado con hierbabuena (pensamiento claro) y un pequeño papel con su nombre escrito en él, molido. Si realmente estamos empleando todos los medios de la magia tradicional, podríamos agregar un mechón de cabello, uñas cortadas y una de sus prendas de ropa (preferiblemente una pequeña muestra de la parte de la axila de una camisa sin lavar) y molerlo en el polvo también. Sí, huele mal, pero tienes las células epiteliales y el residuo de su sudor. Después, durante siete días empezando un día de Mercurio (miércoles) a la hora de Mercurio, podemos encender una vela plateada y colocarla encima del polvo mágico durante un hechizo, un ritual o una meditación. Podríamos inscribir el nombre de la persona en la vela junto con la palabra *sabiduría* y frotar el polvo en las marcas en la vela. Cada día quemaríamos la vela durante ocho o sesenta y cuatro minutos (ambos números están asociados con el planeta Mercurio). No, no tienes que hacer exactamente lo que acabo de decir; esto es sólo un ejemplo. Podrías hacer una bolsa herbal para la sabiduría un miércoles a la hora de Mercurio que contenga el nombre de la persona y, tal vez, una de sus piedras preciosas favoritas. Esa noche podrías sostener la bolsa y pronunciar tus oraciones, hechizos o meditación de la manera que mejor te parezca. ¿No tienes un mechón de pelo (o algo que pertenezca a la persona)? Usa mi técnica para vincular, sincronizar y hundir del capítulo 1. A continuación se enumeran los días mágicos, sus regentes planetarios y una sugerencia de su paleta de colores. Encontrarás más información sobre los planetas en la siguiente sección sobre las horas planetarias. No tienes por qué usar la información sobre el tiempo de este libro para llevar a cabo tu magia; sin embargo, si eres de la clase de persona que disfruta con los matices, ¡los días mágicos y las horas planetarias sin duda son para ti!

Lunes: regido por la energía de la Luna. Colores primarios: blanco, plata, aguamarina, turquesa o azul.

Martes: regido por la energía de Marte. Colores primarios: rojo o naranja.

Miércoles: regido por la energía de Mercurio. Colores primarios: azul, azul eléctrico, gris, plateado o blanco.

Jueves: regido por la energía de Júpiter. Colores primarios: naranja, morado o lavanda.

Viernes: regido por la energía de Venus. Colores primarios: verde, aguamarina o turquesa.

Sábado: regido por la energía de Saturno. Colores primarios: marrón (para deseos y para la tierra), negro (para desterrar), azul medianoche.

Domingo: regido por la energía del Sol. Éxito en todas las empresas. Colores primarios: amarillo o dorado.

Horas planetarias:
el secreto para una magia fantástica

• • • • •

Sólo existe la energía. Hay portales, puertas, caminos y patrones,
un laberinto en constante cambio. La energía es todo lo que existe.

Muchos astrólogos y personas mágicas creen que el momento de un procedimiento basado en alineaciones planetarias puede influir significativamente en un hechizo, ritual, meditación, oración o evento planificado en la vida diaria. La cronología astrológica se puede usar para una boda, el comienzo de un nuevo negocio o el proceso de curación que forma parte de una enfermedad, un divorcio o la pérdida de un ser querido cuando la liberación es necesaria. El tiempo astrológico, a su manera, puede permitirnos mirar al pasado así como también al futuro. Ver dónde estaban (o estarán) los planetas un día en concreto, podemos ver qué energías planetarias estaban (o estarán) activas en el momento de un evento. El lugar en el que se encuentran los planetas y lo que se están diciendo el uno al otro puede proporcionar una fantástica ventana de oportunidades. También puede darnos una idea de cómo se puede desarrollar una situación en particular.

En este capítulo ya te he explicado cómo puede ayudarte realmente tener información sobre la hora planetaria en tu vida diaria, sobre todo cuando ayudas a otras personas. Las horas planetarias, usadas en conjunción con la luna en los signos, las fases de la luna y el día mágico pueden darte resultados sorprendentes en tus trabajos en muy poco tiempo. Incluso puedes usar esta combinación para un trabajo predictivo rápido. Imaginemos que recibes una llamada telefónica con una oferta sorpresa. Tal vez implique algún tipo de riesgo, y no estás seguro de querer ir en esa dirección. Mirando la fase de la luna, en qué signo está la luna, el día que recibiste la llamada y la hora planetaria en que se hizo la oferta, puedes ver el carácter general de la oferta. Por ejemplo, si la oferta te llegó cuando la luna estaba en vacío (cuando no tiene diálogo con otros planetas), generalmente resultará en una situación de la que «no sacarás nada» a menos que la luna esté en el signo de Cáncer, Piscis, Tauro o Sagitario. En esos signos, la luna funciona, aunque a veces no tan bien como cabría esperar. Quizás tu oferta llegó un martes (día de Marte) cuando la luna creciente estaba en Aries en una hora de Marte. Podría explotar en tu cara, avanzar a toda marcha o quedar en nada (ya que Aries tiende a dejar las cosas atrás una vez que la emoción se ha desgastado). Mucho depende de tu estado mental, tus elecciones previas y tus metas. De todos modos, con una predicción sobre la marcha y con todo ese fuego, sin duda, sería un poco cautelosa e investigaría un poco sobre esa oferta. Entonces, si parece buena, haz la magia y arriésgate, dándote cuenta de las posibilidades.

Como no puedes mover los planetas a la mejor alineación posible para cualquier operación mágica determinada (podrías esperar años tamborileando los dedos para que al final nunca suceda), puedes usar los días mágicos y las horas planetarias en tus trabajos para hacer que las cosas vayan mucho más rápido o añadir un impulso de poder extra a tu venturoso empeño.

El sistema de horas planetarias tiene sus raíces en el sistema ptolemaico utilizado en la astronomía griega, que colocó a los planetas en orden de lista divididos en intervalos de siete horas, estando cada segmento regido por un planeta específico. A pesar de que pensamos que una hora equivale a sesenta minutos, las horas planetarias tienen una ubicación y fecha específicas y se basan en la salida y la puesta del sol en un día en particular, que cambia su duración cada día (o noche). Cada uno de esos segmentos del día o de la noche está regido por una energía planetaria y en esa sección (llamada hora planetaria), suelen coincidir acontecimientos y actividades con la energía de ese planeta. En esencia, los segmentos proporcionan ventanas de oportunidades, cada una de ellas con un carácter en particular que puede combinar bien (o no tan bien) con tu intención. Hay siete planetas clásicos (aquellos planetas que eran visibles a simple vista en la Antigüedad) así que hay siete tipos de energía disponibles para la actividad mágica: Sol, Luna, Mercurio, Venus, Marte, Júpiter y Saturno. Como la técnica de asignación de horas planetarias fue concebida hace miles de años basándose en los planetas clásicos, no existen correspondencias para Urano, Neptuno o Plutón, ya que éstos no fueron descubiertos hasta los tiempos modernos. Encontrarás esos sigilos junto con sus recetas correspondientes en la sección de fórmulas planetarias.

En el pasado, para trabajar con las horas planetarias necesitabas tres datos importantes: las tablas planetarias, las horas de la salida y la puesta del sol en el día elegido para tu trabajo mágico y tu ubicación matemática. A partir de ahí, sacabas tu fiable calculadora (y antes de eso dependías de tus agudas habilidades de cálculo mental) y, mediante una serie de pasos, calculabas las horas de cualquier día o noche. Las matemáticas eran necesarias porque era la única forma de determinar la duración de los segmentos de una hora. Durante años, las horas planetarias fueron fielmente utilizadas por las escasas personas verdaderamente dedicadas que se tomaban el tiempo de calcular esas horas. Muchos veían estos pasos adicionales como una molestia y no les valía la pena el esfuerzo. Lo entiendo; las matemáticas tampoco son mis favoritas. Hoy, la tecnología ha dado un salto y nos ofrece con generosidad aplicaciones para nuestros dispositivos digitales (busca «horas planetarias» en tu tienda de aplicaciones) que hacen todos los cálculos y buscan toda la información de posición. Incluso puedes poner una alarma para recibir una notificación cuando haya comenzado una hora planetaria concreta. ¡Encontrar la hora planetaria hoy en día es superinstantáneo y vale la pena agregar la información a tu bolsa mágica de objetos!

Directrices generales para las horas planetarias

La siguiente información no está completa de ninguna manera, pero puede hacer que comiences a trabajar con cada planeta. No sólo puedes usar esta información para planificar, sino que también puedes usarla para trabajos de adivinación y sigilos. Ten en cuenta que he incluido correspondencias mágicas y mundanas para que puedas hacerte una idea rápida de cada hora. Al igual que con los signos astrológicos, hay varios ángeles que corresponden a los planetas; sin embargo, aquí he elegido los más comunes. Siéntete libre de cambiar la asociación en tu trabajo. Para obtener más información sobre magia angelical, consulta mi libro *Angels: Companions in Magick*.

⊙ **Sol:** Éxito en todas las empresas. Riqueza, voluntad, ganancia, prosperidad, atraer el favor de los ricos o poderosos, encontrar el amor, traer y proporcionar bondad y compasión, enfocar tu voluntad, ganar una gran fortuna, hacer tu presencia psicológicamente invisible (sobre todo durante un vacío lunar), disolver situaciones dolorosas de una manera razonable. Un buen momento para inicios, compromisos y elecciones de camino espiritual. Bueno para defender tu reputación y pedir favores a hombres o personas con autoridad (padre, funcionarios públicos, gente influyente, jefes) y recibir ayuda de personas que aborrecen la violencia y a los mentirosos. La hora planetaria del Sol lleva un poder significativo cuando eliges hacer lo correcto. COLORES PRIMARIOS: AMARILLO O DORADO. PODER ANGELICAL: MICHAEL.

☽ **Luna:** Situaciones que involucran a tu madre, abuela o hijos (sin embargo, Júpiter se asigna a veces a las abuelas), a hierberos y a aquellos que trabajan con la tierra. La Luna es el almacén de energía. Protección, particularmente para los miembros de la familia. Curación de emociones. Cualquier problema que tenga que ver con el agua, viajar sobre el agua, nadar y demás. Encontrar objetos perdidos, enviar mensajes emotivos, hablar con los difuntos. Trabajo visionario, adivinación, bendiciones del hogar, preparación de cualquier elemento mágico que contenga agua o líquido, como el agua bendita, condensadores líquidos adivinatorios, pociones para la magia lunar o mezclas de aceites. La hora de la luna suele elegirse para nupcias, compromisos o para la primera cita. Ceremonias de inauguración, anuncios públicos y publicidad de productos asociados con las mujeres, los niños o las actividades espirituales reciben el favor de la Luna. También se usa para reconciliarse con enemigos, en hechizos y rituales para instaurar la paz en el hogar o la paz en general, toda clase de magia curativa y encantamientos para tus mascotas. COLORES PRIMARIOS: BLANCO, PLATEADO O AZUL. PODER ANGELICAL: GABRIEL.

☿ **Mercurio:** Comunicación de todo tipo con los vivos o los muertos. Encuentra la elocuencia en el habla, la escritura o el lenguaje corporal. Ayuda en los estudios, la enseñanza, la ciencia o la adivinación. Actividades mentales de todo tipo. Escritura de todo tipo, incluyendo ficción, no ficción (general), currículos, solicitudes de empleo, horarios de la escuela o el hogar... Trabajar con ordenadores, Internet y redes a través de la escritura, el habla o películas. Alentar una situación para que avance con rapidez. Resolver disputas entre los miembros de la familia. Manejar la rutina del trabajo, recados, compras, y llamadas telefónicas generales. Ideal para programar citas (siempre que la luna no está en vacío). Contactar con escritores, filósofos, secretarios, diseñadores y todos aquellos involucrados en las matemáticas, la música y la astrología. Debido a su naturaleza rápida, la hora de Mercurio no es normalmente el momento para situaciones permanentes o de largo plazo. COLORES PRIMARIOS: AZUL, PLATA O BLANCO. PODER ANGELICAL: RAFAEL.

♀ **Venus:** Venus es el gran atractor. Es, sobre todas las cosas, un imán en asuntos relativos a la educación, la estrategia, el amor, el romance, el dinero rápido, la compra de ropa de lujo y artículos de belleza y para embellecer la casa y el jardín, como flores o una decoración llamativa. Excelente en hechizos para encontrar la mejor relación calidad precio, algún tipo de rebaja o una oferta (siempre que no haya ningún diálogo planetario problemático, como una cuadratura u oposición a Venus o Júpiter). Amistades, bondad, socialización, viajes y fiestas agradables, liberarse del veneno (físico y espiritual). Autoeducación y diseño de algo increíblemente hermoso. Guerra (Marte es quien lucha en las guerras; Venus es quien las planea y las orquesta). Una hora de Venus es un buen momento para pedirle un favor a una mujer, especialmente si está relacionada contigo o tiene un vínculo de energía cercano a ti (como una buena amiga). La hora de Venus es excelente para las artes, la escritura imaginativa, la pintura, la artesanía, el teatro y todo lo que reluzca con talento y creatividad. Si quieres transformar algo viejo en algo bello, usa un día de Saturno y una hora de Venus. Para pedir favores a tu madre, usa un día de la Luna y la hora de Venus. Para obtener ayuda de una mujer mucho mayor, como tu abuela, pídesela en un día de Saturno en una hora de Venus. Venus repara la negatividad que puede haber traído una acción de Marte. COLORES PRIMARIOS: VERDE, AGUAMARINA O TURQUESA. PODER ANGELICAL: ANAEL (O URIEL).

♂ **Marte:** Marte se usa para transformar la negatividad enviada hacia ti por cualquier persona o acto negativo. Es el fuego espiritual que desintegra el mal. Marte también se usa para ganar deportes de toda clase, para combatir o derrocar enemigos, presentar una queja o llamar a los dioses de la batalla, diosas, ángeles o espíritus guerreros. También se usa para elaborar cualquier cosa de fuego o metal, resolver peleas, ganar coraje y trabajar para el éxito cuando sea necesario llevar a cabo movimientos drásticos. Encuentra e infunde fortaleza personal, elimina el comportamiento sumiso de uno mismo y toma la acción correcta en cualquier situación. Marte es el planeta con la iniciativa de avanzar. Excepcionalmente, se considera un puente o una tubería hacia otros planetas, un conector y un motor de energía. Es bueno para todo tipo de magia con fuego. COLORES PRIMARIOS: ROJO O NARANJA. PODER ANGELICAL: CAMAEL.

♃ **Júpiter:** Expansión de todo tipo y peticiones de paz, palabras amables, buenas enseñanzas, buenas filosofías, gratitud, honor y buen juicio, crecimiento de un proyecto, espiritualidad, fe y mantenimiento de una buena salud. Al igual que la luna, esta hora también es buena para los compromisos y las bodas. Júpiter se considera el Gran Benéfico y cubre el cumplimiento de deseos y metas, prosperidad a largo plazo, crecimiento de cualquier tipo, honor, compasión, abundancia de comida, buena fortuna en general y felicidad. Úsalo para pedir favores de gente influyente o adinerada, o recibir ayuda de abuelos, tías, tíos, o de aquellos involucrados en servicios profesionales (doctores, abogados, banqueros). Es ideal en la magia para «abrir caminos», encontrar favores del universo, bendecir cualquier cosa, mejorar tu propio entusiasmo, o devolver la vida a un viejo proyecto. COLORES PRIMARIOS: NARANJA, PÚRPURA O LAVANDA. PODER ANGELICAL: SACHIEL.

♄ **Saturno:** Para desterrar la negatividad y superar peleas, odio o la discordia, desterrar las enfermedades, establecer nuevas reglas, pautas y objetivos financieros. Excelente para iniciar emprendimientos que deseas que sean duraderos o para comenzar de nuevo después de una mala experiencia. También es bueno para proteger la propiedad, enviar criminales a la cárcel y recibir recompensas por un trabajo bien hecho. A pesar de que muchas personas ven a Saturno como «pérdida», no lo es. Es el resultado de lo que piensas y lo que haces. Es útil para situaciones que involucran a abuelos, padres, el padre o tutor dominante, o a aquellos que tienen autoridad, para planificación de la carrera profesional, la limpieza de la casa, combatir fantasmas y limpiezas espirituales personales. La energía de Saturno es eficaz para poner la primera piedra de tu jardín o de tu casa, colocar cimientos de todo tipo y hacer reparaciones. Saturno también se puede usar para dar forma al deseo de un objeto material. Usa la hora de Saturno para escribir pautas, reglas y estructuras para llevar a cabo un proyecto en particular o poner fin a algo desafortunado. Saturno también se puede usar para vincular un asunto antes de desterrarlo o vincular algo a ti temporalmente. Por ejemplo, si estás de compras y no estás seguro de querer comprar esa cafetera azul, visualiza el sigilo de Saturno y continúa comprando. El sigilo mantiene el objeto en su sitio hasta que regreses y lo liberes.[1] COLORES PRIMARIOS: MARRÓN (PARA DESEOS Y TIERRA), NEGRO (PARA DESTERRAR), AZUL MEDIANOCHE. PODER ANGELICAL: CASSIEL.

Para aprender más sobre las gobernaciones planetarias, hay dos libros que proporcionan información clásica que te pueden resultar sumamente útiles en tu trabajo: *The Book of Rulerships: Keywords from Classical Astrology* del Dr. J. Lee Lehman, y *The Rulership Book* de Rex E. Bills. Puede que también te guste *Practical Astrology for Witches and Pagans* de Ivo Domínguez.

Hay algunos detalles más sobre el tiempo mágico que pueden ser útiles y también están sacados de la astrología clásica. Hay dos puntos muertos en el tiempo además de la luna vacía de curso: cuando un planeta está en los primeros grados de un signo y cuando está en los últimos grados. No todo el mundo aplica esta teoría. En la astrología horaria cuando un planeta está en los primeros grados del signo, es demasiado pronto para decir si se producirá un problema o no. Significa que hay demasiadas energías nadando por ahí y el patrón no se ha solidificado. Es un momento de elección y revisión de todas las opciones antes de la acción. Cuando un planeta está en los últimos grados de un signo, la situación ya ha terminado, es un hecho consumado y finalizado. Es hora de seguir adelante y dejar de dar vueltas al problema. Los planetas retrógrados también pueden afectar a un trabajo, pero esto depende del sujeto, de lo que lo gobierna y de lo que está sucediendo con el resto de planetas. El cambio entra con un planeta retrógrado y

---

1.   Ivo Domínguez: *Practical Astrology for Witches and Pagans*, 81.

luego, cuando el planeta se vuelve directo, esa energía se envía hacia el mundo. Un planeta retrógrado puede ser muy útil, especialmente si necesitas tiempo para ajustar algo dentro de ti, como trabajar para tener más sabiduría, estudiar un tema en particular, erradicar un mal hábito, etc. El día de mayor poder de un planeta retrógrado es cuando ese planeta se vuelve directo. El planeta está despertando su trabajo interior; se posiciona (se detiene) y lentamente se prepara para enviar la energía hacia el universo. (Debería señalar que el planeta en realidad no hace esto en absoluto, es una ilusión). Esa hora de «preparación» es el momento para usar tu «tirachinas» y, con todo tu esfuerzo, enviar tu intención al universo: en resumen, tu trabajo monta la ola de la propulsión de la propia energía del planeta.

Una forma de demostrarte cuán válidos son los días y las horas planetarias es ser consciente de ellos durante una semana entera, escribiendo en un cuaderno (o dictando en tu teléfono) cualquier cosa interesante que ocurra en un día específico en una determinada hora planetaria. Puedes comenzar a ver un patrón, y este patrón es sumamente importante porque aprenderás a interpretar las energías que te rodean a través de su observación y comportamiento en cualquier día mágico en cualquier hora planetaria. Cada uno de nosotros está conectado de manera diferente, y en lo referente a las horas planetarias, una de esas horas (o tal vez dos) es tu *superhora*, tu hora ganadora, tu hora de logro. ¿Cuál es esa hora? Sólo tú lo sabrás. ¿Qué hace que esa hora sea la mejor para ti? Es una combinación de muchos factores, entre los que se incluyen la química corporal, el día y el momento en que naciste, tu camino espiritual actual y cómo procesas la información. La hora será única para ti, y la única manera de conocerla es prestar atención a la información de la hora planetaria durante al menos una semana, lo que te proporcionará una idea general.

Si tienes una copia de su carta astral, anota la hora planetaria en que naciste y el planeta regente el día de tu nacimiento; estos dos planetas pueden darte una pista sobre dónde comenzar para determinar tu hora de poder. Ambos planetas (o pueden ser los mismos) fueron muy activos en el patrón vibratorio de tu nacimiento. Durante tu vida parecen ser los momentos en que las cosas te van a ir muy bien por norma general. Para algunas personas, ambas horas funcionan muy bien, mientras que otras encontrarán que una hora parece funcionarles mejor que la otra. Para aumentar tus habilidades generales, monitoriza ambas energías planetarias (el planeta que representa la hora en que naciste y el que representa el día en que naciste) a diario durante tres a seis meses. Sí, sé que significa prestar atención a los datos, pero vamos, la información es sobre ti. ¿No es genial? Y cuando hayas terminado, tendrás la confianza para decir: «¡Ésta es mi superhora y voy a usarla de cientos de maneras positivas!». Las horas poderosas también pueden conducir a tu color o piedra poderosa y demás. Sólo necesitarás investigar un poco para encontrarlos. ¿Pueden cambiar tus horas de poder? Sí; en particular cuando experimentas crecimiento espiritual; lo que antes era útil para ti se desvanecerá, y una nueva hora te ayudará a lo largo de tu camino. El beneficio de rastrear las horas, aunque sólo sea durante unos días, te ayuda a ser consciente de ellas.

En algunas tradiciones mágicas, el regente planetario del día en que naciste tiene un significado especial y puede mostrar el regente de tu camino de vida. Esta hora se usa para inicios, limpiezas espirituales y otras aplicaciones. Por ejemplo, mi regente planetario el día en que nací es Marte.

Curiosamente, Marte se encuentra en el medio cielo de mi carta. En mi vida, a menudo «he ido donde ninguna persona ha ido antes». Suelo analizar en silencio la información hasta que estoy lista, y luego, cuando llega la hora, aparece el volcán humano. Lo que realmente me ayuda (aunque muchos astrólogos no lo verían de esa manera) es que mi Marte está en Piscis; puedo tomar esa energía y aplicarla a la visión general de un problema o buscar una solución más visionaria en lugar de simplemente apuntar y hacer saltar a todo el mundo por los aires. Por lo tanto, he descubierto que usar el rojo (el color de Marte) en mis trabajos (aunque las correspondencias no lo requieran) ayuda a potenciar mis aplicaciones. Si quiero quemar una vela de protección para mí, usaré el rojo en lugar de cualquier otro color y en mi altar general comenzaré la mayoría de los trabajos con una vela roja. Muchas de mis fórmulas herbales personales contienen asociaciones con Marte o son rojas, ya que esta energía me funciona bien, pero podría no mejorar el trabajo de otra persona.

Usar la energía planetaria y sus glifos en la magia

Antes de avanzar, me gustaría añadir un consejo para conseguir un impulso adicional, que es utilizar energías y símbolos planetarios no sólo como una asociación para elegir el momento de un trabajo o las hierbas para elaborar un polvo o mezcla herbal, sino como poderes por derecho propio. Con los años he descubierto que las energías de los planetas y sus glifos asociados pueden impulsar tu trabajo de maneras que nunca creíste posible, y las técnicas son tan fáciles que una vez que entiendas el empuje de las energías planetarias, sólo tardarás unos minutos (o incluso menos) en emplearlas. Encontrarás estas técnicas en el capítulo 5.

Para obtener más información sobre el tiempo astrológico, planetas retrógrados, mansiones lunares y demás, puede que te guste mi libro *Solitary Witch: The Ultimate Book of Shadows*. Si estás interesado en aprender astrología general, lee *The New Way to Learn Astrology* de Basil Fearrington, que presenta el método Noel Tyl. Es un libro excelente para principiantes. También puede que te interesen los libros o las clases de Jason Miller; visita www.inominandum.com

Planificar tus fórmulas o recetas de polvo mágico

Aunque en este libro he facilitado muchas fórmulas para su uso, vamos a revisar una lista de verificación para la elaboración real de un polvo o una mezcla herbal. Antes de comprar cualquier ingrediente, debes hacerte algunas preguntas, algunas que ya hemos revisado y otras que no:

- ¿Para qué se usará este polvo?
- ¿Es ésta una situación única o deseas elaborar una gran cantidad de polvo para usarlo en varias cosas (como una práctica de limpieza espiritual) o para compartir con los demás?
- ¿Tienes tiempo para pedir ingredientes especiales o necesitas elaborar el polvo ahora mismo? Si la necesidad es inmediata, ¿con qué ingredientes puedes sustituir aquellos que no tienes? Si tienes mucho tiempo, ¿vas a recolectarlos en la naturaleza y secarlos tú mismo o vas a optar por tu jardín?

- ¿Deseas agregar un ingrediente distintivo? Algunos practicantes de magia añaden un ingrediente distintivo, algo que englobe su esencia y funda el polvo a su campo de energía o vibración. Este ingrediente puede ser a herbal o no; la decisión es tuya.

- Dependiendo del uso del polvo, ¿cuánto tiempo mágico deseas usar? ¿Qué fase lunar, día, hora o signo de la luna sería apropiado para elaborarlo?

- ¿Quieres agregar las energías particulares de una deidad, tótem animal o elemento a la esencia del polvo? En ese caso, ¿qué correspondencias van bien con esa deidad, tótem animal, elemento o espíritu?

- ¿Deseas emplear las energías de un ingrediente especial, como tierra de las puertas de un cementerio para la protección, cáscara de huevo seca y triturada para protegerte del mal o cenizas de una petición escrita…? Usa tu intuición. Si no estás seguro, intenta usar el sistema de adivinación binario del que ya te he hablado anteriormente.

- ¿Tienes en mente un plan de operación particular para la elaboración, bendición y transmisión del polvo? ¿Necesitas elegir hechizos y cantos particulares que desees usar durante la elaboración del polvo?

Bien. Puede que en este momento estés pensando: «Pero ¿qué pasa con la espontaneidad? ¿Con el uso exclusivo de mi intuición? ¿Con la confianza en mis habilidades y dejarlo fluir? ¿Listas? ¿Sincronización? ¡No, por favor!».

En la magia, encontrarás que hay un lugar para la espontaneidad, además de las circunstancias, donde un formato fiable puede ser muy útil. Hay veces en las que puedes estar demasiado estresado y no se te ocurre nada; un ritual de memorización, una vez memorizado y realizado cientos de veces, puede mantener el enfoque y elevar tus vibraciones al nivel que deseas. ¿Qué pasa si tienes varias preocupaciones y tu mente revolotea desde los diversos ángulos del problema? ¿Qué pasa si hay tantas personas involucradas que no puedes mantener tu mente concentrada en el deseo correcto? Quizás estés preocupado por no hacer lo correcto. ¿Qué pasa si te sientes tan derrotado que incluso es difícil intentar creer que puedes mejorar las circunstancias? En estos casos, si confías del todo en la espontaneidad, puedes cambiar la marcha mentalmente en medio de un trabajo, entorpeciendo tu manipulación del campo de potencial que te rodea. Ese mar de posibilidades es tan importante como las hierbas que escogiste, el momento elegido y las palabras que deseas usar. Las señales mezcladas en ese campo pueden descarrilar todos tus esfuerzos en segundos. Tus herramientas favoritas, tales como un plato o un tapete en particular que siempre utilices para otorgar poder a los polvos, cantos que te hagan sentir tranquilo y cómodo, o movimientos de manos y gestos que hagas para recibir, mezclar o descartar energías pueden jugar un gran papel en un trabajo exitoso.

Resumen

Los capítulos L–3 han proporcionado ideas para una base espiritual y práctica en la creación de tus polvos y mezclas herbales. En el siguiente capítulo se revisan las técnicas que se pueden utilizar para elaborar polvos mágicos y mezclas herbales, junto con una gran sección sobre cómo hacer condensadores fluidos diseñados para mejorar cualquier trabajo.

Capítulo cuatro

El poder de los condensadores fluidos

Un condensador fluido es una mezcla de ingredientes naturales preparados de forma simbólica utilizando correspondencias, tiempo y rituales mágicos. No dejes que la palabra *fluido* te engañe. Aquí, la definición de fluido se relaciona con una mezcla de prácticas alquímicas y filosofía oculta que intenta explicar y utilizar para fines específicos las incógnitas del tejido del cosmos: un trabajo de delineación, práctica y teoría en el que las explicaciones científicas o religiosas más estándares han fracasado. En el caso de la palabra *fluido*, la relación en esta revisión es la de la energía, el campo, el quinto elemento y el espíritu, todos sinónimos y, sin embargo, no lo son. Cuando hablamos de condensadores fluidos, en realidad debemos decir que hay tres tipos, dos de los cuales no tienen ninguna relación con cosas húmedas en absoluto: líquido, sólido y gaseoso.

Aunque el ocultismo occidental proporcionó este estudio alquímico (espiritual y material) al público, las prácticas ya existían mucho antes de rosacruz, thelema y el hermetismo. Sin embargo, el crédito se debe a ellos porque, como dijo un amigo mío, «puedes dar las gracias a Blavatsky y a aquellos que eran como ella por derribar la puerta».

Hay teorías sobre cómo funciona un condensador fluido. Algunas personas creen que el propósito del condensador de fluido es mantener de forma segura una energía específica (pensamientos impregnados) hasta que el profesional dirija y libere esa energía hacia el objetivo definido. En esta línea de pensamiento, se cree que el condensador de fluido es capaz de acumular cargas sustanciales de energía que, cuando se dirigen adecuadamente, pueden ayudar a que un trabajo mágico se haga realidad con rapidez y velocidad. Piensa en ello como si se tratara de un armario de almacenamiento de energía. Otras personas creen que el condensador es más un mecanismo de atracción que acerca la combinación de energía adecuada para amplificar y ayudar a solidificar tu patrón de pensamiento. Luego, están aquellas que creen que los condensadores fluidos hacen ambas cosas: almacenar y amplificar. Independientemente de las teorías, la mayoría de las personas que usan un condensador líquido están de acuerdo en que funciona extremadamente bien. Hemos aprendido que los condensadores fluidos toman la carga del sonido sumamente bien, lo que funciona perfectamente en Braucherei y en la magia susurrada. ¡*Adoro* los condensadores fluidos!

Pascal Beverly Randolph, más conocido por su participación en el espiritualismo y la fundación de la orden Rosacruz en Estados Unidos, es actualmente el enlace tradicional más antiguo a la discusión de los condensadores sobre papel. Él hizo mención de ellos con respecto a la magia sexual y pociones de amor, así como para crear espejos mágicos.[1] Era un alquimista (entre otras cosas) y escribió vorazmente viajando por el mundo y recopilando información a la que su personalidad ca-

---

1. *Mageia Sexualis*, págs. 71-76, publicado por primera vez en francés en 1931 por Robert Telin cincuenta y seis años después de la muerte de Randolph. Es muy posible, como se afirma en mi copia del libro, que Randolph no escribiera el trabajo sobre condensadores fluidos o sobre voltios; que fue obra del coautor, que produjo el material mucho después de su muerte. En la biografía de Randolph, *Paschal Beverly Randolph, A Nineteenth-Century Black American Spiritualist, Rosicrucian, and Sex Magician,* escrita por John Patrick Deveney, el autor señala: «Las únicas partes significativas que no nos pueden llevar directamente a las obras de Randolph son la sección de estatuas animadas, las referencias astrológicas y la sistematización y elaboración de anticuarios que fueron obviamente agregadas por de Naglowska» (pág. 364, Apéndice C). En resumidas cuentas: el coautor (de Naglowska) retocó considerablemente el trabajo original.

rismática dio un uso interesante.[2] Lamentablemente, los experimentos de Randolph contienen varios ingredientes que hoy se consideran tóxicos y su proceso alquímico fue algo laborioso. Entre sus fórmulas de condensadores fluidos se incluía una para revestir objetos (con capas sucesivas del condensador), una para agregar a las pociones que se iban a ingerir, y una mezcla de la primera y la segunda fórmula citadas junto con el perfume y el color para su uso en muñecos de vudú (que se llamaban «voltios»).

Los condensadores de fluidos con más información, ingredientes más seguros y un sistema más rápido en la forma de producción fueron perfeccionados por el ocultista checo Franz Bardon al menos ochenta años más tarde, y es en su trabajo donde encontramos la mayor confianza pública sobre este tema en nuestra comunidad hoy en día. En este terreno, el más citado ha sido su libro publicado originalmente en 1956 en alemán: *Iniciación al hermetismo*. Bardon era brillante y meticuloso en su trabajo, un alquimista excepcional interesado en la salud física, mental y espiritual. Sus enseñanzas siguen siendo muy populares. Aunque Bardon dio excelentes instrucciones sobre los condensadores líquidos y sólidos, pasó por alto los gaseosos (fragancia, perfume, incienso), lo que indica que no eran tan importantes en sus estudios como los otros dos. Debido a esto, apenas hay información sobre los conceptos básicos de la creación de un condensador gaseoso. Como el propósito de un condensador es subir la apuesta (por así decirlo) en el uso del objeto, vamos a tener que aplicar un poco de pensamiento creativo en el proceso más adelante en esta sección.[3] Sin embargo, fue la célebre autora y bruja Sybil Leek quien lanzó los condensadores fluidos al público en general con la publicación de su libro *Cast Your Own Spell* en 1970, escrito en una prosa fácil de entender, que deleitó a un público hambriento y ofendió a los ocultistas serios.[4] Aunque Sybil estaba

---

2. John Patrick Deveney: *Paschal Beverly Randolph, A Nineteenth-Century Black American Spiritualist, Rosicrucian, and Sex Magician* (Universidad Estatal de New York Press, Nueva York, 1997).

3. Bardon: *Iniciación al hermetismo* (publicado por primera vez en alemán en 1956 bajo el título de *Der Weg Zum Wahren Adepten* por el editor Verlag Hermann Bauer).

4. Leek: *Cast Your Own Spell*, 139-150.

cerca del trabajo de Bardon, su propio estilo, inimitable pero práctico, ayuda a aportar claridad a la discusión sobre los condensadores fluidos y afirma con franqueza que tú también puedes elaborar estos potentes brebajes con éxito sin matarte ni enloquecer en el proceso. Si tienes la oportunidad y te apetece profundizar en la historia, tómate el tiempo para leer las biografías de Franz Bardon y Pascal Beverly Randolph; encontrarás información muy interesante.

Desafortunadamente, por alguna razón, los condensadores no se afianzaron en la comunidad mágica general y rara vez se venden en tiendas esotéricas. Quienes tienen interés elaboran sus propios condensadores. El proceso para crear condensadores fluidos no es complicado; sin embargo, contienen alcohol de alta graduación, que es un peligroso inflamable, y también se necesita oro (tintura de oro) o la sangre, el semen o, como a mí me gusta llamarlos, los «jugos femeninos» de su creador o creadora. El incienso, los líquidos esenciales, las aguas olorosas y las mezclas de difusor carrizo son parte de la familia de condensadores gaseosos y también requieren los mismos ingredientes inusuales que se han indicado anteriormente. Los condensadores sólidos constan de los metales plomo, estaño, hierro, oro, cobre, latón, plata y mercurio, además de una variedad de resinas. Conseguir mercurio líquido hoy en día es increíblemente difícil debido a la creciente información acerca de su toxicidad; los estudios han demostrado que puede causar daños en los riñones, el hígado y el cerebro, y puede conducir a otras deficiencias de autoinmunidad graves. El trabajo de Bardon, el más denso e informativo de los tres, no habla sólo de condensadores tangibles, sino también de la transcendencia del fluido espiritual que puede no ser tan apreciado como debiera y, por lo tanto, el trabajo ha sido ignorado con demasiada frecuencia.

Uno de los operadores presente en los tres condensadores es el oro, pero simplemente añadir oro en la mezcla no va a funcionar. Existe un proceso alquímico para preparar el oro y añadirlo, o se puede comprar cloruro de oro a un proveedor de fotografía y hacer una tintura que luego se usa en los condensadores. Ésta es la forma más fácil de incorporar la esencia de oro en tu trabajo. Como el cloruro de oro se diluye antes de su uso, durará mucho tiempo ¡y podrás llenar una habitación de condensadores fluidos si lo deseas! Una vez que hayas formulado tu tintura de oro, durará mucho tiempo porque sólo se usan diez gotas por cada taza de líquido en la mezcla final de tu condensador fluido. ¿Por qué oro? Porque se cree que tiene la mayor carga de acumulación de poder. Aquellos que no desean agregar una gota de sangre (flujo menstrual), semen, etc. usan la tintura de oro como sustituto. Sin embargo, también existen practicantes que sienten que se deberían utilizar ambas cosas. Leek asegura al lector que esto es innecesario y que la tintura de oro puede ser empleada sin dificultad como sustituto. También declara: «Ten en cuenta que los condensadores fluidos son una potencia añadida a la idea central del hechizo».[5]

¿Vale la pena elaborar condensadores fluidos o deberíamos, simplemente, usar una fórmula de aceite mágico del día actual y seguir adelante?

Vale la pena.

Nuestras prácticas han demostrado que los condensadores fluidos van muy bien para untar objetos, muñecos de vudú, crear talismanes (muchos creen que éste pudo haber sido su propósito original) y un compendio de otras operaciones mágicas que van desde la curación o la atracción de la buena fortuna hasta trabajar para hacer justicia y devolver la energía negativa. El más popular entre muchas personas es el condensador fluido universal, estudiado por Bardon y Leek porque es un vehículo multiuso. Sin embargo, como ambos autores declaran en sus respectivos trabajos, tanto el simple (correspondencia de una hierba) como el compuesto (varias correspondencias herbales) se pueden elaborar para cualquier propósito cotidiano (y no tan cotidiano). Cuando finalmente, entendí la totalidad del concepto de los condensadores fluidos y las cosas increíbles que podían hacer (no te voy a engañar, tardé un tiempo), me propuse la misión de crear una amplia variedad de fórmulas simples y compuestas. Mi mayor logro es mi condensador fluido para la adivinación, ya que funciona no sólo para impulsar habilidades psíquicas, sino también para hacer que un mentiroso diga la verdad. La fórmula para atraer el dinero es la más popular entre mis amigos. Todas mis fórmulas fueron desarrolladas con correspondencias astrológicas específicas. En los últimos años, mis

---

5. Íbid., 144.

vecinos han mirado a hurtadillas entre los matorrales en más de una ocasión (sí, no estoy decorando la realidad) para ver qué diablos estaba haciendo allí a la luz de la luna a las tres de la mañana.

Me gusta dejarles con la intriga.

Como hago y comparto mis condensadores fluidos y gaseosos, no añado nada que proceda de mi cuerpo en ellos en el momento de la preparación, ya que eso daría una conexión de energía dirigida a mí en cualquier trabajo hecho por la persona que recibió mi condensador. Para mí, agregar ese tipo de ingredientes, si lo considero necesario, es el último paso y es opcional. Puedes hacer tus condensadores en pequeñas cantidades o puedes sacar la olla y pasarte la tarde hirviendo una gran cantidad con ayuda de todos tus amigos mágicos. Mientras el primero hace que tu producto sea singularmente único, este último permite a los practicantes de confianza compartir su energía combinada tanto en la práctica como en el ritual mágico de la creación. Los dos tipos de condensadores fluidos hechos aquí han tenido éxito.

Suministros para condensadores fluidos

Para preparar un condensador fluido como lo hacemos aquí, necesitarás:

Vasos medidores de vidrio

Una olla con tapa de vidrio (para que puedas ver la mezcla mientras hierve): Nosotros tenemos tres ollas de diferentes tamaños, de pequeña a grande. Las cacerolas altas o las ollas pequeñas van bien para cantidades más pequeñas. Lo más importante es que esa olla sólo se debe usar para hacer condensadores fluidos, nunca comida. Lo comprenderás cuando hagas tu primer condensador fluido de pachulí: el olor se queda en la olla casi *para siempre*. Además, algunas de las hierbas que querrías usar se podrían considerar tóxicas de una forma u otra; investiga siempre. No infusiones esas hierbas en una olla que vayas a utilizar para preparar la comida de tu familia. En el mejor de los casos, ésta tendría un sabor desagradable. Finalmente, las hierbas en ebullición mancharán el hervidor.

Una fuente de calor: Un fogón o incluso un lugar para hacer fuego al aire libre donde la olla cuelgue sobre el fuego. Aunque muchos practicantes prefieren el gas, no siempre es posible, y puedo decirte por experiencia que tu condensador fluido saldrá igual de bien si usas una fuente de calor eléctrica. Tengo una placa de inducción portátil que uso para hacer la mayoría de mis condensadores de fluidos. Es segura y no hace falta que esté en la cocina. También puedes usar una olla de cocción lenta y cocinar tu mezcla a fuego lento durante cuatro horas; sin embargo, el producto final no es tan claro y no mantiene tan bien la fragancia de las hierbas. Hicimos nuestro primer condensador fluido para atraer el dinero de esta manera y el producto final funcionó bien; varios practicantes disfrutaron de mayor riqueza temporal como resultado de agregar la fórmula a su trabajo. Usar la olla de cocción lenta hace que el proceso tarde más, así que normalmente utilizo mis ollas destinadas a ello y la placa de inducción, que tarda mucho menos tiempo y la fórmula conserva algunos de los aromas de las hierbas.

Colador de metal de malla fina que cubra el ancho de la olla: En realidad tengo dos coladores, uno más fino que el otro, ya que no quiero ningún tipo de materia sólida al finalizar la fórmula.

Tela de estopilla, filtros de café o toallas de papel para colar: La estopilla funciona mejor, los filtros de café en segundo lugar y en tercer lugar las toallas de papel por ser más engorrosas.

Dos tazas de agua de manantial

Dos tazas de hierba (fresca o seca): Por favor, asegúrate de que conoces las hierbas antes de hervirlas. Si te preocupa que la hierba pueda ser tóxica cuando la hayas preparado, investiga sobre ello. Hoy en día puedes consultar rápidamente en la red y determinar los posibles efectos secundarios de casi cualquier planta, partes de plantas, e incluso si una planta puede o no hervirse de manera segura. Si no puedes acceder a Internet y no tienes ninguna colección de libros de hierbas, usa sólo hierbas comestibles que sepas que son adecuadas para cocinar. Si eliges usar una hierba que podría considerarse tóxica porque las advertencias no son aplicables a tu estado de salud actual (si existe alguna enfermedad, un embarazo, y demás), nunca inhales el vapor y realiza el proceso de cocción al aire libre. Finalmente, tanto si las hierbas son seguras como si no, no levantes la tapa para echar un vistazo mientras se estén cocinando, ya que arruinarías la fórmula y si las hierbas no son comestibles corres el riesgo de envenenarte; no vale la pena. Por ejemplo, un condensador fluido de pachulí tiene un compendio de usos y es seguro hervirlo, usarlo sobre la piel y demás; sin embargo, se considera que no es seguro que mujeres embarazadas lo manipulen en su primer trimestre, y puede causar irritación a aquellos que sufren de sensibilidades de la piel.

Una taza de alcohol etílico: Nosotros usamos Everclear; sin embargo, por favor sé consciente de que los diferentes estados tienen reglas y regulaciones sobre el porcentaje o la graduación alcohólica que se permite vender en esos estados, así que me abstengo de dar esos números. El alcohol actúa como un conservante para tu condensador. Sólo recuerda que es altamente inflamable y en esta receta nunca se calienta. Se agrega frío después de que haya tenido lugar el proceso de calentamiento y enfriamiento. Sybil Leek usaba alcohol combustible y una bebida alcohólica (Everclear o alguna bebida clara, como el vodka). Aunque Everclear y el vodka son más caros, parecen producir un mejor producto general; mi sugerencia es comprar la graduación más fuerte que sea legal en tu zona.

Botellas para almacenamiento: Esta elección depende completamente de ti; puedes elegir algo elegante o simple. El vidrio es mejor, a ser posible oscuro. Incluso puedes usar pintura negra en espray en el exterior de un tarro de conservas y decorarlo para que tu fórmula tenga un aspecto deliciosamente mágico (y así nadie lo podrá confundir con un delicioso aderezo para la ensalada). La tapa debe ajustarse bien, aunque se pueden usar botellas con tapón de corcho. Simplemente revisa esos corchos de vez en cuando. Puedes poner toda la fórmula en un frasco o en una botella o, una vez que esté terminada, verterla en botellas pequeñas para regalar a tus amigos. Asegúrate de etiquetar el «veneno» de la botella con su fecha de elaboración, si es posible, y una lista de los ingredientes que utilizaste. Nunca se sabe quién podría cogerlo del estante de tu amigo y decidir tomar un trago o dos. Esto es aplicable a cualquier tipo de fórmula a base de hierbas, incluyendo los polvos y las mezclas de este libro. Los ingredientes bien marcados proporcionan paz mental.

Tu tintura de oro: La tintura de oro es fácil de preparar. Por favor, lee las advertencias para la salud en tu botella de cloruro de oro y tómate el tiempo necesario para estudiar los peligros de uso en Internet. Vas a usar una cantidad tan pequeña que no debería ser preocupante para la salud; sin embargo, creo que siempre deberías informarte cuando trabajes con cualquier tipo de producto químico o hierba. Para mi seguridad, nunca toco el cloruro de oro y siempre uso un cuentagotas o una semilla para dispensarlo. La fórmula es la siguiente: agrega un gramo de cloruro de oro a veinte gramos de agua destilada. Para ayudarte a entenderlo, una onza líquida equivale a 29,5 gramos. Esto significa que sólo necesitas una cantidad minúscula de cloruro de oro para elaborar tu tintura de oro. Nosotros utilizamos una balanza electrónica para hacer nuestras mediciones (no olvides añadir el peso del recipiente a tus cálculos). Tu condensador fluido sólo necesita entre cinco y diez gotas de tu tintura de oro por cada cien gramos de condensador. En una taza de líquido hay doscientos veinticinco gramos. De la receta que uso aquí salen aproximadamente dos tazas de condensador fluido una vez que se agrega alcohol; por lo tanto, pondrías aproximadamente entre veinte y treinta gotas de tintura de oro en tu condensador fluido a temperatura ambiente. Tus propias mediciones son las mejores. Dependiendo de cuánto tiempo y con qué intensidad herviste las dos tazas de agua iniciales, quedará más o menos líquido, y esta cantidad se debe usar para la medición final de la tintura de oro que elaboraste; esto es sólo una directriz general. Si no lo ves claro, hay varias conversiones gráficas en Internet que pueden ayudarte con tus cálculos. Ésta es la parte más técnica del proceso de la receta del condensador fluido. Cuando la hayas comprendido, el resto es muy fácil.

Tiempo ventajoso: Anteriormente en este libro hablamos del tiempo según las fases de la luna, la luna en los signos, el día de la semana y las horas planetarias. Los condensadores fluidos están tradicionalmente ligados a algún tipo de mecanismo de sincronización, generalmente prestando especial atención a la luna en los signos y la hora planetaria, combinando esa información con las correspondencias de las hierbas que estés utilizando para tus condensadores fluidos simples o compuestos. Por ejemplo, si quieres hacer un condensador fluido para la motivación, la fuerza, el coraje o el poder, elegirías hierbas orientadas a Marte y harías tu condensador fluido cuando la luna esté en Aries en la hora de Marte un martes (si es posible). ¿Cómo averiguar las correspondencias mágicas de una hierba? La *Enciclopedia Cunningham de las hierbas mágicas* es un buen comienzo. Hay muchos otros libros disponibles sobre magia y hierbas; ¡uno nunca puede tener demasiados!

Cómo elaborar un condensador fluido

Hacer el condensador fluido puede ser tan mágico como desees. Puedes comenzar con un ritual completo, crear un espacio sagrado o comenzar con una oración para limpiar la zona. El incienso, las campanas, los cascabeles o cantar también pueden formar parte del proceso de elaboración; depende completamente de ti. Siempre me aseguro de que todos los objetos que se van a utilizar han sido bendecidos con salvia apiana quemada de mi jardín y afinados con música o campanas, ya que los condensadores fluidos se acoplan muy bien con los sonidos mágicos. Muchas veces ofrezco todos mis suministros al este, usando una oración de Braucherei para comenzar:

Hacia el este me coloco por los favores que pido
de la diosa divina y el señor del día.
La Tierra le presta su energía y su aliento envía el hechizo
El final del día revelará que todo estará bien.

Luego continúo cantando «*sólo lo bueno permanece*» hasta que me siento tranquila y serena.[6]

El proceso en sí es increíblemente sencillo. Tan sólo pon todas las hierbas en la olla y cúbrelas con agua. Asegúrate de tener suficiente agua para cubrir las hierbas; si no te llega ajusta las cantidades, no afectará a tu receta. No olvides tapar la olla. Hierve a fuego muy bajo durante cuarenta minutos. No levantes la tapa de la olla en ningún momento. Si usas una tapa transparente, podrás ver si tienes el fuego demasiado alto, ya que la ebullición será demasiado fuerte. Mi sugerencia es llevar el líquido a ebullición y luego dejarlo hervir a fuego lento. Deja que la mezcla se enfríe a temperatura ambiente sin levantar la tapa.

Remueve el líquido enfriado varias veces, impregnándolo con un canto general o uno adaptado. Yo suelo usar el siguiente: «*¡Que la red de los Wyrrd esté en conformidad con mi deseo y mi voluntad!*».[7]

Cuela el líquido ya frío, tratando de eliminar la mayor parte de materia posible. Cubre la olla y llévalo a ebullición una vez más. Hemos notado que la consistencia del condensador tiene mucho que ver con la cantidad de agua que se agrega inicialmente, el tiempo de ebullición y el tipo de hierbas usadas. En algunos casos puede quedar casi como un gel al final del segundo hervor; en otros, ligeramente grueso; y a veces no coagula en absoluto. Todos los condensadores que he hecho han funcionado muy bien, independientemente del espesor después de la segunda ebullición, cuyo tiempo depende de cuánto líquido te queda. Debes observar este segundo hervor cuidadosamente para que no se seque. Por lo general, serán entre veinte y treinta minutos para obtener aproximadamente una taza de líquido y más tiempo para producir menos líquido. Bardon redujo su fórmula a cincuenta gramos. Yo me quedo con una o media taza del líquido restante porque siempre comparto lo que hago con mis hermanas y hermanos mágicos.

Deja que el líquido restante se enfríe a temperatura ambiente y luego cuélalo tantas veces como sea necesario para eliminar cualquier materia vegetal. Agrega la misma cantidad de una bebida alcohólica y remueve bien. A continuación, añade tus gotas calculadas de la tintura

---

6. Adaptado de Storms: *Angl-Saxon Magic.*
7. De *Rune Mysteries,* el libro que escribí con Nigel Jackson.

de oro que hiciste y vuelve a remover bien. Yo utilizo un canto susurrado mientras remuevo las dos veces si el condensador fluido es para algo específico; sin embargo, sólo pido las bendiciones del Espíritu sobre el líquido si lo voy a usar para una variedad de aplicaciones mágicas.

El último paso es añadir una gota de sangre menstrual, semen u otro ingrediente que vinculará el condensador fluido específicamente a ti. Este paso es opcional.

Tu condensador fluido ya está listo para ser embotellado y almacenado fuera de la luz solar directa. Tu condensador se puede usar para una variedad de propósitos, desde agregar una gota a polvos mágicos y mezclas herbales, hasta poner una pequeña cantidad en tu aceite mágico favorito. Puedes usar un pincel para agregar el condensador fluido a talismanes, muñecos de vudú, herramientas rituales, bolsas de conjuración y en la parte inferior de las velas (como el condensador contiene alcohol, soy muy cuidadosa cuando lo uso con velas o magia con fuego).

Recetas básicas de condensadores fluidos

La tierra, el aire, el fuego y el agua son patrones de energía. Cada patrón tiene un «espíritu» guardián que lo vigila. En el capítulo 2 hablamos de las correspondencias de estos cuatro elementos. Aquí he proporcionado sus sigilos y una fórmula para cada uno. Tómate la libertad de desarrollar tus propias recetas. Puedes usar una combinación de ingredientes frescos y secos, sólo ingredientes frescos o sólo ingredientes secos; la elección es tuya.

Trata de mantener tu tiempo mágico en consonancia con la fórmula. Por ejemplo, es posible que desees hacer una receta de tierra cuando la luna está en los signos de tierra Virgo, Tauro o Capricornio. El aire equivaldría a la luna en Libra, Acuario o Géminis. Para una fórmula de fuego, puedes elegir un momento cuando la luna esté en Aries, Leo o Sagitario. Las de agua se harían cuando la luna está en Cáncer, Escorpio o Piscis. La hora planetaria depende de la intención: Venus para la atracción; Marte para el destierro; Saturno para las limitaciones; Júpiter para la expansión; Mercurio parara la conexión; la Luna para almacenar energía y el Sol para el éxito en general. Éstas son sólo sugerencias; escoge lo que mejor se adapte a la situación.

▽ Tierra: piel de patata, helecho, pachulí, rodajas de nabo, marrubio.

△ Aire: citronela, eufrasia, menta, muérdago, arce.

△ Fuego: cedro, resina de sangre de drago, jengibre, nuez moscada, chile.

▽ Agua: manzanilla, rodajas de pepino, uvas, eucalipto, pétalos de rosa.

Fórmulas universales, condensadores fluidos, polvos y mezclas herbales

Una fórmula universal en magia es una mezcla de hierbas, aceites mágicos y elementos esenciales puros que forman un vínculo de energía entre los siete planetas clásicos a través de sus correspondencias. Se mezclan en un ritual y el resultado final se puede usar para cualquier circunstancia (de ahí el título «universal»). Las fórmulas universales se basan en dos criterios: en correspondencias herbales seleccionadas a partir de datos históricos y de lo que haya disponible en tu zona. Aunque elementos inusuales (como hierbas autóctonas de tu zona) pueden mejorar la fórmula, las plantas nativas de tu área o que han crecido en tu propiedad tienen un conducto de energía fuerte a tu entorno natural, especialmente si la mayor parte de tu trabajo tendrá lugar en esa misma zona. Como hay muchas hierbas asociadas con cualquier energía planetaria en particular, tu elección se puede basar en tu experiencia trabajando con una hierba en particular, en la investigación, o en tus sentimientos cuando trabajas con la propia hierba.

Una mezcla universal simple contiene una hierba por cada planeta representado. Una mezcla universal compuesta contiene dos o más hierbas por cada planeta representado. En el capítulo 2, te he hablado de un compuesto universal que se presta bien para polvos y mezclas de hierbas. Aquí tienes dos fórmulas para condensadores fluidos basadas en el trabajo de Sybil Leek y Bardon. Estas fórmulas están diseñadas con las signaturas planetarias de las hierbas.

Mezcla universal simple

• • • • •

hojas de salvia (Júpiter), flores de manzanilla (Sol), hojas de menta (Mercurio), corteza de sauce (Luna), hojas o flores de violeta (Venus), pachulí (Saturno), jengibre (Marte)

Mezcla universal compuesta

• • • • •

hojas de salvia (Júpiter), hojas o corteza de sasafrás (Júpiter), flores de manzanilla (Sol), corteza de canela (Sol), corteza de sauce (Luna), cáscaras de pepino (Luna), hojas o flores de violeta (Venus), rosa (Venus), jengibre (Marte), albahaca (Marte), pachulí (Saturno), hiedra (Saturno), hojas de menta (Mercurio), lavanda (Mercurio)

Hechizo de curación con condensador fluido
(ELEMENTOS AIRE Y AGUA)

Uno de mis usos favoritos para los condensadores fluidos es cuando se trabaja con magia del aire y del agua, sobre todo para la curación. Este trabajo usa la técnica de Sybil Leek que aparece en la página 147 de su libro *To Cast Your Own Spell,* aunque la he expandido para adaptarla a mi trabajo de Braucherei. Este trabajo fue en realidad el hechizo que utilicé para probar mi condensador fluido universal la primera vez que lo hice. Sólo utilicé agua bendita de manantial que enfrié a un grado centígrado (la temperatura a la que el agua se carga mejor, según Bardon). Se coloca el agua en una olla de cocción (una olla utilizada explícitamente para calentar agua mágica en el fogón) junto con el nombre del individuo que queremos curar escrito en una hoja de papel. También añado la fecha de nacimiento si la tengo. En la olla sólo debe haber suficiente agua para cubrir el fondo y mojar el papel. A continuación, añado entre cinco y diez gotas de mi condensador fluido. Tengo uno en particular para curar que consiste en una combinación de lavanda, romero, citronela, salvia apiana, albahaca africana y hierba luisa. Puedes hacer con cada una de ellas un solo condensador fluido y luego mezclarlos o puedes hacer un condensador fluido compuesto con todos estos ingredientes en la misma olla.

En este hechizo de curación, lleva el agua a una ebullición suave y luego di el nombre completo de la persona para la que estás haciendo el trabajo y el propósito de tu magia. Vincula, sincroniza y hunde tu mente en la persona (o en su aura), respirando profundamente. Si esto te molesta y no quieres estar demasiado apegado, húndete solo en su cuerpo espiritual exterior. Comienza a cantar tu canto de curación favorito, manteniendo la imagen de ese individuo en tu mente todo el tiempo que sea posible, o imagina una atadura plateada desde tu tercer ojo al tercer ojo de la persona o una energía dorada que fluye desde tus manos hacia el chakra del corazón de la persona; todo funcionará. Intenta abrazar su imagen por completo hasta que el agua se evapore (pero si no puedes, no pasa nada). Independientemente de tu técnica, mantén la imagen en tu mente todo el tiempo que puedas. Cuando hayas perdido el pensamiento, la magia habrá finalizado. Mi única advertencia es que no inhales el vapor ni toques la olla caliente con las manos. Si te ayuda a concentrarte, remueve el agua hirviendo con una cuchara de madera que uses solamente para este tipo de trabajo. Tengo una cuchara con divertidos adornos que embellecí con una cabeza de espíritu hecha de arcilla Fimo en la parte superior del mango. Tengo un amigo que usa una cuchara con una figura de madera tallada a la que él llama «mi Espíritu del Círculo Divino», porque la mueve de forma circular.

Puedes terminar tu trabajo a tu manera o puedes dibujar una cruz de brazos iguales sobre la olla seca y el papel, diciendo: «*Que este hechizo no se invierta, ni caiga sobre mí maldición alguna. Que todas las correspondencias astrológicas sean las correctas para que funcione. Paz con los dioses. Paz con la naturaleza. Paz interior. Sólo lo bueno permanece. Así sea*». Asegúrate de que cuando digas estas últimas palabras sientas la emoción de la gratitud porque la curación ha tenido lugar, especialmente si estabas preocupado o asustado cuando comenzaste el trabajo. ¡Debes sentirte mejor! Al final del encantamiento, siendo «sentir» la palabra operativa, haz lo que te funcione para que tu mente pase de la preocupación a «todo está bien y me siento bien». Este giro del miedo a la alegría puede jugar un papel importante en el trabajo. Deja que tanto la olla como el papel se enfríen. Quema el papel. Limpia la olla con sal de mar y una toalla de papel seca, frotando el fondo y los lados concienzudamente. Esto no sólo limpia la olla en el mundo material, sino que también la limpia en el mundo astral. Para completar el hechizo, lávate las manos y la cara con agua fría, asegurándote de acariciar la parte posterior de tu cuello. Ésta es una técnica de Braucherei que asegura que cualquier trabajo de energía no sea contraproducente para el practicante y ayuda a limpiar el aura tras una experiencia de curación intensa.

Yo uso este hechizo a menudo porque requiere pocos suministros y muy poco tiempo; sin embargo, produce excelentes resultados. Es bueno para emergencias o cuando un amigo llama pidiendo ayuda para una curación, o recibes un mensaje de texto en el que te piden un trabajo de curación y tienes un horario tan apretado que no hay tiempo para hacer un ritual largo.

Trabajo con agua curativa y condensador fluido

En esta técnica se utiliza un cuenco transparente de agua bendita y fría colocado encima de la fotografía de una persona. Agrega cinco gotas de tu condensador fluido curativo favorito. En lugar de mover el agua en el cuenco, yo la dejo reposar completamente.

Conecta con el mar de posibilidades (como aprendiste en el capítulo 1) y activa ese campo para la curación de la persona. Di su nombre en voz alta tres veces. Vincula, sincroniza y húndete en el aura de la persona mientras miras su fotografía. Ahueca las manos alrededor de tu boca y luego susurra tu canto de curación directamente sobre el agua mientras te concentras en la imagen (que puedes ver a través de la parte inferior del cuenco). Tus dedos deberían estar lo suficientemente separados como para que tu aliento salte en la parte superior del agua. Sigue repitiendo tu canto de curación hasta que pierdas el pensamiento. Sella el trabajo como en el hechizo anterior. Lleva el agua afuera y viértela en el suelo.

Este hechizo es excelente cuando está lloviendo, ya que el vínculo de agua a agua tendrá lugar rápidamente. Lávate las manos con agua salada después de finalizar el trabajo.

Fórmulas sencillas de condensador fluido

La fórmula sencilla de condensadores fluidos funciona de acuerdo con la naturaleza de la planta y sus correspondencias planetarias y de los elementos. Para comprender completamente cada condensador fluido que elabores, investiga el patrón de crecimiento de la planta, sus usos medicinales y la sabiduría tradicional. Yo elaboro la mayor parte de mis condensadores fluidos a partir de plantas silvestres que encuentro en el bosque y en los campos en la zona central y meridional de Pensilvania o de hierbas que cultivé en mi jardín. Éstas son algunas de las más útiles para mí.

Megaprotección – Violeta azul silvestre: ELEMENTO: AGUA DEBIDO A SUS HOJAS EN FORMA DE CORAZÓN Y EL DELEITE DE LA TIERRA HÚMEDA. ASOCIACIÓN PLANETARIA: VENUS O SATURNO/PLUTÓN. Hay más de cuatrocientas especies de violeta azul silvestre. ¡Si tienes un jardín o propiedad en el noroeste de Estados Unidos, aprenderás rápidamente lo invasiva que puede ser esta flor! La planta se autosiembra y se extiende por el suelo. Si no la controlas, asfixiará tu jardín enrollándose en medio y alrededor de otras hierbas en la base de las plantas. La mayoría de las violetas azules salvajes son en realidad comestibles, tanto las hojas como las flores, lo que significa que les alegra jugar con los humanos. Entre sus usos medicinales bajo orientación profesional se incluyen combatir el cáncer y ayudar con enfermedades inmunodeficientes. Las flores también se han usado como expectorante. Toda esta información nos dice que el condensador fluido de violeta azul salvaje que elabores funcionará principalmente como un mecanismo de protección y curación, sobre todo si sientes que estás siendo maltratado, engañado o que se están aprovechando de ti en cualquier situación. La lógica aquí es ir uno contra otro para cancelar el problema. Las flores y las hojas también se utilizan para cambiar la mala suerte o una serie de desafortunados sucesos en la vida de uno. El condensador fluido asimismo se puede aplicar a personas que se han unido contra ti, por ejemplo, una unidad familiar negativa o un grupo de personas infelices en el trabajo. La planta no solamente protege, sino que destroza lo que ha sido unido por la infelicidad, la crueldad o el mal absoluto. El aroma se usa como ayuda para dormir, y se cree que el color azul trae paz a una zona.

Supercurativo, superbloqueador, Madre Oscura – Baya de saúco:
ELEMENTO SAGRADO PARA LA MADRE NIEVE/MADRE HULDA:[8] AGUA. ASOCIACIÓN PLANETARIA: VENUS Y SATURNO. El condensador fluido de baya de saúco tiene una amplia variedad de usos, entre los que se encuentran la detención de un ataque, la curación, recompensas por el duro trabajo, romper hechizos, atraer la prosperidad y mantener el hogar a salvo.

Condensador fluido y espejo mágico
PARA LA ADIVINACIÓN, LA VERDAD Y LA SABIDURÍA

Me encanta experimentar y encuentro satisfacción personal al tomar ideas inusuales y convertirlas en algo mágico. Recientemente, cuando una de mis alumnas quería hacer un espejo mágico, revisé mis notas para ver los proyectos anteriores que había hecho. Había regalado mi último espejo mágico, así que decidí que para ayudarla investigaría más y crearía una nueva fórmula. Estaba trabajando en este libro en ese momento, y el diseño de un nuevo tipo de espejo mágico encajaba perfectamente con la sección que estaba desarrollando: escribir instrucciones para elaborar condensadores fluidos. Decidí revisar el trabajo de expertos conocidos, así que investigué el material de Pascal Beverly Randolph, Franz Bardon y Sybil Leek. Pero hay algo que debo contarte, y sé que me estoy desviando del tema, pero siento que tengo que sacar esto a la luz. Confía en mí, tiene sentido.

Allá va. Hace años tenía varios amigos que eran grandes fanáticos de Sherlock Holmes. Una vez al mes, se reunían y discutían acerca de los personajes e historias de esta maravillosa obra maestra de ficción y, por supuesto, también hablaban sobre el autor, Arthur Conan Doyle. Lo que me parecía más interesante eran los saltos psicológicos que daban estas personas al discutir sobre el autor y sus intenciones. Vi que algunos se metían demasiado en las historias y otros demasiado poco.

---

8. Véase http://hrafnar.org/articles/dpaxson/asynjur/holda

No me pareció gran cosa en aquel momento; mi carrera estaba empezando y estaba demasiado enfocada en escribir y en mi familia como para concentrarme en mi observación. Más de veinticinco años más tarde, mientras estaba sentada en mi porche en mi mecedora favorita, me encontré a mí misma discutiendo sobre Internet y cuánta de la información que estaba leyendo no tenía ninguna base, apoyándose en afirmaciones y opiniones inexactas. Estos sentimientos, por cierto, eran sobre algo que había escrito en uno de mis libros que había sido sacado de contexto; nada nuevo. Me turbaba la idea de que los comentarios que se habían hecho no tuvieran absolutamente nada que ver con mi intención original en el material que había escrito. De hecho, algunas de las afirmaciones se alejaban tanto que me preguntaba en qué mundo vivían esas personas. En el mío no, sin duda.

Ante mis ojos mentales desfilaban sombras de mis viejos amigos y su baile con Sherlock Holmes. De repente caí en la cuenta de que eso de destrozar y reconstruir la intención de un autor no era nada nuevo; la gente lo ha estado haciendo durante siglos. El proceso de pensar demasiado en materiales escritos y hablados sucede todos los días y es tan común como beber agua del grifo. También caí en la cuenta de que, obviamente, muchas personas no investigan ni leen como yo. Cuando leo algo, sea lo que sea, me vinculo al autor como ser humano, no como una autoridad, ni como un gurú, ni como un santo. Una persona. Un ser humano al que le encantaba escribir y compartir con palabras. Su trabajo es una compilación de su propósito en el universo y la corriente del lugar hacia el que van, de lo que han experimentado y cómo han procesado esa información. También aprendí que la opinión predominante sobre cualquier tema puede no ser exacta; es lo que escuchas en ese momento porque los expertos están ocupados, pero ¿cuál es el resto de la historia? Siempre hay más. ¿Es real o es ficción?

La historia rara vez es correcta; aprendemos cosas nuevas sobre el pasado todos los días. ¡Investigar la genealogía familiar me enseñó eso! Sé que hay material que los escritores no añaden a una obra en particular por una variedad de razones, desde su relaciones públicas, o «podrían demandarme si digo eso», hasta un recuento de palabras demasiado largo cuando tiene que haber un final más pronto que tarde. A veces resulta ten difícil tratar de explicar algo con palabras para que muchas personas puedan entender la idea (nunca serán todas) que sencillamente prescindes de una sección y avanzas. Este proceso de escritura hoy en día no es diferente del proceso en la época de Pascal Beverly Randolph (1875) o Franz Bardon (1958). En los tiempos de esos escritores, podrías ser encarcelado (y ambos lo fueron) simplemente por lo que escribías y los experimentos que conducías.

Así pues, todas estas interesantes trivialidades retumban en el fondo de mi mente cuando estoy investigando cualquier tema. El motivo de mi divagación es que he aprendido a observar de cerca el esqueleto de cualquier obra mágica o teoría oculta. «Observa la estructura», me digo a mí misma. «Ve a la base. Ve a los cimientos. Llega a la filosofía o creencias esquemáticas sobre las que se basa esta información». Sigue los hilos de la corriente, hacia atrás y hacia los lados, como cuando se investiga la historia familiar de uno. Por ejemplo, siempre me fascinan los puntos en común que existen entre diversas enseñanzas místicas que lógicamente no deberían estar ahí, pero están. Hoy tenemos Internet y maravillosos métodos para recopilar información; no era así si echamos la vista atrás en la historia. Aun así, vemos que diferentes culturas trabajaban con el mismo esqueleto de misticismo con métodos similares, ya estuvieran en el Amazonas, China, en Australia o en Alaska. En tiempos en los que los sueños y las visiones eran habituales, la herencia chamánica que todos mantenemos (pero que no solemos reconocer) se desarrolló con el deseo de lograr la armonía personal para ayudar a hacer del mundo un lugar mejor.

En su libro *Clairvoyance for Psychic Empowerment*, Carl Llewellyn Weschcke escribió lo siguiente antes de su muerte:

> Los chamanes se ven a sí mismos como intermediarios entre los humanos (lo físico) y los mundos espirituales. Entran en dimensiones no físicas de la conciencia para encontrar soluciones a los problemas que afligen a su comunidad física (humana, animal y vegetal). Aparte de trances inducidos y experiencias fuera del cuerpo, los chamanes obtienen información a través de sueños y visiones. Los chamanes casi siempre están en contacto con guías espirituales que permiten su entrada en el mundo de los espíritus y les guían en sus viajes, durante los cuales pueden

recibir información e instrucciones precisas sobre lo que se necesita para sanar a una persona enferma. Cabe tener en cuenta que tal curación no siempre se logra utilizando medicamentos, sino a menudo mediante la realización de actos de penitencia para equilibrar acciones dañinas previas. Otras veces el chamán entra en el cuerpo (el cuerpo sutil a través de su propio cuerpo sutil) para enfrentarse a la enfermedad espiritual o el desequilibrio de energía y desterrarlo del cuerpo.[9]

Cuando abro mi copia del libro de Carl, la inscripción dice: «A Silver RavenWolf, una buena amiga y compañera de viaje en esta nueva era de crecimiento y transformación personal, con aprecio y mejores deseos. Carl, 7-1-2013». Estas palabras siempre me hacen sonreír. Eso es lo que todos somos: compañero viajeros. Las personas que intentan sintonizar con esa esencia chamánica todos los días para hacer la vida mejor para nosotros y nuestras familias, amigos y humanidad. Intentando superar nuestros propios engaños, esperando traer claridad y visión correcta en la forma. Dedicándonos a aprender y crecer de una manera edificante y espiritual.

El éxito sin paliativos de ese espejo mágico del que te hablé en el primer párrafo me enseñó una lección crucial. Ya ves, me llevó dos meses construir ese espejo. Cometí errores. Elegí productos que no funcionaban de la manera en que pensé que lo harían. Continué avanzando y retrocediendo con ese espejo, esperando pacientemente para arreglar esto o esperar el momento correcto para aquello o luchar contra la humedad en el proceso de secado… Hubo un punto en el que casi abandono el proyecto. Me preocupaba porque no podía hacer el espejo exactamente como lo habían hecho los que me precedieron (los ingredientes eran tóxicos, así que no quería usarlos), porque había metido la pata en mi propio proceso de pensamiento y porque, a pesar de que podría tener un excelente juguete oculto, no funcionaría, ¡y eso sería realmente irritante! Sí, soy consciente de que hay muchas formas de hacer espejos mágicos; sin embargo, quería desesperadamente que esto funcionara para poder compartir el proceso con mi alumna (nunca imaginé que esta historia acabaría en este libro). Sin embargo, seguí

---

9.   Weschcke: *Clairvoyance for Psychic Empowerment*, 227.

adelante con ello y en su construcción otorgué a ese espejo y al sigilo que tenía dentro el poder de traer verdad, visión y claridad, y de proteger al propietario en todo momento. De hecho, el espejo pasó de ser «sólo un espejo para ver» a un vehículo donde se podía enviar u obtener energía en una variedad de aplicaciones de hechizos prácticos. Yo también cargué al espejo con su propio radar para avisarme si alguien me estaba enviando cosas desagradables o si yo estaba haciendo alguna estupidez que pudiera atraer formas desagradables de energía de mi propia creación; todo esto a partir de dos humildes moldes de tarta, una colección de hierbas, polvos mágicos, resinas, gemas, condensadores fluidos, cera, un pegamento rebelde y una pintura negra desobediente.

A media mañana del 21 de julio sellé dos moldes de tarta y terminé el proceso de empoderamiento. No había hecho ninguna de las cosas bonitas que había planeado. La idea era montar de una vez ese espejo y ver si funcionaba. En menos de cinco minutos recibí un mensaje de texto que decía que una persona de nuestra comunidad, que a principios de años nos había maldecido deliberadamente a mí y a un amigo, parecía encontrarse recientemente ante una circunstancia desafortunada. No me di cuenta en ese momento, pero era el cuadragésimo segundo aniversario de la muerte de mi madre. No sé si eso tiene algo que ver, pero creo que debo mencionarlo, ya que en realidad fueron dos médiums quienes me enviaron mensajes de texto en esa ventana de tiempo con la misma información; una de esas cosas extrañas a las que prestas atención de vez en cuando. ¿Sabes? No hay tal cosa como un secreto. Jamás.

Así que mi respuesta fue: «¿Qué?», como ¿por qué diablos esa persona sintió que yo era su objetivo, por no hablar de mi amigo; y «¿qué?», como una exclamación porque el universo le estaba dando un puñetazo metafórico a esa persona. (Mi respuesta real no es apta para publicarla).

Sin embargo, el espejo, hecho con la fórmula que estoy a punto de darte, hizo absolutamente su trabajo al traerme la información, ¡y eso no fue todo! Cada vez que necesitaba saber algo importante, algo me atraía al espejo. Llegué a un punto en el que sólo tenía que hablarle y, efectivamente, en unas pocas horas o días, obtenía mi respuesta. Finalmente, lo bauticé como «el superespejo».

Como dijo Carl, todos somos viajeros en el camino de la espiritualidad. No importa qué religión sigues, en qué orden oculta estás o qué titulación tienes. No me importa. Al universo no le importa. Lo que cuenta es lo que haces, a quién ayudas y lo que creas. Ésa es nuestra tarea, elevar la vibración del amor.

Espero que tomes la información de este libro y la pongas en práctica lo más rápido y tanto como puedas. Deja que la transcendencia chamánica sea una parte de tu ser, usa el trabajo como una plataforma para crear tu propia y única vibración amorosa. Confía en tus instintos. ¡Sé creativo! Todos estaremos mejor.

¡Mi espejo mágico no es sofisticado en absoluto! Está hecho de dos moldes para pastel de vidrio que pinté con espray negro por detrás nueve veces. Entre cada capa de pintura aplicaba con un pincel mi fórmula de condensador fluido para la adivinación. Una vez que se secó completamente, puse un sigilo que había creado en una gran hoja de laurel pintada con el condensador fluido en el centro de una de las placas y luego pegué un pedazo de cobre encima de ella. A continuación, agregué cristales triturados y polvo de las mismas hierbas que figuran más abajo, junto con ajenjo, amapola, semillas de campanillas y un collar de plata aplastado. Finalmente, coloqué el otro molde de tarta encima y los pegué de forma segura uno dentro del otro, aplicando pegamento sólo alrededor del borde. Está bien, eso no funcionó muy bien debido al pegamento que elegí, así que tuve que pegarlo de nuevo. Una vez que el pegamento se secó, coloqué un fieltro negro en la parte posterior del molde para que la pintura no se desgaste por el uso.

¡Mi espejo mágico no ganaría premios en un concurso de belleza, pero funciona increíblemente bien! La fórmula del condensador fluido para el espejo mágico que utilicé fue creada con los siguientes ingredientes:

• • • • •

diente de león, tabaco, laurel, sargazo vejigoso, eufrasia, caléndula, azafrán, tomillo, borraja, citronela, naranja, damiana, raíz de orris.

El momento para crear el condensador fluido para la adivinación fue la clave para el éxito del espejo. Elegí el solsticio de verano, lo más cerca del Sol entrando en el signo de Cáncer como fue posible y atrapando aun así la máxima energía lunar de Sagitario y Géminis en la hora planetaria de Venus (una energía tradicionalmente utilizada para crear espejos mágicos). Otorgué poder a la fórmula en el bosque bajo los rayos de la luna, usando un círculo de piedras preciosas de ojo de tigre, cristales de cuarzo, mi fórmula de adivinación, velas de té, y una campana ritual. ¡Fue increíble!

Condensador fluido para la abundancia
MAGNIFICADOR DE LA ATRACCIÓN

En este condensador se utilizan sólo frutas frescas ya sea recogidas por uno o compradas en un puesto de frutas. Yo vivo en el noreste de Estados Unidos, así que los ingredientes enumerados aquí son aquellos que son fáciles de obtener en mi zona. Si resides en otra parte del mundo, tómate la libertad de elegir frutas que sean populares en tu propia localidad. El condensador fluido para la abundancia funciona bien para la atracción, la buena fortuna y en encantamientos para la felicidad; además, es uno de mis favoritos porque vibra de un modo muy dulce. El color resultante es un bonito bermellón. Corta en rodajas todos los ingredientes y cúbrelos con agua, luego sigue las instrucciones del condensador fluido explicadas anteriormente en este capítulo.

Manzanas: Venus (curación, amor, larga vida, comunicación con las plantas, alivio del estrés).

Albaricoques: Venus (amor, carácter dulce, gracia, fuerza interior, equilibrio).

Moras: Venus (protección, prosperidad, curación, limpieza, paz con uno mismo, mejora la memoria).

Arándanos: Venus (limpieza, protección, impulso del intelecto, paz en el hogar, felicidad, fuerza).

Cerezas: Venus (amor, intuición, curación, alivio del dolor, ayuda para dormir).

Uvas: Luna (capacidad mental, fertilidad, prosperidad, curación, limpieza).

Melocotones: Venus (vida larga, fertilidad, prosperidad, deseos, amor).

Ciruelas: Venus (protección, amor, equilibrio).

Esta fórmula contiene ocho ingredientes; siete corresponden a Venus y uno a la Luna. Donde Venus atrae la energía de la fórmula, la Luna la almacena. Es mejor realizar esta fórmula durante el cuarto creciente de la luna en la hora de Venus. La energía de Venus es más feliz en los signos de Tauro y Libra. Intenta encontrar un día en que Venus esté alegre en su diálogo con los otros planetas, particularmente con Mercurio, la Luna o Júpiter.

Capítulo cinco

Los secretos mágicos de Silver

E sta sección del libro contiene varias fórmulas y técnicas mágicas para mejorar el proceso y el uso de tus polvos y mezclas mágicas. He incluido pensamientos personales, ideas y un poco de historia que puede ser útil para ti.

Cera de abeja

El uso de miel y cera de abeja en la sociedad humana se remonta hasta el año 3000 a. C. en el antiguo Egipto, donde se empleaba en una variedad de religiones y prácticas medicinales. La miel se ofrecía a los dioses y se aplicaba en heridas, y la cera se utilizaba en el embalsamamiento y la fabricación de velas. Desde los antiguos puestos del mercado romano en los que se vendían talismanes de tablillas de cera a los tiempos modernos, la cera de abejas ha proporcionado un deleite ligero y aromático además de asistencia farmacológica para el hombre y los animales. En la fabricación de velas, la cera de abejas se quema lentamente y es deliciosamente dulce. Con sus propiedades orgánicas (y la mecha adecuada), las velas de cera de abeja proporcionan una quema sin humo del 98 por 100. Las abejas consumen aproximadamente tres kilos y medio de miel para crear medio kilo de cera; medio kilo de cera produce aproximadamente seis velas votivas. Por lo tanto, se necesitan alrededor de setecientos gramos de miel para crear una sola vela votiva.

Para hacer discos para hechizos, talismanes, amuletos, ornamentos de Yule, etc., se puede añadir cualquier tipo de polvo mágico a la cera de abejas derretida (a menos que el polvo contenga un material combustible como el salitre), y luego se vierte la cera en moldes de jabón cuadrados, circulares o rectangulares de aproximadamente tres centímetros de espesor. Durante el proceso de calentamiento (sigue las instrucciones del paquete), remueve la cera tibia y canta tu deseo. Recuerda hundir los glifos correspondientes al poder planetario en la cera. El disco se retira una vez que se haya enfriado. Si tienes problemas para sacar la cera del molde, simplemente métela en el congelador durante unos minutos. Puedes inscribir tus encantamientos, hechizos y sigilos con un lápiz térmico sobre el disco de cera o usar con cuidado una herramienta para quemar madera. Para mejorar las hendiduras que has hecho, envejece la superficie con siena quemada y pintura acrílica marrón oscuro, retirando la pintura húmeda rápidamente con una toalla suave para que la pintura se adhiera a los patrones en la cera. Déjala secar durante la noche. De la misma manera se pueden crear pequeños medallones de cera de abeja y utilizarlos en bolsas de conjuración, saquitos y almohadillas de hierbas.

Debido a su color y fuerza natural, la cera de abejas está asociada con el sol. Como las abejas fabrican la cera a partir del néctar de las flores, se pueden añadir las correspondencias de Venus (sociedad y colaboración) y Saturno (organización y estructura). En mi opinión, una vela de cera de abeja en magia mejora la potencia general del trabajo, que aumenta debido a su maquillaje totalmente natural. Las velas de cera de abeja se pueden usar para magnetizar un deseo o desterrar la energía negativa ya que ambas cosas atraen y repelen en la naturaleza. Medicinalmente, la cera de abeja se usa para reducir el colesterol, aliviar el dolor y disminuir la inflamación; por lo tanto, si una situación en tu vida está «fuera de control», podrías quemar una vela de cera de abeja en una ceremonia para ayudar a aliviar el dolor emocional y detener el avance del problema. Es posible que desees ajustar su funcionamiento eligiendo una hora de Saturno (para limitar el problema). Por el contrario, si quieres aumentar (o hacer que no se vaya) tu habilidad para atraer dinero o buena suerte, podrías quemar una vela de cera de abeja un domingo en la hora del sol para el éxito o un jueves en la hora de Júpiter (expansión). Para el amor, quema una vela de cera de abeja un lunes o un viernes en la hora de Venus (o de la Luna).

La cera de abejas se puede colorear de negro añadiendo hollín o carbón activado después de derretirla y antes de verterla. Estas velas se usan para desterrar la negatividad o enviar el mal a la tumba.

Bolas de cera

Puedes usar tus mezclas herbales y polvos formando bolas con cera de abeja caliente o puedes derretir primero la cera hasta que quede líquida, luego añadir y remover la mezcla herbal o polvo y agregar otros ingredientes como trozos de papel rasgado mientras haces la bola con la cera templada en tus manos.

Una vez que las bolas estén a temperatura ambiente, otórgales poder y añádelas a saquitos, bolsas de conjuración o échalas a una hoguera de ritual. No recomiendo enterrarlas ni meterlas en el agua, ya que podrían matar la vida silvestre.

Láminas de cera de abeja para hacer tus propias velas

Puedes comprar láminas de cera de abeja natural o de color en tu tienda local de manualidades o a granel en Internet. Tus velas funcionarán mejor si sigues los siguientes consejos:

- Corta las láminas longitudinalmente por la mitad para que la vela mida unos diez centímetros de alto. Este tamaño parece arder mejor y durante más tiempo. Puedes usar toda la longitud de 10 x 43 centímetros para enrollar tu vela o puedes cortar la pieza en trozos más pequeños para velas de carillón: con 10 x 6 centímetros puedes hacer una hermosa vela de carillón con el mismo tiempo de quemado que las velas de parafina a la venta.
- Asegúrate de tener la mecha del tamaño adecuado para el diámetro de la vela que deseas enrollar.

- Coloca tus polvos (sólo se necesita un poco) a lo largo de la parte inferior borde de la cera de abeja antes de enrollarla y después de haberla ablandado con una pistola de calor o un secador de pelo. De esta manera la carga quedará en la parte inferior de la vela y el riesgo de incendio será menor.
- Enróllala con firmeza para que tarde más en consumirse.
- Asegúrate de alisar la unión exterior de la vela para que se mezcle con la capa de abajo. Si no haces esto, tu vela se consumirá muy rápido.

Al enrollar tus propias velas, tienes control total sobre el proceso de patrón mágico y, lo que es mejor, sólo se tarda unos tres minutos o menos en enrollar tu propia vela para un propósito específico sobre la marcha. Imaginemos que un amigo te llama y te pide energía curativa después de una operación. Sólo te llevará unos minutos rociar polvo de curandero de huesos en la parte inferior de la lámina de cera de abeja, agregar una pizca de aceite mágico o una gota del condensador fluido y enrollarlo, cantando mientras lo haces. Puedes hacer un proceso de liberación completo, colocar las manos, activar el campo, enrollar y luego sellar todo en el nombre de esa persona en cuestión de minutos.

El proceso te hace sentir realmente mágico porque tú mismo has creado la vela para tu propósito sin pasarte horas vertiendo cera o teniendo que ir a la tienda para elegir el color o el tipo adecuado. Al darle tu toque especial a la vela con polvos a base de hierbas, el condensador fluido y demás, tienes un vehículo completamente cargado que coincide con tu patrón de energía y con el patrón de tu intención. Yo incluso he cogido una tira de papel diminuta, he escrito el nombre de la persona en ella y luego he enrollado el papel con la vela, asegurándome de que quedaba en la parte inferior. Nunca he tenido ningún problema; sin embargo, se deben tomar precauciones de seguridad contra incendios por si acaso. Suelo soplar repetidamente sobre la vela mientras la froto rápidamente con mis palmas, pasando energía a mis manos y luego a la vela. Puedo hacer esto durante varios minutos hasta que pierdo el pensamiento. Luego enciendo la vela y observo cómo se consume para ver cómo puedes proceder la situación con el trabajo que he hecho.

También puedes hacer sándwiches de petición con cera de abeja para quemar en hogueras rituales en el exterior. Corta dos trozos de cera de abeja de color de tamaño idéntico; no tienen que ser grandes. Escribe tu petición (deseo) en papel marrón y úntalo con el aceite mágico, condensador fluido, perfume, etc. que prefieras. Coloca el papel en un trozo de cera. Cúbrelo con hierbas de tu elección y termina colocando el segundo trozo de cera. Aprieta el «sándwich» como parte de tu proceso de empoderamiento. Lanza estos paquetes de cera mágicos a tu hoguera en el momento ritual que te parezca apropiado. Ésta es una forma creativa de usar restos de cera de abeja en lugar de tirarlos a la basura.

Emplear glifos planetarios como runas y conductos a la manifestación

Según Rolla Nordic, una estudiante de Madeline Montalban (a veces deletreado Madelyn Montalbin, un pseudónimo de Sylvia Royals): «En la Antigüedad cada runa (glifo planetario) era un talismán hecho en un día especial y bendecido con un hechizo en particular. El hombre primitivo usaba las piedras como guía, inspiración y advertencia».[1]

Usar los glifos planetarios como vehículos rúnicos es una manera fácil y agradable de aprender las energías planetarias y cómo se aplican a una variedad de circunstancias. Se pueden emplear con fines predictivos o para enfocarse en una energía en particular en un hechizo, ritual o meditación. ¡Si necesitas saber qué energía aplicar a un día o evento específico, selecciona una runa planetaria! La siguiente información es una breve compilación de mi investigación y experiencia usando los planetas para la adivinación y la magia.

Pinta los glifos de los planetas en piedras o pequeños trozos de madera. Incluso puedes usar trozos de papel para comenzar, y si realmente te gusta usar los glifos en tu trabajo, puedes crear más adelante un juego de arcilla, madera, cera de abeja o piedra.

---

1. Esta cita sobre el uso de glifos planetarios como herramienta adivinatoria es de un artículo del número de noviembre de 1972 de la revista *Astrology Magazine* de Sybil Leek (pág. 16).

Limpia, bendice y da poder a tus runas planetarias un domingo o un miércoles; o puedes hacer el glifo en su día correspondiente en la hora planetaria que mejor se adapte a cada runa, lo que significa que dibujarás, limpiarás, bendecirás y darás poder a una o dos runas por día, de acuerdo con la información proporcionada en el capítulo 2.

La siguiente invocación podría resultarte útil en tu trabajo cuando otorgues poder a tus runas, usándolas para magia o convocando las energías planetarias para que te ayuden:

La invocación de los planetas

Siete planetas iluminan el cielo,
siete metales gobiernan las estrellas.
Siete ángeles remueven la magia,
siete espíritus traen la carga.
Siete bestias y siete pájaros,
siete tambores tocan la palabra.
Siete chakras, siete días,
siete pilares, siete rayos,
siete poderes, fuerza y forma.
Venid a mí, nace el cambio.
Fusionaos en uno.
Bendecid este lugar; ¡se habrá hecho mi voluntad!

Entona los nombres de los siete arcángeles o las siete energías planetarias clásicas lentamente (Sol, Luna, Marte, Mercurio, Venus, Júpiter, Saturno) en el orden que desees. A continuación te proporciono una selección de nombres angelicales:

Miguel
Anael
Rafael
Gabriel
Cassiel
Sachiel
Samael
¡Que así sea!

Nota: Esta formación angelical fue tomada de *Conciliator* de Pietro d'Abano, escrito en 1303 pero publicado por primera vez en Venecia en 1471. El sistema es del erudito Averroes (1126-1198).[2]

Hay varias maneras de leer glifos planetarios: puedes sacarlos uno a uno de una bolsa o agitarlos en la mano izquierda (para aprender lo que viene hacia ti) y soltarlos sobre un paño suave (yo envuelvo mis glifos en un paño suave para protegerlos y luego uso la tela como superficie de lectura adivinatoria). Sin embargo, si deseas saber qué acción debes realizar para un asunto en particular, debes lanzarlos con tu mano dominante. Sólo se suelen leer los que están boca arriba; sin embargo, en una lectura completa se pueden incluir los que están boca abajo como energías ocultas que no entran en juego con la pregunta concreta, pero están activos de igual modo. Si deseas leer para una persona que no seas tú, puedes colocar su foto o un elemento que le pertenezca sobre el paño.

Si la persona está presente, puede agitar los glifos y lanzarlos o puedes pedirle que coloque una pieza de joyería o una moneda sobre el paño para que los glifos puedan sintonizar con su energía. Al igual que con cualquier herramienta de adivinación, los glifos mostrarán el camino más probable.

Si lo que cae no te gusta puedes cambiarlo simplemente aplicando las energías rúnicas a hechizos, rituales o meditación para desviar la energía en una dirección diferente. Limpia los glifos con agua salada, agua bendita, una piedra preciosa de cristal, luz de luna o luz solar después de cada lectura para eliminar conexiones.

En general, las runas que caen una sobre otra o al lado indican un tema o evento particular. Las runas a la derecha del objeto central hablan del pasado; a la izquierda, del futuro; arriba, de la mente consciente; y abajo, de la mente subconsciente.

Cuanto más lejos esté la runa del centro indica el nivel de poder que tiene en ese momento.

---

2.   Agripa: *Three Books of Occult Philosophy*, 535.

Controlar las energías planetarias

También puedes ordenar a tus runas planetarias para que trabajen para ti en rituales, hechizos y en la vida cotidiana. El proceso es muy fácil y mejora cuanto más lo usas. Simplemente visualiza el glifo del planeta en tu mente y conecta con la energía planetaria, luego aplica esa energía a través de una orden hablada y la visualización para hacer lo que desees. Aprendí a hacer esto con el planeta Mercurio primero. Vivo en una zona rural y constantemente tenía problemas con Internet y con mi ordenador. Un día, en pleno invierno, no era capaz de conseguir que funcionaran adecuadamente ni Internet, ni el ordenador. Estaba muy frustrada ya que en ese momento tenía un negocio en Etsy y estaba intentando ocuparme de mis pedidos. Salí afuera, alcé mi mano derecha hacia el cielo y convoqué el nombre de Mercurio tres veces. Imaginé el sigilo de Mercurio brillando en el aire ante mí. Entonces dije: «*¡Te conjuro, Mercurio! Por tu poder, te ordeno que arregles mis problemas con Internet y con el ordenador rápidamente. ¡Sin que me cueste más dinero ni tiempo! ¡Sé que harás esto por mí!*». Repetí ambas declaraciones tres veces con voz fuerte y estridente (porque estaba enojada) y luego regresé a casa, me tomé una taza de café y me metí en mi despacho. Me senté frente al ordenador y pensé: «¡Bueno, voy a intentarlo una vez más!». Y funcionó.

Aproximadamente una semana más tarde volvió a suceder, e hice lo mismo. Una vez más gruñí de vuelta al despacho y el problema estaba solucionado. En realidad, pasé por este proceso varias semanas seguidas y todas las veces fui capaz de hacer que el equipo funcionara. Entonces pensé: «Si puedo hacer esto con Mercurio, ¿qué puedo hacer con las otras energías planetarias?». Comencé a experimentar con cada una de ellas con gran éxito.

Mientras tanto, después de analizar cuáles podrían ser mis problemas con Internet, llamé a la compañía que manejaba mi servicio y les dije que el plato estaba desalineado. Efectivamente, lo estaba, y lo arreglaron de forma gratuita. En cuanto al problema del ordenador, mi esposo se fue a trabajar y le preguntó al técnico informático de su oficina a qué se refería el mensaje de error que seguía recibiendo. La solución fue sencilla. No hizo falta invertir dinero.

En mis experimentos planetarios siempre me sincronizaba primero con la energía planetaria. Por ejemplo, pensaba en el sigilo del planeta y qué poderes conocía. Entonces visualizaba el glifo brillando frente a mí como había ordenado. Si estaba trabajando con un polvo mágico o una vela, hundía la imagen del glifo en mi mente dentro del polvo o la vela, lo que le permitía brillar tanto tiempo como pudiera abrazar la visualización. Justo antes de darme cuenta de que estaba a punto de perder la imagen, me imaginaba que el objeto se derretía.

Algunas veces decía: «¡Universo! Ordeno al poder de Mercurio que [añadir la intención aquí]. ¡Sé que lo harás por mí!». Eso también funciona.

Significados generales de las runas planetarias
PARA LA ADIVINACIÓN, HECHIZOS
Y LA VIDA COTIDIANA

En el capítulo 3 cubrimos los patrones básicos de energía de cada planeta (en la sección de horas planetarias), proporcionando correspondencias y asociaciones. La información presentada a continuación es una versión que te puede resultar útil en tu trabajo. La primera palabra en versalitas es una palabra clave para facilitar el aprendizaje.

Sol: ÉXITO. Agresión, autoridad, confianza, coraje, determinación, dignidad, fe, individualismo, liderazgo, lealtad, optimismo, equilibrio, poder, dependencia, vitalidad, voluntad.

Luna: SENTIMIENTOS. Nacimiento, creatividad, doméstico, flexible, comida, crecimiento, imaginación, intuición, bondad, magnetismo, maternal, materia, madre, paz, protección, psiquismo, receptividad, comprensión, mujeres, visiones.

Venus: MAGNETISMO. Mujeres adultas, afecto, arte, belleza, fusión, consideración, cooperación, cortesía, devoción, evasión, educación, femenino, amigos, gentil, trabajo en grupo, armonía, amor, originalidad, refinamiento, actividades sociales, vacilación.

Marte: ACCIÓN. Hombres adultos, afirmación, comienzos, combate, construcción, coraje, desafío, destrucción, energía, fuerza, independencia, liderazgo, movimiento, pasión, autosuficiencia, sexo, velocidad, espontaneidad, violencia, ganar.

Mercurio: COMUNICACIÓN. Adaptabilidad, agilidad, análisis, conciencia, brillante, cambiante, niños, crítico, discriminatorio, eficiente, inteligente, mensajes, papeleo, razón, hermanos, versátil, comunicación escrita, varones jóvenes.

Júpiter: EXPANSIÓN. Benevolencia, caridad, confianza, dignidad, expansión, extravagante, fiel, generoso, gobierno, crecimiento, humor, amabilidad, misericordia, optimismo, filantrópico, aplomo, religioso, viajes.

Saturno: LÍMITES Y RECOMPENSAS. Antigüedades, autoridad, cruce de caminos, defensa, diplomacia, justicia, paciencia, responsabilidad, moderación, recompensa del trabajo duro, reglas, personas de la tercera edad, serio, sincero, estructura, ahorrativo, tiempo.

Neptuno: ILUSIÓN. Adicción o enfermedad mental, trabajo de ángeles, canalización, sueños, fantasía, imaginación, instinto, meditación, trabajo místico, escuchar, mentir, psiquismo, purificación, espiritualidad, curación espiritual, sabiduría.

Urano: INNOVACIÓN. Astrología y trabajo planetario, encanto, claridad, adivinación, excéntrico, igualdad, libertad, buen resultado, trabajo en grupo, humanidad, Internet, inventiva, imaginación, redes, nuevas tendencias, objetividad, originalidad, tecnología.

Plutón: CAMBIO. Destierro, chantaje, compulsiones, habilidades en situaciones de crisis, deudas, destrucción, disolución, empoderamiento, exorcismo, herencia, intensidad, investigación, mentiras, magia, poder, secretos, autodominio, transformación, voluntades.

Velas y polvos astrológicos

Las velas astrológicas (a veces llamadas velas astrales) representan a la persona en la que se centra un trabajo mágico. Esta vela es el punto central al que se pueden dirigir diversas actividades (curación, protección, éxito, y demás). Lo ideal es que la vela se corresponda con el signo astrológico de la persona según su fecha de nacimiento tanto en el color como en los ingredientes incluidos en la vela o colocados sobre la misma (fragancia, aceite mágico, hierbas o gemas). Se cree que, cuando vinculamos a una persona con una vela astrológica mediante un ritual, se forma un camino que conecta la energía que estamos manipulando en el trabajo a esa persona de una manera clara y sin obstáculos. A diferencia de otras velas mágicas, una vela astrológica se puede usar repetidamente siempre que se emplee para la misma persona. Esto significa que puedes usar un recipiente para velas o un cirio grande en varios trabajos para la misma persona.

Originalmente, se establecieron correspondencias para las velas astrales fusionando los patrones de energía de colores, hierbas y fragancias con las posiciones matemáticas de las estrellas en el cielo, específicamente los doce signos astrológicos y sus regentes planetarios. Se creía que al combinar estos elementos se creaba una sinergia que aumentaba la concentración y el poder del trabajo y creaba una conexión más fuerte con el individuo que necesitaba ayuda. Históricamente, la posición del signo de un individuo se basaba en su signo ascendente (no en el signo solar). Finalmente, el foco se desplazó al signo solar como significador de la persona. En un ritual completo, se pueden usar tres signos: el signo solar, el signo lunar y el signo ascendente. La mayoría de los practicantes sólo usan el signo solar a la hora de elegir la vela astrológica y se reservan los otros dos signos para usarlos si la situación es seria.

Hoy en día, cuando busques velas astrales en Internet, encontrarás una lista de colores e instrucciones para verter un color sobre otro y crear una vela astral. Esta práctica se remonta a un panfleto titulado *A Candle to Light Your Way*, publicado en 1941 por Mikhail Strabo, pseudónimo de Sydney J. R. Steiner, el propietario judío americano de la editorial Guidance House Publishing con sede en Nueva York. Steiner escribió varios libros sobre hoodoo y espiritismo. El autor no hace referencia al origen de estas correspondencias o prácticas de los colores en el libro. También cabe tener en cuenta que la gama de colores para velas en 1941 era significativamente menor que hoy.

Como las velas astrales están formuladas sobre correspondencias basadas en los signos astrológicos, también se pueden usar en trabajos cuando la luna o el sol están en ese signo. Por ejemplo, si quisieras hacer un hechizo para la estabilidad financiera, quemarías una vela astrológica de Tauro untada con un aceite para el dinero cuando la luna esté en Tauro. Para afinar el ritual, quemarías esa vela en la hora de Venus (el regente de Tauro). Si quisieras enterarte de un secreto, quemarías una vela astrológica de Escorpio cuando la luna esté en Escorpio y en una hora de Mercurio (información). Si necesitaras hacer un trabajo para curar a un amigo pero no tienes ni idea de cuándo nació, quemarías una vela astrológica de Cáncer un lunes en la hora de la Luna. Al lado de la vela astrológica quemarías una vela con hierbas o fragancias curativas, o untada con un aceite mágico con correspondencias curativas. Alternativamente, podrías quemar la vela cuando la luna esté en el signo de Cáncer.

Signos astrológicos
Aries: del 21 de marzo al 20 de abril
Tauro: del 21 de abril al 21 de mayo
Géminis: del 22 de mayo al 21 de junio
Cáncer: del 22 de junio al 22 de julio
Leo: del 23 de julio al 22 de agosto
Virgo: del 23 de agosto al 23 de septiembre
Libra: del 24 de septiembre al 23 de octubre
Escorpio: del 24 de octubre al 22 de noviembre
Sagitario: del 23 de noviembre al 21 de diciembre
Capricornio: del 22 de diciembre al 20 de enero
Acuario: del 21 de enero al 19 de febrero
Piscis: del 20 de febrero al 20 de marzo

Colores asociados con velas astrológicas
Aries: rojo
Tauro: verde
Géminis: amarillo claro, azul claro o plateado
Cáncer: rosa o aguamarina
Leo: oro o marrón otoñal
Virgo: azul o amarillo intenso
Libra: lavanda o morado
Escorpio: rojo oscuro, burdeos o azul muy oscuro
Sagitario: naranja
Capricornio: marrón
Acuario: azul eléctrico o rosa
Piscis: aguamarina o púrpura

Hechizo de protección sencillo con una vela astral

Elige la vela astral adecuada para la persona para la que vayas a hacer el trabajo. Con un lápiz o un clavo, escribe el nombre de la persona en la vela astral si es posible. Envuelve su fotografía en papel de aluminio. Si no tienes una foto, usa su nombre escrito en un trozo de papel para recubrirlo con el papel. Escoge una segunda vela asociada con correspondencias de protección y colócala al lado de la vela astral. Proyecta un círculo protector o entona una oración de limpieza y protección. Sostén la vela astral en tus manos y concéntrate en la persona a la que representa. Observa una línea plateada de energía que se extiende desde la vela que tienes en las manos hasta el tercer ojo de la persona. Mantén esta visualización durante todo el tiempo que puedas. Repite el nombre de la persona nueve veces, cantando de forma rítmica. Coloca la vela astral encima del paquete de papel de aluminio y al lado de la vela de protección. Encierra ambas velas con una línea continua de sal. Coloca las manos por encima de ambas velas e indícales específicamente que trabajen para ti:

> *Olor y color, cera y mecha.*
> *Mezclaos, haced que permanezca.*
> *Llénalo ahora de armonía.*
> *Es mi voluntad, así será.*

Enciende ambas velas. Haz varias respiraciones profundas, permitiéndote relajarte. A medida que respires, llénate de energía del campo que te rodea. Conéctate con el Espíritu para intensificar la experiencia. Apártate de esa conexión mientras respiras para conectar con la persona para la que estás haciendo el trabajo, visualizando que estás infundiendo energía protectora en su interior y a su alrededor. Imagina esta energía como una luz blanca o dorada. Mantén la visualización mientras puedas. Añade un canto de protección de tu elección o repite: «*Protección para (nombre de la persona)*». Cuando pierdas la concentración, el trabajo estará hecho. Sella el trabajo dibujando una cruz de brazos iguales sobre las velas. Termina diciendo: «*¡Sé que lo harás por mí!*». Deja que las velas se consuman durante al menos diez minutos. Enciéndelas todos los días hasta que sientas que el trabajo ya no es necesario. Cambia el paquete y las velas cuando lo necesites o al menos cada treinta días.

Consejos para recoger tierra de una tumba para polvos, magia y rituales

Dicen que cuando nadie te ayuda, los muertos (tus antepasados) vendrán a socorrerte. Así lo creo y he visto que sucedía muchas veces. Una forma de conectar con los seres queridos fallecidos es el ritual de recolección de tierra de la tumba que se utilizará más adelante en una variedad de trabajos mágicos. Aquí tienes algunos consejos para recoger tierra del cementerio que mi esposo y yo hemos usado con gran éxito.

En primer lugar, sigue las normas del cementerio; no tienes que colarte sigilosamente después del anochecer con un cubo y una pala para recoger la tierra que vas a necesitar. La tierra recogida a plena luz del día funciona igual de bien que esas paladas furtivas robadas en plena noche. Si necesitas a alguien que vigile escoge a una persona que esté de acuerdo con lo que estás haciendo.

Debes estar preparado. Una cuchara para recoger tierra no es útil. Hazte con una buena pala. ¿Necesitarás un solo recipiente o varios? Por ejemplo, si va a visitar varias tumbas específicas, es posible que desees guardar la tierra por separado y etiquetarla en una bolsa de plástico con cierre hermético. Para trabajos en general, llevamos flores cortadas en una lata de café grande; de este modo no parecemos unos locos con un cubo y una pala.

El recipiente de café grande con flores esconde la pala. Dejamos algunas de las flores en la entrada del cementerio como una ofrenda a los guardianes. También vertemos ron blanco en el suelo, decimos una oración de protección, y dejamos un cigarro encendido a modo de incienso en la entrada. Una vela blanca encendida declara que vienes en son de paz. La tierra de la zona de entrada es útil para «abrir el camino» en proyectos mágicos. Se cree que honrar a la entrada del cementerio evita que cualquier cosa negativa se conecte a ti, lo que te permite salir libremente y protegido, además de reconocer al Espíritu de las Encrucijadas y su poder. Para asegurarte de que nada negativo vuelva a casa contigo, empapa un trozo de tela en vinagre y, cuando se haya secado, métetelo en el bolsillo para llevarlo contigo durante tu estancia en el cementerio.

Una vez dentro, ten claro hacia dónde te diriges. Coger tierra de una tumba al azar puede funcionar; sin embargo, ¿a quién pertenecerá esa tierra? En lugar de arriesgarte a la negatividad, investiga, especialmente si tienes en mente coger la tierra de la tumba de un extraño, como un personaje militar o religioso. Es mejor usar la tierra de un familiar o de un amigo de confianza si no estás seguro. Por cierto, ten cuidado con las tumbas de militares; puede ser ilegal coger la tierra. Sin embargo, si estás en un enfrentamiento para el que necesitas ayuda y no hay problemas legales con el cementerio, la tierra de la tumba de un formidable soldado funcionará a la perfección. La tierra más poderosa que hemos usado era de la tumba de Molly Pitcher. Para sellar el vínculo entre tú y la tumba del soldado, deja una moneda en la lápida como signo de honor. Antes de coger la tierra, recita una oración de protección para ti y una de bendición para el difunto. Golpea tres veces la lápida para despertar el poder. Indica claramente tu propósito en voz alta. También puedes hacer una petición, como: «Abuela, Susie tiene un verdadero problema». Habla con ellos como si hablaras con cualquier persona; te van a escuchar. Haz el signo del pentáculo en el suelo antes de cavar y luego procede a llenar tu lata de café. Cuando hayas terminado, recuerda dar las gracias. Deja siempre una ofrenda en la tumba donde cogiste la tierra. Es sumamente útil investigar con respecto a las flores, comida, bebidas, fotos, juguetes favoritos y demás. Algunos cementerios no te permitirán dejar nada que no sean flores y sólo si las colocas de una manera específica. Si éste es el caso, haz una libación en el suelo y llévate el recipiente. También hemos enterrado objetos, principalmente centavos, donde no se puedan encontrar.

De vuelta a casa, etiqueta tus recipientes con la fecha y el lugar específicos donde cogiste la tierra. Si llevaste dos recipientes contigo, uno para la tierra de la entrada y otro para la tierra de la tumba, asegúrate de marcarlos para diferenciarlos. Esto es particularmente útil si estás haciendo tierra de siete cementerios, para lo cual debes visitar siete cementerios distintos (es una mezcla muy potente, pero lleva tiempo). Seca la tierra a la luz del sol. Puedes ponerla en el horno a noventa grados centígrados, pero apestará toda la casa. Tamiza la tierra seca con una mosquitera vieja o un colador de malla para eliminar rocas, guijarros, hierba, malas hierbas y otras cosas extrañas. Muele la tierra tamizada en un círculo ritual con un mortero hasta que se convierta en un polvo fino. Puedes utilizar unas gotas de aceite mágico para mejorar tu fórmula si tienes un propósito particular en mente. Si no, almacena la tierra en un frasco de conservas etiquetado o en otro recipiente hermético al que puedas acceder para una variedad de propósitos, desde desterrar personas desagradables hasta potenciar un trabajo con la ayuda de los muertos.

Los muertos a menudo responden a las oraciones otorgándote tiempo, herramientas u oportunidades en las que debes actuar con sabiduría. Si no aprovechas la oportunidad, la ayuda se pierde. Presta siempre atención a lo que sucede a tu alrededor cuando pides ayuda a los muertos, particularmente en tus sueños y en la sincronicidad de eventos. A veces los sucesos más comunes son la respuesta.

Nueve formas de usar clavos, agujas y alfileres con magia herbal

¿Cuántas maneras hay de usar clavos en la magia herbal? Muchos hechizos antiguos requieren el uso de clavos de ataúd o clavos en general. Hoy en día es difícil de adquirir clavos tradicionales de ataúd y me he dado cuenta de que los clavos de acabado de madera funcionan muy bien en su lugar. Las agujas y los alfileres también pueden ser sumamente útiles, sobre todo cuando se trabaja con frutas y vegetales.

Para alejar a los fantasmas: Remoja dos clavos en vinagre o, lo que es mejor, en vinagre de los cuatro ladrones. Clava dos clavos en el marco de una puerta o ventana, uno a la derecha y otro a la izquierda. ¡Es perfecto cuando uno está sufriendo pesadillas, terrores nocturnos o para niños que dicen ver fantasmas! Otorga poder a una mezcla de tomillo, lúpulo, incienso y espuela de caballero en una bolsa de conjuración para doblar el poder contra los fantasmas.

Para atraer la buena suerte: Pinta tres clavos con pintura dorada y cúbrelos con purpurina dorada. Úsalos en trabajos para atraer la buena fortuna hacia ti. Envuelve los clavos en papel moneda, asegúralos con hilo de oro y salpica con miel o aceite para atraer el dinero. Añade hierbas de hidrastis para aumentar las ganancias de los negocios. Se pueden usar agujas doradas en lugar de los clavos.

Para desterrar gente malvada: Escribe el nombre de la mala persona (asesino, ladrón, abusador…) en una hoja de papel marrón. Salpica el papel con vinagre o cúbrelo con polvo mágico para «enviarlo a la tumba». Dobla el papel y clávalo en un árbol muerto o en el suelo en un cementerio.

Para desterrar enfermedades: Coloca nueve clavos, nueve alfileres, nueve agujas y cristales rotos en un tarro lleno de vinagre. Respira en el tarro nueve veces y luego repite este conjuro Braucherei nueve veces: «*Tetter, tetter, tienes nueve hermanas; Diosa, bendice mi carne y conserva mis huesos. ¡Perece tetter, y vete!*» (*Tetter* significa «monstruo» o «ser maligno»). Sella el tarro con una cruz de brazos iguales y colócalo en una ventana orientada al este. Repite el hechizo una vez al día durante nueve días. En el noveno desecha el tarro en un lugar alejado del entorno de vida. Añade agripalma al tarro si tu objetivo es la protección de la familia.

Para desterrar enfermedades crónicas: Frota una patata sobre la persona enferma. Pinta tres clavos o alfileres con condensador fluido de tierra. Clava los tres clavos en la patata y colócala afuera bajo un canalón. Ordena a la patata: «*A medida que te vayas pudriendo, así la enfermedad desaparecerá de (nombre de la persona). ¡Así será!*». Repite la orden nueve veces.

Para evitar que el mal entre en casa: Empapa un puñado de alfileres en una solución de salvia apiana, romero, hierba luisa, raíz Beth y vinagre durante tres días en la oscuridad de la luna. El último día bendice los alfileres y pídeles que eviten que el mal y la negatividad entren en casa. Clava los alfileres en un limón fresco; cuantos más, mejor. Cuelga el limón en el umbral o en la entrada de tu casa. Reemplázalo cada tres meses.

Protección de una persona: Dibuja un triángulo vertical en una hoja de papel. Coloca el nombre de la persona a la que quieres proteger en el centro. Añade una foto si es posible. Coloca una carta *Himmelsbrief* (carta alemana de protección) en la parte superior del dibujo. Espolvoréalo con un polvo herbal para la protección. Unta tres clavos con un condensador fluido diseñado para trabajos de seguridad. Coloca cada clavo en un punto del triángulo, con la punta afilada hacia afuera. Coloca una vela de protección dentro del triángulo y encima de la carta *Himmelsbrief*. Coloca una vela de destierro fuera del triángulo. Enciende ambas velas, solicitando la ayuda de la deidad. Rodea el triángulo con nueve hojas de laurel para una mayor protección.

Nudos y clavos para la buena suerte: Ata siete clavos a dos centímetros y medio de distancia en un trozo de cordón largo (mejor si es verde). ¡Asegúrate de atarlos bien! Llena una bolsa de conjuración con hierbas para atraer el dinero, un imán y tu nombre en una hoja de papel. Unta la bolsa y cada clavo en el cordón con aceite para la atracción o para atraer el dinero. Pasa las manos sobre los nudos y los clavos (en dirección hacia ti), comenzando por el clavo y el nudo más cercano a la bolsa hasta el clavo en el otro extremo, diciendo primero: «*Hago el vínculo y establezco una conexión segura entre el dinero fácil y yo. El dinero viene a mí con facilidad*». Respira en la bolsa de conjuración siete veces y luego canta tres veces lo siguiente mientras tocas cada clavo: «*Siete días y siete noches, siete olas y siete luces, siete montañas, siete estrellas, cumplid mi voluntad mediante mi deseo. Dinero, dinero en camino, el vínculo queda hecho este mismo día!*».

Destruir a un estafador: Hay algunas personas que siempre parecen salirse con la suya con respecto a robos, crueldad, chismes, mentiras y, lo que es peor, asesinatos. Es como si existiera un escudo que los rodeara y, simplemente, eluden la responsabilidad una y otra vez. Estos estafadores no existen sólo en el mundo criminal, los vemos operar a diario en la sociedad cotidiana, manipulando las circunstancias para dañar a otros inocentes. Para este trabajo necesitarás un tomate (cuanto más ácido, mejor), el nombre de la persona escrito en un trozo de papel con condensador fluido universal y tres alfileres. Mientras perforas el papel con los alfileres, ordena a los poderes de Marte que quemen todos los encantamientos para que la persona sea vista y capturada por el mal que ha hecho. Haz un corte en el tomate y coloca el papel con los alfileres dentro. Añade polvo herbal de Marte en la ranura. Cierra el tomate estrujándolo despacio, imaginando que los jugos son la verdadera naturaleza del individuo que está siendo forzada a salir a la superficie de su aura para que todos puedan ver el mal que ha hecho y continúa haciendo. Cuando pierdas el pensamiento, tira el tomate a la basura de inmediato para que se pudra.

Limpieza espiritual y del aura

En Braucherei hay un adagio que dice: «No enfermaste en un día; no te recuperarás en un día». Tanto si te estás centrando en la salud, las finanzas, como en las relaciones, la vida es una serie de eventos y elecciones energéticas que nos llevan hacia cualquier momento. Mediante la práctica de técnicas cíclicas de limpieza espiritual liberamos la negatividad que puede inhibir nuestro trabajo, lo que nos proporciona un campo despejado en el que operar. A veces, especialmente en nuestros peores días, permitimos que un problema se apodere de nuestra mente, olvidando que avanzar hacia una existencia mejor requiere una serie de pasos y no un cataclismo.

Una limpieza espiritual o del aura es un excelente primer paso. No necesitas ser capaz de dar un paso de gigante; una sola acción cada vez será suficiente.

Cualquier tipo de limpieza espiritual debe incorporar un enfoque de tres vertientes: limpieza del cuerpo (que incluye los cuerpos de energía), limpieza de la mente y limpieza del entorno donde el cuerpo pasa la mayor parte de su tiempo o donde recibe la mayor cantidad de estrés. Una vez que hayas realizado tus actividades de limpieza, creo que deberías añadir una iniciativa positiva para llenar el vacío creado por la energía negativa desterrada. Algunos practicantes queman una vela floral dulce o esparcen purpurina para dar la bienvenida a la energía de atracción dirigida.

Hace muchos años, el autor Ray Malbrough me enseñó la importancia de la limpieza espiritual en la preparación de mi coronación en espiritismo. Su trabajo ha influido significativamente en mi vida y en mis prácticas mágicas. La siguiente técnica de limpieza espiritual se puede llevar a cabo de manera individual o en grupo (puede ser increíblemente poderosa cuando el grupo se concentra en cada uno de los asistentes). El ritual es a base de hierbas y conducido por la palabra, es decir, las palabras y las hierbas elegidas llevan un poder marcado en los procedimientos.

Mientras lees el ritual, ten en cuenta que puedes cambiar lo que quieras; lo importante es la acción sincera de aceptar el proceso de limpieza y los resultados. Ésta es sólo una de las formas en las que hago limpiezas espirituales; tengo varias. Por lo general, adapto las limpiezas a las necesidades de la persona y las circunstancias presentadas en este momento. Siempre miro el signo en el que está la luna, la fase lunar y la hora planetaria antes de una limpieza para entender completamente qué energías disponibles pueden mejorar el trabajo.

Muchas personas piensan que con hacer una limpieza espiritual una vez es suficiente; pero no es así. Como norma general, hago una limpieza espiritual completa una vez al mes, más a menudo si he experimentado un nivel elevado de estrés. Una limpieza espiritual puede ayudar a desterrar la negatividad que otros envían hacia ti; al mantener tu campo equilibrado, lleno de luz y buenos pensamientos, puedes desviar esta negatividad. Cada vez que estoy enferma, arrastro mi cuerpo hasta el baño y realizo una limpieza espiritual completa que incluye una ducha. Sé que me siento mal, pero también sé que es mi mayor esfuerzo para una curación rápida. Nunca me han decepcionado los resultados.

¿Cómo sabes que la limpieza ha funcionado? Si te sientes en paz al final de la limpieza, sin duda ha funcionado. Los efectos no durarán mucho si continúas inundando tu mente con pensamientos negativos. Es necesario mantener ese esfuerzo y tratar de estar por encima del odio, la enfermedad, el miedo o la preocupación que emana de tu mente.

¿Quién es el ganador?

¡Tú lo eres!

Ritual de limpieza espiritual

Suministros

Dos velas blancas, un cuenco de agua bendita, campanas o cascabeles, una mezcla herbal de limpieza de tu elección y un manojo de salvia o hierba santa (la colección de hierbas en este ejemplo incluye salvia apiana, citronela, hierba luisa, rodajas de limón, hisopo, hoja de olivo, albahaca africana, lavanda y romero) y sal marina. Se pueden usar hierbas secas o frescas. También se necesitan claveles blancos (o cualquier flor blanca recién cortada). Si vas a usar hierbas secas, colócalas en una bolsa de conjuración blanca. Esta bolsa se colocará en el cuenco de agua bendita con las rodajas de limón.

Preparación

Ten tus suministros listos y a mano. He hecho esta limpieza con buena salud y estando enferma, y me he dado cuenta de que tener los suministros cerca de mí y listos para usar es un beneficio adicional. Guardo las herramientas y hierbas dedicadas a las limpiezas espirituales en una caja para poder usarlas en cualquier momento para mí y para los demás.

Esta caja contiene un pequeño plato de cerámica, un sonajero natural, una campana, una esponja de baño natural y hierbas limpiadoras en paquetes que he ido formando durante fases lunares específicas. También contiene un encendedor, un cristal de cuarzo grande, un cristal de cuarzo ahumado grande, velas de té blancas para la limpieza del aura y velas blancas, candelabros, un pulverizador con agua de manantial para la limpieza del aura, bolsas de conjuración blancas y un manojo de salvia. A veces uso todas las herramientas y a veces no.

El ritual

Puedes proyectar un círculo mágico o crear un espacio sagrado limpiando el área quemando salvia apiana o hierba santa; si eres alérgico al humo, rocía la zona con un vapor limpiador de tu elección o una mezcla de agua bendita y sal marina.

Enciende dos velas blancas y sostenlas a cada lado de la persona a la que se le va a hacer la limpieza. Si eres tú, siéntate entre las dos velas blancas encendidas. Conecta con tu idea de divinidad, haciendo varias respiraciones tranquilas.

Toma la sal marina en tus manos, frotándola entre las palmas. Mientras lo haces, entona el siguiente canto tantas veces como sea necesario. Sopla en tus palmas tres veces después de recitar las palabras; esto es para quitar la negatividad de tu cuerpo.

> *Que la enfermedad no exista más.*
> *Que la infelicidad no exista más.*
> *Que la preocupación no exista más.*
> *Que el odio no exista más.*
> *Que el miedo no exista más.*
> *¡Me limpio de toda negatividad!*

Estas palabras se pueden cambiar para adaptarse a las circunstancias. Imaginemos que tienes un problema con los celos (tuyos o de otra persona), la avaricia, el dolor, etc. Modifica las palabras para adaptarlas a tus circunstancias.

Si trabajas con otras personas, pueden usar sonajeros, campanas y tambores durante este proceso.

Coge las flores blancas y pásalas por todo tu cuerpo, entonando las mismas palabras que antes:

> *Que la enfermedad no exista más.*
> *Que la infelicidad no exista más.*
> *Que la preocupación no exista más.*
> *Que el odio no exista más.*
> *Que el miedo no exista más.*
> *¡Me limpio de toda negatividad!*

Cuando hayas terminado, rompe las flores, tíralas al suelo y písalas.

Si estás trabajando con otras personas, haz que rodeen a la persona y que caminen a su alrededor mientras hacen sonidos con las campanas y los sonajeros. Su enfoque es limpiar a la persona y el espacio que la rodea. Si estás solo, tómate el tiempo necesario para encontrar un ritmo con campanas o sonajeros y permite que tu mente y tus emociones liberen toda negatividad. Permítete transcender.

Cuando comiences a sentir que se acerca un cambio hacia ti, conéctate con el mar de posibilidades como se indica en el capítulo 1 de este libro. Repito aquí las palabras para que no tengas que volver a esa sección:

> *El mar de posibilidades está a mi alrededor.*
> *El mar de posibilidades está dentro de mí.*
> *El mar de posibilidades está a mi alrededor y dentro de mí...*
> *Y activo este mar para la limpieza espiritual*
> *de todos los niveles de mi mente, cuerpo y alma.*

Di estas palabras tres veces y, mientras lo haces, siéntete flotar en ese mar que impregna todo tu ser.

Haz una respiración profunda y luego coloca el recipiente de agua bendita frente a ti, entre las dos velas blancas. Pon la bolsa de conjuración blanca que contiene las hierbas secas en el recipiente. Añade una pizca de sal marina y las rodajas de limón fresco. He descubierto que puede resultar útil realizar esta práctica lentamente y con intención pacífica. Remueve el agua con la mano varias veces. Mira cómo la luz juega en el agua. Déjate fusionar con el agua bendita.

El siguiente paso es una oración bastante larga. Mientras la dices, sumerge las manos en el agua y luego frótatelas todavía mojadas. Haz esto varias veces durante la oración.

> *Espíritu de lo Divino, el lugar del centro, yo te llamo y solicito tu ayuda y asistencia en este trabajo. Potencia mis acciones con tu ayuda. Por favor, envía las vibraciones positivas que pido a aquello que orquesta el universo y vibra según el patrón correcto de asistencia de energía para (nombre de la persona), y no te detengas hasta que el trabajo se haya manifestado en el plano de la tierra en el cuerpo, mente y alma de (nombre de la persona). A ti, te confío mi necesidad: (repetir la petición). Ten la gentileza de hacerte cargo de esta causa y no dejes que esta oración termine sin haber experimentado de alguna manera los efectos de tu intercesión. ¡Sé que lo harás por mí!*

Rocía un poco de agua del cuenco sobre tu cuerpo (o el de la persona para la que estás haciendo el trabajo). Tiende las manos frente a ti, con las palmas hacia arriba. Entona los nombres de cada uno de los cinco elementos, comenzando con el aire. Al entonar las palabras, cierra los ojos y visualiza el poder de ese elemento en tus manos.

Toma nota de qué elemento o elementos te parecen más fuertes a medida que avanzas en la secuencia: aire, fuego, agua, tierra, espíritu. Cuando hayas terminado, haz varias respiraciones profundas. Transcenderás de nuevo; esta vez, más alto que antes.

Cruza las manos sobre el corazón, como para fusionar la energía de los cinco elementos con tu cuerpo. Entona la siguiente oración (haz cualquier ajuste que consideres oportuno pero trata de evitar ser demasiado farragoso).

Espíritu de lo Divino, llévame a la armonía con la perfección del universo. Que mi conciencia superior escuche mi voz y vibre para crear mi propia curación en todos los niveles de mi ser. Si he hecho algo que haya facilitado la negatividad pasada que he experimentado en mi vida, que sea eliminado de mí inmediatamente. Que experimente una mezcla de salud, curación, armonía y gratitud, y que esta perfección rebote en mi alma y me llene con la gracia de la alegría y la energía positiva. Con cada respiración que hago, creo felicidad. Con cada respiración que hago, creo alegría. Con cada respiración que hago, creo paz. Con cada respiración que hago, creo amor. ¡Así sea!

Dibuja una cruz de brazos iguales en el aire para sellar el trabajo. Desecha las velas, las hierbas, las flores rotas y el agua. Da las gracias a los espíritus de la plantas por ayudarte y deja una ofrenda afuera en agradecimiento por tu limpieza espiritual.

Puedes adaptar esta técnica para limpiar un animal o cualquier objeto que desees.

Técnicas para una limpieza rápida

Hay muchas ocasiones en que no se puede realizar una limpieza completa. Prueba estos métodos rápidos en un momento de apuro.

Respira profundamente varias veces: ¡Cuando los problemas aparecen, a menudo olvidamos respirar! Las respiraciones agradables, largas y profundas te ayudan a conectarte con la energía espiritual , además de limpiar el cuerpo.

Toma un baño o una ducha: El agua es el gran limpiador espiritual. Un baño o una ducha aromatizada junto con cantos de bienestar pueden hacer maravillas en cualquier situación. Si el tiempo o el lugar es un problema, mantén las manos bajo agua corriente. Recuerda decirte a ti mismo: «Sé que todo saldrá bien» o «Sé que todo estará bien». Estas declaraciones energizan el campo que te rodea, aprovechando en el potencial positivo disponible y estimulado con la esencia vibratoria del agua corriente. La declaración dirige la mente a centrarse en la solución y no a dejarse enredar en el camino por la preocupación.

Usa una mezcla de hierbas (frescas o secas): Conéctate al mundo herbal a través del aroma y el tacto para eliminar el estrés y rejuvenecer la mente. Muele las hierbas secas para hacer polvo y usarlas en tus trabajos. Al rodear una vela con una mezcla de hierbas o polvo, estás conectando el mundo interno de tus pensamientos con el mundo externo, donde se manifestará tu deseo. Las hierbas proporcionan un enlace, un puente de lo invisible a lo visible. Asegúrate de limpiar y bendecir tus hierbas antes de usarlas. Sé claro en tu dirección y tu propósito. El aroma de las hierbas por sí solo puede ayudar a eliminar la preocupación y el estrés, permitiendo que la mente se centre en la solución necesaria.

Usa campanas o sonajeros: Éstos rompen rápidamente la negatividad en tu entorno. Mientras lo haces, recoge todo el desorden. La suciedad y el espacio obstruido contienen energía negativa rápidamente. Limpia y muévete para hacer que las cosas marchen de nuevo.

Usa una técnica de Braucherei: Coloca un huevo (crudo y dentro de su cáscara) en un cuenco donde no vaya a romperse. Canta un hechizo protector o de limpieza sobre el huevo y luego ordénale que absorba cualquier tipo de negatividad que haya en la habitación. Retíralo en veinticuatro horas y colócalo bajo un canalón. En Braucherei se cree que el agua corriente del canalón destruirá la negatividad recogida por el huevo.

Usar garabatos y sigilos mágicos en encantamientos

Hacer garabatos en un papel no es una tontería, en realidad, es una forma de canalizar los pensamientos hacia un único foco. Los expertos nos dicen que garabatear en un trozo de papel es una ventana a tu mundo interior. De hecho, hay un gran grupo de estudio sobre por qué las personas hacen garabatos y qué significan en realidad (en un sentido general), ¡al igual que la interpretación de la escritura!

Las escaleras, los cuadrados y los triángulos indican tu disposición a trabajar hacia tus metas. Son símbolos de una persona ambiciosa: de un triunfador. Las estrellas muestran optimismo y esperanza. Las flores y los corazones representan un alma sensible y el amor. Las formas tridimensionales pueden indicar que estás dispuesto a ver el panorama general. Una tela de araña puede significar dos cosas: que te sientes atrapado o quieres atrapar a alguien. Los puntos indican que la situación es inestable o que quien los garabatea cree que el problema es inestable. Los cubos mezclados con espirales y círculos podrían significar que hay una posible solución, pero la persona no está segura de dónde encontrar exactamente la respuesta. ¡También puede significar que, en realidad, preferiría estar haciendo algo mejor con su tiempo! Si no me crees, haz una búsqueda en Google utilizando las palabras clave *significado psicológico de garabatos*. Los primeros diez resultados te proporcionarán una amplia variedad de explicaciones. La próxima vez que alguien te moleste para que le hagas una lectura, ¡mándale hacer garabatos! (Es una broma).

Los garabatos también pueden indicar lo que piensas realmente sobre una persona con la que estás hablando o sobre la situación que está describiendo. ¿Alguna vez has tenido una larga conversación por teléfono y te has encontrado haciendo garabatos en torno a la información que has anotado como resultado de la llamada? Cuando hayas terminado, examina tu garabato. Tu mente no sólo ha transferido los puntos principales de la conversación al papel, sino que también te dirá exactamente lo que piensas o sientes acerca de esa conversación. Mejor aún, tu garabato es un esfuerzo para trazar una solución (si la llamada hubiera sido acerca de un problema para el que se necesita una respuesta) e indica cómo te sientes realmente al actuar respecto a un consejo que te han dado o una promesa que dijiste que mantendrías.

El garabato que se muestra en la página 196 es el resultado de alguien que estuvo hablando (durante un largo rato) sobre los problemas que estaba teniendo en el trabajo. Se sentía atrapado, ineficaz y desorientado para encontrar una solución positiva inmediata. Al ser muy trabajador, la frustración se acumula, ya que varias personas en el lugar de trabajo en realidad se están comportando de la manera más rastrera: mienten, hacen trampa, son increíblemente narcisistas y crean requisitos imposibles que se comen el tiempo privado de la persona. Sus acciones (son tres personas) están afectando gravemente al resto de los empleados. Desafortunadamente, la persona responsable nunca está allí ya que está volando alrededor del mundo o, si está en la zona, se dedica a dar fiestas en su despacho privado, sin prestar la menor atención a sus responsabilidades.

¿Qué ves en el ejemplo de garabato de la página siguiente?

Los garabatos también pueden proporcionar un vehículo mágico que te permite centrar libremente tus pensamientos en la creación de sigilos para cualquier objetivo, cuestión o deseo determinado. Los garabatos mágicos son mi ingrediente distintivo en muchos de mis polvos, mezclas herbales y muñecos. Cuando el garabato está terminado, a veces agrego otros elementos de diseño como un símbolo planetario, un círculo alrededor del garabato, o runas en una zona particular del diseño.

Es mejor hacer los garabatos mágicos con los ojos cerrados; de esa manera puedes cantar y concentrarte completamente en una imagen visual interna a la vez que te permite sostener el bolígrafo con la mano y deslizarlo libremente sobre el papel. Puedes tomarte tanto tiempo como desees para crear tu garabato con la regla general de que, cuando hayas perdido el pensamiento, la imagen estará terminada.

Puedes usar este garabato en una variedad de aplicaciones mágicas. Por ejemplo, si deseas desterrar un problema, enrolla el papel y átalo con hilo rojo. Pasa el papel enrollado por tu cuerpo para alejar por completo la negatividad que hay en ti y pasarla al papel. Salpica el papel con condensador fluido universal o aceite mágico para desterrar y luego quémalo, confiando en que la respuesta que necesitas se te dará con rapidez. Si estás enfermo, escupe en el papel, agrega unas gotas de condensador fluido universal y hiérvelo en una pequeña cantidad de agua. Cuando el agua se haya evaporado, haz trizas el papel y tíralo a la basura. Para la programación de objetivos y el éxito, quémalo y agrega las cenizas a otro trabajo o espárcelas en el exterior. Para dar a luz a un nuevo proyecto que incluye un deseo de estabilidad, envuelve una piedra con el garabato y espolvoréala con polvo mágico y un condensador fluido del elemento tierra. Entierra la piedra en el suelo de tu propiedad o en una maceta de tu casa o apartamento.

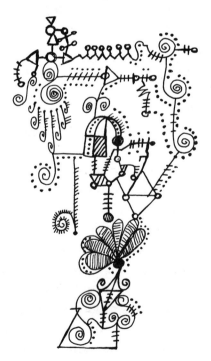

Un garabato mágico

Crear un único número para representar tu intención

Pueden existir varias razones para factorizar una declaración de intención escrita en un solo número: la necesidad de mantenerla en secreto, querer saber el mejor número de hierbas u otros objetos para usar en un trabajo que coincida exactamente con tu deseo, o tal vez el número de días que se repetirá un encantamiento. Puedes usar el número como una guía para elegir cuántas velas o piedras preciosas usar, o incluso para el número de veces que debes hacer sonar una campana de ritual. El número en sí tiene su propio significado, lo que te da una idea de la fuerza de tu propósito en relación con lo que deseas lograr. El tiempo invertido en escribir la declaración, asegurándote de que es lo que deseas y luego convertir esa declaración en una vibración matemática, otorga más poder al proceso debido a la energía que has extendido en la elaboración. Este viaje crea confianza porque *sabes* que te tomaste el tiempo para entenderlo bien.

Uno = Comienzos
Dos = Asociación
Tres = Expansión
Cuatro = Estructura
Cinco = Cambio
Seis = Fusión
Siete = Movimiento
Ocho = Autodominio
Nueve = Logro
Diez = Recompensa o cosecha (si eliges usar este número)

La lista anterior representa los significados que he atribuido a los números en mi trabajo. Los números tienen un sinfín de significados; escoge el que te funcione, el que vibre mejor. Si no te gusta el número resultante de tu declaración, tal vez, simplemente, no te sientes a gusto con él, vuelve a redactar tu declaración y luego realiza los cálculos de nuevo.

Por ejemplo, usando las pautas facilitadas, la declaración: «Que en mi vida abunden la felicidad y la prosperidad de manera positiva» da como resultado el número ocho. Es un número sólido para este propósito, indica que el resultado es el autodominio, que es exactamente lo que quiero. Con este número, crearé un polvo mágico usando ocho ingredientes. ¿Los planetas están asociados a los números? Sí, a menudo se encuentran en trabajos medievales de sigilos planetarios (cuadraturas mágicas). Aquí, tienes una lista más moderna que sigue la alineación planetaria en nuestro sistema solar, lo que nos permite equiparar un solo número a cada planeta (cuerpo celestial). No hay que confundir esta lista con las cuadraturas planetarias mágicas ni con cualquier otra cosa que hayas visto en otros libros.

Uno = Sol (éxito)
Dos = Mercurio (comunicación)
Tres = Venus (atracción)
Cuatro = Luna (depósito)
Cinco = Marte (acción)
Seis = Júpiter (expansión)
Siete = Saturno (eficiencia/recompensa)
Ocho = Urano (intensificación/individualismo/libertad)
Nueve = Neptuno (creatividad/espiritualidad/camuflaje)
Diez = Plutón (empoderamiento/renovación)

Siguiendo con mi ejemplo, el planeta moderno Urano, la octava más alta de Mercurio, es el planeta correspondiente. Puede que al principio digas: «Eso no coincide exactamente con la felicidad»; pero para mí sí. ¡Libertad! Veo la libertad como una catapulta para la felicidad y la alegría. Libre de preocupaciones, de infelicidad, de miedo… libertad para ver con claridad… libertad para trabajar en lo que me apasiona. Así que, para mí, el número es perfecto para esta declaración.

Para elegir hierbas que tienen asociaciones clásicas (solamente siete planetas), puedes traducirlo de la siguiente manera:

- Urano es la octava más alta de Mercurio; elige hierbas regidas por Mercurio.
- Neptuno es la octava más alta de Venus; elige hierbas regidas por Venus.

- Plutón es la octava más alta de Marte; elige hierbas regidas por Marte.

¿No te gusta mi lista? No te preocupes. Crea tu propia lista para que vibre con tus necesidades. Tu lista debe ser una guía en la que confíes y utilices con frecuencia. Tu diseño es el mejor para ti. También encontrarás fórmulas de polvo para Urano, Neptuno y Plutón en el capítulo 6.

Llevando mi ejemplo más allá, para trabajar por una vida llena de alegría y felicidad que coincida con mi propósito, elegiré ocho hierbas o ingredientes para elaborar mi mezcla herbal o polvo mágico, y repetiré mi conjuro (que incluye mi declaración de propósito o enfoque) durante ocho días. Uno de los ingredientes de mi polvo será el número ocho dibujado en el papel de mi propósito, que quemaré y luego mezclaré las cenizas con el polvo. Esas cenizas serán mi octavo ingrediente. También podría moler mi palo testigo (utilizado durante la creación del polvo) como uno de mis ingredientes; esto significaría que tendría seis ingredientes a base de hierbas, un ingrediente de papel (las cenizas del número) y el polvo del testigo, lo que suma ocho ingredientes. Podría dibujar el número ocho con el polvo en un azulejo y rodearlo con ocho velas.

Tu creatividad no tiene límite; nada estará mal. También podría hacer magia con nudos y cordón, usando un trozo de cuerda cuya longitud sea un múltiplo de ocho y luego hacer ocho nudos en ella; a medida que ato cada nudo, puedo repetir mi declaración de intenciones. Puedo llevar la cuerda conmigo o quemarla, convirtiéndola en uno de los ocho ingredientes del polvo. Incluso podría esperar al octavo día lunar o el octavo día solar del mes. ¡Déjate guiar por tu intuición!

Cómo convertir una declaración en un número mágico

Primer paso: Escribe tu declaración completa, como, por ejemplo: «Que en mi vida abunden la felicidad y la prosperidad de manera positiva».

Paso dos: Elimina todas las letras duplicadas, y quedaría:

QUENMIVDABLFCYPROST

Paso tres: Utilizando la clave sigil del alfabeto, haz coincidir los números con las letras.

Clave sigil del alfabeto

A	1	H	8	O	15	V	22
B	2	I	9	P	16	W	23
C	3	J	10	Q	17	X	24
D	4	K	11	R	18	Y	25
E	5	L	12	S	19	Z	26
F	6	M	13	T	20		
G	7	N	14	U	21		

Q	U	E	N	M	I	V	D	A	B
17+	21+	5+	14+	13+	9+	22+	4+	1+	2+

L	F	C	Y	P	R	O	S	T
12+	6+	3+	25+	16+	18+	15+	19+	20

Paso cuatro: Suma todos los números. El total del ejemplo es 242.

Paso cinco: Suma los números del resultado: 242 = 2 + 4 + 2 = 8. Si la suma es diez o más, continúa sumando hasta obtener un resultado de un solo dígito. Ese dígito es tu número mágico para la declaración del hechizo «Que mi vida esté llena de alegría, felicidad y prosperidad de una manera feliz y positiva».

Vinagres herbales para magia

Un libro sobre polvos mágicos y mezclas herbales no estaría completo sin mencionar el vinagre mágico. El uso de vinagre en magia, cocina, curación y tareas domésticas data de hace más de diez mil años. Su nombre actual, «vinagre» es un derivado francés de «vino agrio». El vinagre se elabora convirtiendo cualquier azúcar natural (de maíz, de frutas como manzanas, uvas y cocos, de granos como la cebada y el arroz, e incluso de las patatas) en alcohol y luego fermentándolo nuevamente añadiendo levadura, convirtiendo el alcohol en ácido acético. El contenido ácido de cualquier vinagre varía según el tipo y la marca. La mayoría de nosotros compramos el vinagre en lugar de hacerlo nosotros mismos y le agregamos ingredientes adicionales para las comidas o para hacer magia. Cuando compres vinagre para usarlo en aplicaciones mágicas para desterrar (como el vinagre de los cuatro ladrones), lee la etiqueta para elegir la marca con el mayor contenido ácido. Puede que en tus trabajos herbales oigas hablar sobre la «madre del vinagre». Es un tipo de vinagre de manzana que tiene un número significativo de beneficios para la salud, como prevención del cáncer, reducción de la acidez estomacal, disminución de la presión arterial y de los niveles de glucosa en sangre, pérdida de peso e incluso eliminar el dolor y la propagación de herpes zoster. La madre del vinagre se identifica por las gruesas hebras de sedimentos en el fondo de la botella. Este tipo de vinagre orgánico, crudo y no pasteurizado es el que eligen los curanderos. El vinagre puede también eliminar algunos pesticidas y el crecimiento bacteriano de productos frescos y se puede utilizar como limpiador de encimeras y ventanas e incluso para lavar y acondicionar el cabello.

Las hierbas crudas van mejor para elaborar tu propio vinagre herbal; sin embargo, también puedes agregar polvos mágicos. Lava y seca las hierbas que hayas elegido y colócalas en un tarro de conservas de vidrio o en otro frasco de vidrio de tu elección. Otorga poder al vinagre y caliéntalo. Vierte el vinagre caliente en el tarro lleno de hierbas. Si vas a usar un tarro de conservas, coloca una pieza de plástico sobre la boca, ya que la tapa metálica reaccionará con el vinagre. Etiqueta el vinagre con todos los ingredientes que hayas utilizado, junto con la fecha en que preparaste la fórmula. Asegúrate de indicar claramente si el vinagre es venenoso; no te gustaría servir en una cena con invitados vinagre con rábano picante, guindillas y tierra de tumba. Guarda el vinagre en un lugar oscuro durante el tiempo que elijas (generalmente de dos a cuatro semanas). Cuela las hierbas del vinagre y vuelve a tapar el tarro hasta que necesites usarlo. Yo hago mi vinagre mágico a granel, así que lo compro en garrafas de plástico de cuatro litros. Caliento el recipiente al sol, luego agrego mis hierbas y otros ingredientes. Con un rotulador permanente escribo directamente en el plástico todos los ingredientes, la fecha y las asociaciones astrológicas únicas que he utilizado, como un trígono de luna Marte y Mercurio (para detener el chismorreo).

En magia, el vinagre es un equilibrador y un disipador, elimina la negatividad y ayuda a restaurar el equilibrio en cualquier situación. Las hierbas o los polvos que usas en tu vinagre aumentan el enfoque de la mezcla. El vinagre de los cuatro ladrones (también llamado vinagre de Marsella) es una mezcla medieval inventada con fines curativos y es uno de los vinagres mágicos más comunes usado en encantamientos. El vinagre de Marsella fue supuestamente empleado por una familia de cuatro hermanos ladrones. Su madre lo creó para que pudieran entrar en casas infestadas de plagas y robar posesiones y sustraer objetos de valor de los cadáveres. La era histórica es discutible, algunos indican que el marco temporal era el siglo XIII, otros el siglo XV, e incluso hay informes del siglo XVIII. Como la peste en Europa duró más de seiscientos años de una forma u otra, es difícil identificar en qué momento se filtró la leyenda por primera vez al conocimiento público. La historia indica que, debido al vinagre, los ladrones no enfermaron ni murieron.[3] Algunos de los ingredientes eran clavo de olor, romero, salvia, ajo, ruda, lavanda y alcanfor empapado en vinagre.[4] Otras fórmulas incluyen limón y canela. Los ladrones empapaban un paño con la mezcla y se tapaban con él la nariz y la boca. Cuando la policía francesa los atrapó, les ofrecieron una sentencia reducida si revelaban los ingredientes secretos de la receta de Marsella. Desde ese momento, la comunidad mágica ha desarrollado una gran cantidad de fórmulas de vinagre de los cuatro ladrones que se ofrecen en libros o se venden embotelladas en tiendas New Age, de hoodoo y tiendas mágicas en general, y se considera la mezcla ideal para deshacerse de circunstancias y personas negativas sobre la marcha. El vinagre de los cuatro ladrones más poderoso que he hecho fue el 25 de agosto de 2005,

---

3. Vinagre de los cuatro ladrones, evolución de la medicina medieval, 28 de julio de 2016. http://secretofthieves.com/?p-412
4. De *Scientific American Cyclopedia of Formulas* (1910), pág. 878.

durante el huracán Katrina. Mi fórmula consistía en romero, salvia, ajo, lavanda, clavo de olor, ruda salvaje, guindillas, rodajas de limón y tierra de tumba.

La vida útil del vinagre es casi indefinida, dependiendo en gran medida de la preparación y los ingredientes utilizados. El vinagre mágico es una excelente herramienta defensiva y se puede rociar o usar en una botella mágica. Aquí tienes algunos ejemplos:

- Vierte una cucharada de vinagre mágico en el agua del baño para la protección.
- Rocíalo en las huellas de una persona para alentarla a que te deje en paz. Haz esto cualquier día en la hora planetaria de Marte.
- Viértelo en el suelo frente a la casa de un vecino depravado. También puedes verterlo en una esquina de su propiedad si no puedes acercarte a la puerta. Deberías entonar un conjuro de destierro. Es mejor hacerlo bajo la oscuridad de la luna.
- En la hora planetaria de Marte, agrega el nombre de la persona escrito tres veces a una botella pequeña de vinagre mágico. Tápala herméticamente y entiérrala fuera de tu propiedad en la hora de Saturno. Coloca una piedra encima del lugar donde enterraste la botella como símbolo de restricción para que no puedan esquivar el hechizo o escapar de la energía disipadora. Es mejor hacerlo bajo la oscuridad de la luna.
- Empapa pequeños cuadrados de tela en el vinagre herbal y déjalos secar. Úsalos en paquetes o saquitos de destierro para evitar las enfermedades y promover la curación.
- Los vinagres para alimentos, aquellos que son seguros para ingerir, se usan para evitar el vampirismo psíquico. Diluye una cucharadita de vinagre en un vaso de agua y bébetelo. Hoy en día la comunidad médica aconseja no beber vinagre puro, ya que con el tiempo puede erosionar el esmalte dental y dañar el esófago.
- El vinagre de manzana puro y sin procesar se puede usar en un baño espiritual (entre dos y cuatro tazas) para destruir la negatividad o romper una maldición. Abre los poros y se cree que ayuda en general a la desintoxicación sistémica.

Sales para magia y encantamientos

Yo uso la sal como un ingrediente principal en muchos polvos mágicos purificadores y disipadores. No sólo se puede emplear para acompañar al polvo, sino que también se puede potenciar con aceites esenciales para sales y tés de baño. En Braucherei o en Pow-Wow, generalmente, se sabe que para detener la energía de algo se escribe el nombre de la persona o evento en una hoja de papel y se mete en el congelador; esto detiene la acción. Para alentar a las personas a ser más amigables, se mete su nombre en un azucarero. Para desterrar una enfermedad, un problema o a una persona, usa sal.

A lo largo de los años he creado varios compuestos de polvos con sal para una variedad de problemas. Estos compuestos se pueden rociar en el suelo o frotarse las manos con ellos, colocarlos en muñecos de vudú (o colocar los muñecos directamente en la mezcla), rociarlos alrededor de velas, etc.

Aquí tienes una lista de sales y cómo las he usado:

Sal del mar Muerto: Ésta es la sal a la que recurro en general para todos los destierros y curaciones. Cuando necesites un encantamiento rápido, frota la sal en tus manos o en tu cuerpo, especialmente en la base de la nuca para romper toda la negatividad que viene hacia ti. Puedes mezclar la sal con mezclas herbales para limpiar calderos o limpiar altares de piedra. Se puede llevar una bolsa de sal y hierbas en el bolso o en el bolsillo y masajearla discretamente cuando estemos en compañía de personas negativas. Coloca la mezcla con hierbas disipadoras en un paquete de té de baño o en bolsa de conjuración de algodón blanco y añade unas gotas de agua bendita para usarla en una limpieza espiritual. Agrega polvo de cáscara de naranja, manzanilla y menta para romper la insolvencia. Se cree que añadir bicarbonato sódico y sal de mar en el baño limpia el campo áurico.

Sal marina gris: Úsala para derrotar a estafadores, eliminar la mentira y cambiar percepciones inexactas.

Sal marina rosa: También conocida como sal marina rosa del Himalaya, se emplea para disolver el odio y la infelicidad, eliminar el dolor por un amante infiel o despejar el camino al nuevo amor. Agrega hierbabuena, romero y pétalos de rosa para promover la sabiduría en las elecciones relativas al amor.

Sal de mar negra (no sal mezclada con hollín, sino sal negra natural): Se usa para todo tipo de limpiezas psíquicas, para eliminar fantasmas y miedos personales, y en trabajos para romper las adicciones. Para eliminar los fantasmas de una zona, echa vinagre en un vaso abierto rodeado de consólida, salvia apiana y sal de mar negra.

Sal negra tradicional de hollín: En la década de los ochenta aprendí a hacer lo que se conocía como sal negra de las brujas, que se usaba para desterrar (y a veces maldecir) energías negativas o personas que te habían hecho daño. La mezcla es engorrosa de hacer y usar debido a la base de carbón activado a la cual se añade la sal y otros ingredientes. Si se pone gris, hay demasiada sal en la mezcla. Entre los aditivos encontramos tierra de siete cementerios (tierra recogida de siete cementerios diferentes), ortigas y, a veces, espinas de rosales. La mezcla se preparaba bajo la oscuridad de la luna un sábado, entre las doce de la noche y las tres de la madrugada, o en la hora de Marte o Saturno. Es mejor hacerlo cuando la luna está en Escorpio. Se muelen todos los ingredientes en trozos pequeños y luego se mezclan con el carbón activado. Esta mezcla tradicional no debe usarse en jabones ni en sales de baño.

Las sales herbales potenciadas son un excelente regalo para los amigos mágicos, especialmente si usas recipientes bonitos con etiquetas atractivas. Para una receta general de té de baño se necesitan cuatrocientos cincuenta gramos de sal marina y entre veinte y treinta gotas de un aceite esencial apto para el cuerpo. Los tés de baño también pueden incluir polvos mágicos y mezclas herbales siempre y cuando hayas investigado la seguridad de las hierbas con respecto a problemas médicos. Los aceites esenciales pueden causar problemas en pieles sensibles. Asegúrate de investigar el aceite esencial antes de usarlo en una receta de té de baño. También debes consultar a tu médico sobre los aceites esenciales que vayas a usar porque pueden afectar a personas con presión arterial alta o a mujeres embarazadas.

Pila del espíritu sagrado

El último ejercicio o proyecto de este capítulo se concentra en la fusión con los espíritus naturales de su zona. Primero, da un paseo espiritual y recolecta tantas plantas como sea posible, contándoles que deseas realizar un ritual sagrado para honrar la zona, proteger lo que está allí y mezclarte con los espíritus del lugar. Tómate el tiempo que quieras con tu caminata espiritual; puede que encuentres piedras únicas, hojas inusuales, plumas... También deberás recoger nueve piedras; grandes o pequeñas, eso depende de ti. Las usarás como tu círculo sagrado. Guarda todo hasta el amanecer del día siguiente.

Mientras sale el sol, proyecta un círculo mágico y bendice el área con una mezcla herbal para honrar y agua herbal (ya que el agua salada mata a las plantas). El agua herbal puede contener hierbas limpiadoras como la lavanda y el romero; la elección depende completamente de ti. Realiza el ejercicio del mar de posibilidades, luego quédate de pie mirando hacia el este, tendiendo tu mano derecha con la palma mirando hacia el sol naciente. Haz el saludo de la mañana, adaptado de la investigación de G. Storms en su libro *Anglo-Saxon Magic*:

> *Hacia el este me coloco.*
> *Por los favores yo rezo,*
> *a la Diosa Divina*
> *y al Señor del Día.*
> *La tierra le presta su energía*
> *y su aliento envía el hechizo.*
> *El final del día revelará*
> *que todo estará bien.*

Expresa tu intención: que deseas crear una pila sagrada para honrar la zona, proteger las plantas y los animales autóctonos según tus posibilidades, y fusionarte con los espíritus de la naturaleza del lugar.

Cava un hoyo y coloca todos los objetos que hayas recolectado. Puedes añadir otros amuletos, sigilos, baratijas u objetos que desees. Cuando hayas terminado, cubre el agujero y crea un pequeño montículo. Enciérralo en un círculo con nueve piedras de la zona. Sella el trabajo dibujando una cruz de brazos iguales por encima de la pila. Si quieres puedes aplanar un poco la parte superior para colocar una vela o un farolillo los próximos días. Siéntate, relájate y haz el ejercicio del mar de posibilidades de nuevo, pidiendo convertirte en uno con el espíritu del lugar. Presta especial atención a cualquier animal o insecto que esté presente durante todo el proceso, ya que tienen mensajes para ti. Cuando cierres los ojos, puede que veas ojos de animales en tu mente. Éstos son los ojos sagrados del Espíritu. Quizás te sientas increíblemente enaltecido, en paz o lleno de un amor apacible; es la naturaleza, que acepta tu solicitud de vincularte con ella.

Cuando hayas terminado con tu meditación, da las gracias al lugar y a los espíritus, y entona una bendición verbal para ellos.

Asegúrate de visitar tu pila sagrada a menudo; los espíritus te estarán esperando. Lleva regalos de flores, agua en época de sequía y oraciones de amor y compasión. Cuanto más trabajes con la pila espiritual, mayores serán los regalos espirituales.

Si tienes que mudarte de la zona, es imprescindible que visites tu pila del espíritu sagrado y expliques por qué debes irte. Deja la pila con una bendición y un regalo. Cuando llegues a tu nuevo hogar o área, crea otra pila del espíritu sagrado. En realidad, puedes vincular esta pila con la que dejaste en la propiedad anterior usando la técnica para vincular, sincronizar y hundir.

El chi de la conversación

Cada conversación tiene su propia energía, su propio patrón, su propio chi. En mi libro *MindLight* exploré el poder de tu mente en la magia y en las actividades cotidianas. Con el tiempo he aprendido a escuchar las conversaciones de las personas y los patrones de comunicación de la naturaleza. Cuando hablamos el uno con el otro, tú y yo, generalmente no pensamos en el patrón de la conversación. Reconocemos el tema o el asunto, sincronizándonos para hacer que el proceso sea agradable (con suerte) y desear (en muchos casos) estar «en sintonía» el uno con el otro. Este sentimiento de sintonización pasa a ser químico, ya que nuestras respuestas emocionales activan un intercambio de energía subconsciente. La mayoría de las personas no consideran la gran cantidad de energías que entran en juego cuando hablamos unos con otros. Nos concentramos sólo en los sentimientos y luego en las palabras. Sí, la gente habla primero con los sentimientos (en la mayoría de los casos) y la formulación de palabras elegidas entra en erupción o flota serenamente en la superficie dependiendo de esas emociones. Esta combinación completa forma un patrón de energía que denomino el «chi de la conversación».

Me gustaría que pensaras por un momento en una conversación positiva reciente. Piensa en cómo te sentiste. Reflexiona sobre el «patrón» de esa conversación. Si pudieras equiparar el intercambio de otra forma, ¿qué elegirías? ¿Un color? ¿Un aroma? ¿Un sonido? ¿Una cosa de la naturaleza? Asocia sin miedo las imágenes mentales que surgen al pensar en la conversación y anótalas. Tras unos momentos, reflexiona sobre lo que has escrito en el papel.

Ahora, hagamos lo mismo con una pelea o discusión reciente (o, si tienes la suerte de no haber tenido ninguna, un intercambio desagradable que recuerdes). También tenía un patrón y, como lo recuerdas, ¡el patrón sigue vivo! Puede que se esté desintegrando lentamente, pero como puedes recordarlo, la conversación todavía tiene su propio chi. Anota, como hiciste antes, las imágenes mentales que asocias con esa comunicación desafortunada. Todas esas imágenes mentales combinadas con tus sentimientos mantienen vivo el chi de esa conversación y, como el pegamento o un cordón asqueroso y maloliente, te siguen manteniendo conectado con esa persona.

En las artes marciales hay un movimiento de la mano que altera el chi de una persona: un aleteo rápido de las manos sobre el área del plexo solar del oponente que perturba momentáneamente los cuerpos de energía de una persona. Esta desorientación, en realidad, debilita el cuerpo físico durante un breve intervalo de tiempo. Puedes provocar la misma alteración (por varios medios) en el chi de una conversación. Algunos métodos rápidos de perturbación son: agitar la mano sobre tu cara como si tuvieras calor, frotarte las palmas en un movimiento circular, concentrarte en hundir el sigilo del elemento agua en su tercer ojo, o mover la mano adelante y atrás frente a ti si estáis sentados en una mesa. Todas estas acciones deben ser sutiles. (Y tú que pensabas que esas damas con abanicos sólo tenían sofocos).

Como tenemos varias opciones físicas comunes que podemos llevar a cabo para interrumpir o terminar una conversación, no solemos pensar en que la energía de la conversación permanece en nuestras mentes. Podemos cambiar el tema, marcharnos o golpear a la persona en la nariz (esto no es aconsejable). Independientemente del cierre que elijamos en un campo antagónico, nos olvidamos de que el chi de esa conversación todavía vive. El patrón está vivo, continúa ondulando y moviéndose entre dos personas (o más). A la mayoría de nosotros nunca se nos ocurre considerar conscientemente el desmantelamiento de esa energía si no es como parte de una terapia (a la que llevas toda esa basura negativa a la espalda como un saco de patatas podridas años después de que el evento inicial tuviera lugar) o posiblemente diciendo: «Lo siento». Sin embargo, una disculpa sincera no contiene suficiente poder para desplazar el chi original del evento.

Déjame explicarlo de otra manera: a veces estamos tan enfocados en nuestros sentimientos heridos que no nos damos cuenta de que el dolor continuo se reactiva en nuestros recuerdos porque el patrón del evento inicial vive en nosotros y a nuestro alrededor. Se ha unido a nuestros cuerpos energéticos y, como una sanguijuela, sencillamente, nos succiona hasta dejarnos secos. Esta situación se complica a causa de nuestras propias mentes y emociones, que han creado una capa protectora de percepción alrededor del chi de la conversación. Este armazón con filtro recubre la experiencia negativa inicial para distanciarse del dolor; desafortunadamente, esta racionalización hace más fuerte a la estupidez. Cada excusa que damos fortalece el patrón original.

La palabra junto con la emoción llevada sobre el aliento de vida es el patrón de creación.

Cuando los humanos hablan en voz alta, activan siempre los cinco elementos en su interior y a su alrededor; sin excepción, para bien o para mal. El poder de la palabra no puede ser ignorado. Cada vez que abres la boca y hablas, naces.

En el momento en que reconozcas la existencia del patrón y tu papel en la creación del mismo (no importa cuán mínimo sea), tendrás poder sobre él y podrás destruirlo de manera rápida y eficiente y disolver a la vez los tentáculos de apego hacia ti.

Me gustaría que probaras lo siguiente en cada conversación durante una semana:

- Escucha más que hablar.
- Observa mientras escuchas o hablas.
- Cuando una conversación se vuelva negativa, cambia de tema.
- Analiza el patrón de la conversación.
- Termina cada conversación con una nota positiva.

Anota tus observaciones cada día. Si sientes que alguna conversación es negativa, al final del día, desecha el intercambio verbal acordando dentro de ti que lo desmantelarás. Visualiza la conversación como una red de luces, y disuélvela. A medida que la red se disuelve, las luces parpadean, disminuyen y se apagan. Cuando tu mente esté clara, habrás eliminado el chi de la conversación. Para ayudarte en este proceso, puedes frotar sal del mar Muerto (o cualquiera de las fórmulas de sal enumeradas previamente) en tus manos mientras dejas ir la energía negativa de tu mente. Da las gracias a la sal, indicando que estás agradecido de que la conversación no te afecte más y tira la sal a la basura. Si deseas realizar un trabajo un poco más potente, mezcla espinas de rosa con sal del mar Muerto y vierte esta mezcla en un trozo de papel. Visualiza cómo tus sentimientos y el recuerdo de la conversación se hunden en el papel. Invoca a los espíritus animales del Cuervo y el Lobo. Enrolla el papel y quémalo, diciendo tantas veces como necesites para dejarlo ir mentalmente:

> *Las garras del cuervo te destrozan.*
> *Las garras del lobo te destrozan.*
> *Yo te destrozo.*

Tira las cenizas frías a la basura. Si quieres puedes utilizar una trituradora de papel; también funciona. Este hechizo se puede usar asimismo para destrozar los planes que las personas están intentando (o han intentado) poner en su contra.

El poder de conversar es increíblemente potente cuando te das cuenta de que siempre tienes el control pero no tienes que ejercerlo, lo que significa que tienes el control de ti mismo y, por lo tanto, no es necesario inhibir a otra persona, especialmente si sólo está cotorreando y actuando como un idiota.

He incluido esta discusión en este libro por dos razones. Primero, porque muchos cánticos, encantamientos y hechizos son hablados. Comprender el poder de tus palabras es esencial a la hora de usarlas. En segundo lugar, porque puedes cambiar el patrón de cualquier conversación con otra persona según tu propio comportamiento. Puedes impulsar tus habilidades en el modo de discusión verbal con polvos mágicos diseñados para mejorar tus palabras y protegerte de las palabras de los demás. Puedes aprender a desmantelar inmediatamente un patrón de energía negativo antes de que empiece a funcionar. Más tarde, en privado, si el evento ha sido perturbador, puedes hacer una limpieza espiritual completa que te ayudará a disolver el chi de la conversación y te dará libertad para seguir adelante. Al percibir el chi de la conversación, puedes volver atrás y aplicar sistemáticamente una técnica de limpieza personal para erradicar todos y cada uno de esos recuerdos desagradables, destruyendo el patrón.

¿Cómo se hace eso? Con la comprensión de que estás desmantelando algo que está realmente «ahí» (aunque no puedas verlo; algo así como el aire que respiras), recuperas tu poder personal. Puedes escribir el evento en un trozo de papel y quemarlo. Puedes verter tus pensamientos de infelicidad en sal y luego desechar la sal de vuelta a la tierra, donde la energía pasará de ser negativa a positiva. Puedes elegir la versión que desees porque, ahora que conoces al enemigo, puedes despacharlo rápidamente.

Si debes adentrarte en un entorno en el que percibas que esa confrontación es necesaria (como en un caso judicial), lleva contigo una pequeña esponja natural que previamente hayas hechizado para absorber toda la energía negativa. Cuando llegues a casa, moja la esponja con agua salada y hazte una limpieza espiritual completa. También puedes llevar una mezcla de sal y polvo mágico de Marte al que hayas ordenado que destruya todo el mal que vaya contra ti. Cuando estés solo, tira el polvo a la basura fuera de tu propiedad y lejos de ti. Si usas cualquiera de estos procedimientos, la esponja o el polvo, asegúrate de finalizar el proceso con un sentimiento de gratitud de que «todo estará bien».

Voces en el agua

Cuando era joven aprendí a susurrar magia en el agua corriente. Simplemente me mantenía lo más cerca posible del agua corriente (a ser posible un río, aunque una fuente puede funcionar en caso de apuro) y expresaba mi intención. Colocaba mis manos alrededor de mi boca y luego susurraba mi propósito en el agua, inclinándome todo lo posible sobre el líquido para que la humedad de mi respiración pudiera mezclarse con el movimiento del agua. El truco (si quieres llamarlo así) es fusionar tu voz, tu intención y tu respiración con la energía del agua y liberar tus inhibiciones a la vez. Ésta es la razón por la que la revisión de la liberación era tan importante al comienzo de este libro. Liberar el ego, fusionarse con el elemento, no sólo aporta éxito, sino una realización personal de unidad con el universo. Con voces en el agua, el líquido impregnado dispersa tu deseo en el universo cuando las circunstancias son adecuadas para su fruición, es algo así como una cápsula de liberación de tiempo. También puedes trabajar con llamas de la misma manera, aunque debes tener cuidado de no acercarte demasiado al fuego para no dañar tus pulmones. Tanto si usas agua como fuego, emplea polvos y mezclas herbales como una ofrenda al universo y para sellar el hechizo susurrado.

Resumen

Espero que hayas disfrutado de este capítulo tanto como yo escribiéndolo. Contiene ideas personales sobre energía, magia y el uso de encantamientos mentales y físicos. Recuerda que hay más de un nivel en cualquier explicación mágica. ¡Siempre! La contemplación y la experimentación son necesarias para lograr tu mayor éxito. No te olvides de usar tu propio ADN físico (como un mechón de pelo) además del ADN de tu alma (tu linaje) para obtener más poder en tus trabajos, particularmente en los que se involucra tu propia superación personal mental, física y emocional. Esos pensamientos repetitivos que tienes sobre un problema son una pista de la solución que necesitas. Busca lo que «sientas» que está bien, y ésa es tu respuesta. Finalmente, no puedes escapar de tu propio odio; debes vencerlo.

CAPÍTULO SEIS

Polvos y mezclas herbales mágicas

Este capítulo contiene fórmulas que he escrito, usado y vendido en forma de vela, saquito o polvo durante los últimos quince años. Sólo te proporciono las mejores de mis muchas fórmulas, esas a las que yo misma y mis clientes, amigos y miembros del grupo hemos recurrido con gran éxito. Estas mezclas herbales y cantos susurrados son más efectivos si se usan junto con la información que aprendiste en los primeros tres capítulos del libro; sin embargo, puedes usar cualquier estructura que desees y lo que funcione mejor para ti. La mayoría de mis fórmulas se pueden emplear para una variedad de propósitos; por ejemplo, mi fórmula del ángel fue diseñada para todos aquellos trabajos en los que solicites la ayuda de las energías angelicales.

Con el tiempo, crearás tus propias recetas y cantos susurrados que te funcionarán bien; los que te proporciono aquí son simplemente ejemplos para que los pruebes si quieres. Las fórmulas se pueden usar en una variedad de aplicaciones como consideres. Los hechizos que acompañan a las recetas mágicas son simplemente pautas. Ten la libertad de agregar ingredientes adicionales o condensadores fluidos que se correspondan. Recuerda que sólo necesitas añadir entre una y tres gotas del condensador fluido a tus polvos (dependiendo de la cantidad de polvo que hayas hecho). Si deseas colorear el polvo, puedes usar azúcares coloreados, tiza de color aplastada o comprar por Internet polvos de color de los que se usan en las carreras de colores.

Hay algunas hierbas que no he incluido intencionadamente en estas fórmulas por diferentes razones, pero eres libre de usarlas en tus propios trabajos. Entre ellas se incluyen el gordolobo (que es superesponjosa); el acónito (altamente venenoso y no recomendado); la artemisa (no se muele bien y es venenosa); las solanáceas (venenosas); los escaramujos (cuando se muelen, irritan muchísimo la piel, aunque se pueden agregar a saquitos sin problema, siempre y cuando estén sin moler). Esto no quiere decir que no use hierbas venenosas, pero soy extremadamente cuidadosa y conservo todas las hierbas tóxicas en un lugar seguro. Hay varias hierbas que se consideran dañinas para algunas personas y no para otras, como el poleo, la angélica, el cálamo y la benzoína.

Por favor, investiga todos los ingredientes de cualquier fórmula enumerada en este libro en relación a tu condición médica antes de su uso. Una búsqueda rápida en Internet de cualquier hierba te dará mucha información sobre advertencias y peligros de la planta. Si tienes hijos, nietos, mascotas o estás embarazada, mi sugerencia es que te limites a usar hierbas no venenosas con valor alimentario, ya que dispones de una gran variedad para sustituir a las tóxicas y resultan increíbles e igual de buenas. Aun así, hay personas que tienen alergia a algunas plantas comestibles (como los cacahuetes y las almendras).

Nunca olvidaré cuando mi padre, que sufría de demencia, se levantó una mañana temprano y trató de abrir mi armario mágico, que estaba cerrado con llave, porque estaba convencido de que tenía allí su té favorito y creía que se lo estaba ocultando. Naturalmente, era absurdo, pero ese tipo de confusiones son una característica común de su disfunción. Lo que quiero decir es que nunca se sabe las tonterías que puede hacer una persona. Márcalas y guárdalas siempre bajo llave.

Ten en cuenta lo siguiente:

- Puedes contactar con tu centro local de intoxicaciones o llamar al número de emergencias de tu país para que te deriven (https://es.wikipedia.org/wiki/Anexo:Tel%C3%A9fonos_de_emergencias).

- Al moler cualquier polvo mágico, utiliza siempre una máscara.
- Ninguna de las fórmulas proporcionadas en esta sección debe ser ingerida. Son sólo para propósitos mágicos.

Ten en cuenta que algunas hierbas son un poco engorrosas de manejar. La lavanda tiende a ahuecarse, así que yo utilizo un mortero pesado y sólo la trituro hasta romperla. Para hierbas del jardín como la caléndula, y los pétalos de azafrán, empleo unas tijeras muy afiladas para cortar estos pétalos en pedacitos, ya que no se muelen bien. Otra hierba difícil es la eupatoria, que tiene una textura dura y probablemente tendrás que usar un tamiz para separar el polvo de los tallos (dependiendo de dónde compraste la hierba o cómo se cosechó). La citronela seca también puede ser difícil de moler, dependiendo de tu equipo. A veces utilizo un colador grande colocado sobre un recipiente y trabajo la hierba en el colador con el palo del mortero. Lo que se puede convertir en polvo cae en el recipiente, y el resto lo devuelvo a la naturaleza con una silenciosa oración de honor.

Fijadores

Agregar un fijador mezclado con aceites esenciales puede aumentar las propiedades aromáticas de una mezcla herbal y ayudar a unir los diversos patrones de energía para ayudar en el flujo de la intención. Estos fijadores se pueden usar solos, juntos, en forma pura o en polvo, dependiendo de cómo quieras que quede el producto terminado. Por ejemplo, la raíz de orris funciona bien en polvo, mientras que el musgo de roble es más adecuado para mezclas herbales.

Raíz de angélica: Sol; elemento de fuego. Es venenosa cuando está fresca, pero se dice que el proceso de secado elimina este veneno. De todos modos, se deben tomar precauciones con las mujeres embarazadas y los lactantes, así como con aquellas personas que sufren de diabetes.

Polvo de benzoína: Mercurio; elemento de aire. Tiene un sabor y un aroma similar a la vainilla y reduce la evaporación de la fragancia. El aditivo se usa en una variedad de jabones y cosméticos; sin embargo, las mujeres embarazadas y las lactantes deben tomar precauciones y evitar el contacto con la piel.

Raíz de cálamo: Luna; elemento de agua. Tampoco debería ser manipulado por mujeres embarazadas o lactantes.

Incienso: Sol; elemento de fuego. Como es una resina, el incienso es «gomoso» en el sentido de que se amontonará después de haberlo transformado en polvo. El incienso se considera una herramienta de mayor vibración; se fija para proporcionar protección, lo que elimina la negatividad, y es un vehículo de limpieza adecuado para todo tipo de destierros.

Resina de mirra: Luna; elemento de agua.

Musgo de roble: Saturno; elemento de tierra. El musgo de roble fija y establece; es excelente para la estabilidad de un hechizo o para «fijar» un peso sobre algo que no debería aumentar. Saturno ayuda a algo a «mantener su forma».

Raíz de orris: Venus; elemento de agua. Con su aroma a violeta, es un vehículo de atracción y funciona bien para atraer cosas, personas y energías hacia ti. No lo elegiría para un polvo de destierro debido a sus propiedades planetarias.

Como un polvo mágico puede ser ingerido por error si se esparce en el suelo o se tira al aire, puedes optar por utilizar estos fijadores en su forma pura en lugar de en polvo, especialmente en popurrís, almohadas para sueños o saquitos. Muchos fijadores tienen indicadores de advertencia para la salud en diferentes condiciones médicas. Aunque este libro no contiene ninguna receta que se pueda ingerir, cuando tengas dudas sobre la manipulación segura y la toxicidad de cualquier planta o raíz en relación con tu seguridad médica, investigar es la clave. Nunca confíes en un libro mágico para obtener información sobre la salud. Busca un profesional cualificado o materiales médicos de una fuente acreditada. Sé que he mencionado esto más de una vez en este libro; sin embargo, quiero dejar muy claro que siempre debes tener cuidado a la hora de manipular hierbas, raíces y plantas.

Estos polvos, hierbas o raíces se pueden combinar. Por ejemplo, es posible que desees elegir uno de cada elemento y vincularlos untándolos con copos de oro o unas gotas de condensador fluido universal para obtener un ingrediente superfijador y utilizarlo en varios hechizos o rituales. Para atrapar a un enemigo, usa todos los ingredientes mencionados anteriormente junto con zumaque no venenoso. Rellena un muñeco de vudú con los ingredientes, envuélvelo con hilo rojo y mételo en una bolsa marrón con los mismos ingredientes untados con un huevo crudo. Luego entiérralo fuera de tu propiedad.

Rellenos

No recomiendo usar rellenos en tus polvos mágicos a base de hierbas a menos que se correspondan de alguna manera con tu propósito. Por lo general, los rellenos sólo se agregan para que el polvo se pueda vender a granel; sin embargo, si vas a dibujar un sigilo mágico con el polvo en el suelo o sobre una tabla, puede que añadir un relleno te ayude en la construcción física del diseño. Los rellenos típicos son la tapioca, la cáscara de trigo sarraceno, la harina de maíz y el polvo de arroz.

Tapioca: Júpiter; elemento de fuego. Suerte, purificación, curación. A veces se utiliza como sustituto de tierra del cementerio. Es un antídoto para las palabras o acciones venenosas. El polvo se puede moldear si se humedece.

También se puede gelificar, lo que puede resultar útil si estás tratando de manifestar algo que simplemente se niega a adquirir forma. La tapioca puede ayudar al proceso o acelerar un hechizo. (Ten en cuenta que la verbena también puede dar impulso al hechizo).

Cáscaras de trigo sarraceno: Venus; elemento de tierra. Las cáscaras de trigo sarraceno ligeramente trituradas se usan en saquitos y muñecos para ayudar a reducir el costo de las hierbas, particularmente en saquitos y muñecos más grandes. Se muele para hacer harina, pero se puede usar en polvos para el dinero y la protección.

Harina de maíz: Venus; elemento de tierra. Una hierba madre sagrada que se cree que vibra bien con el propósito de proteger, honrar a la deidad, tener un parto seguro y la buena suerte en general. La harina de maíz también se usa para curar los trastornos mentales (particularmente el alzhéimer) y para hechizos relacionados con la sabiduría y la protección del corazón cuando uno ha sido herido por pensamientos y palabras desagradables de otros.

Polvo de arroz: Sol; elemento de aire. Se cree que el arroz protege contra todas las desgracias, lo que lo convierte en un excelente aditivo para los trabajos mágicos de protección. Si lo añades al sargazo vejigoso, puedes magnetizar un recipiente de metal durante una tormenta, recibiendo la energía de la tormenta en el cuenco. El poder de la tormenta se usa luego en una aplicación mágica protectora y defensiva. El arroz también vibra bien con el propósito de la magia para la fertilidad y el dinero. El arroz verde (una fórmula que incluye arroz seco, polvo verde y otros aditivos dependiendo del practicante) se utiliza para atraer el dinero. Los muñecos rellenos de arroz seco se usan en hechizos de fertilidad.

Polvos gruesos frente a polvos finos

Algunos practicantes prefieren polvos finamente molidos mientras que otros, como yo, los prefieren más gruesos. Aunque los polvos finos son menos detectables en la práctica mágica, los polvos gruesos son más fáciles de limpiar cuando haces encantamientos en casa, son menos propensos a causar dificultades respiratorias y, si vas a usar el polvo como aditivo en una bolsa de conjuración o en un saquito, la consistencia en realidad no importa. Para una almohada, yo usaría la forma pura o una mezcla de polvos muy gruesos, ya que no quiero que el polvo se filtre a través de la tela. La consistencia no afecta a la aplicación mágica, además de que puedes haber invertido más tiempo y energía para obtener un polvo más fino, lo que puede mejorar la fórmula por el esfuerzo que has hecho.

Hojas enteras como transportadoras

Tengo una selección de grandes hojas secas para el invierno. En los meses de otoño y verano tengo una lista de lugares donde puedo conseguir hojas frescas que utilizo en lugar de bolsas de conjuración blancas o rojas. A veces escribo directamente en las hojas con un rotulador permanente y sólo uso las hojas como aditivo. Con las hojas grandes puedes colocar polvo, una fotografía, un amuleto o una mezcla herbal en el interior, y doblar o enrollar suavemente la hoja (dependiendo de su fragilidad). Puedes usar hilo de bordar de color o incluso un poco de pegamento para mantener el paquete cerrado. También puedes usar verduras de hoja grande como la lechuga, el repollo, el puerro...

La única regla que me han enseñado es no usar nunca una planta podrida, ya que una enfermedad o una disfunción ya forma parte de ella. Soy consciente de que, una vez que se forma cualquier patrón, éste comienza a descomponerse; sin embargo, si la planta está podrida, el caos en su interior no te servirá y puede hacer rebotar el trabajo o enviar el encantamiento en una dirección no deseada. Cuando se usan plantas frescas, es vital hacerlo entre cuatro y doce horas; pasado ese tiempo, retírala, ya se trate de fruta, verdura, hierbas u otra variedad, a no ser que estés trabajando con un proceso de secado en particular. Se cree que las plantas moribundas (principalmente las flores) a las que no se les ha explicado que van a ser utilizadas para magia o rituales atenuarán el chi de una zona en forma seca.

Usa hojas grandes de banano para paquetes de curación (Venus como en su función en Tauro y la Tierra). Las hojas grandes de diente de león (sagradas para Hécate) son útiles para la fuerza, la adivinación y los mensajes, y también son excelentes para casos judiciales debido a su asociación con Júpiter. Las hojas de lechuga son geniales para la protección y atraer el amor (Luna/agua). Las hojas grandes de arce o sasafrás son estupendas para paquetes mágicos de dinero (Júpiter/aire). Las hojas de una mazorca de maíz se pueden usar para paquetes de dinero, abundancia y prosperidad (Venus/tierra). Las naranjas y los limones vaciados son ideales para las limpiezas espirituales. Extrae la mayor cantidad de fruta posible y resérvala. Llena la cáscara con hierbas espirituales de limpieza. Este vehículo fragante se puede usar como ofrenda, como un enfoque del altar, o se puede colocar directamente en un recipiente con agua que también contenga los jugos exprimidos junto con velas blancas flotantes para limpiar espiritualmente una zona mediante la combinación de agua, tierra y fuego.

Hierbas poderosas

Las hierbas poderosas son aquellas plantas que se cree que añaden velocidad o potencia a cualquier hechizo en particular. Generalmente no se usan siempre, sólo cuando se siente que es necesario. Las más habituales son:

Semilla de apio: Otra asociación de Mercurio y el aire. Se cree que la semilla de apio aporta un pensamiento calmado y centrado, fortaleciendo así la intención del trabajo.

Combinado de canela y jengibre: La canela se rige por el sol y el fuego, y el jengibre por Marte y el fuego. Ambas hierbas se combinan para acelerar cualquier hechizo o trabajo. Esta combinación a menudo se carga en velas rojas para una acción rápida.

Macis: Es una especia aromática de color dorado que se cree que mejora las habilidades mentales a la hora de lanzar un hechizo. Es la cubierta exterior de la nuez moscada y está relacionada con el planeta Mercurio y el elemento aire.

Muérdago: La Gran Dama de la caja de herramientas herbal. Si necesitas reforzar cualquier hechizo y trabajar para obtener el máximo de energía y el bien supremo, el muérdago puede ser tu elección. Sin embargo, se considera una planta venenosa, por lo que a veces es difícil de encontrar en comercios locales, pero se puede pedir a través de Internet. ¡Incluso puedes comprar un kit de muérdago para cultivarlo tú mismo si eres aventurero! Si te preocupan los aspectos venenosos del muérdago, ten en cuenta que «en estudios de cientos de casos de ingestión accidental a lo largo de los años no hubo muertes, sólo unas cuantas reacciones graves». Un estudio publicado en 1996 analizó noventa y dos casos de ingestión de muérdago y halló que sólo una pequeña fracción de pacientes mostró algún síntoma... y no hubo muertes».[1] Las correspondencias mágicas para el muérdago varían; algunas personas creen que está regido por el sol y el elemento aire. Otros creen que Júpiter es el regente y el elemento el fuego. En magia, se cree que el muérdago es un antídoto para todos los venenos y para fomentar la fertilidad y otorgar buena suerte. Con un rango tan amplio de usos, es perfecto para incluirlo en casi cualquier trabajo.

Verbena: Un condensador fluido de verbena es excelente para reforzar el poder de un hechizo de protección, aportando paz al hogar y protegiendo contra las enfermedades. Aquí, su correspondencia de Venus funciona como en Tauro, atrayendo la estabilidad, protección y bondad en el hogar. Se cree que la hierba de verbena en los polvos potencia sus energías de atracción.

Yohimbe: Reina de la lujuria. Si quieres elaborar un polvo para el amor, el yohimbe es la hierba que necesitas. Desafortunadamente, también se considera venenosa (en cierta medida) ya que provoca presión arterial alta y frecuencia cardíaca rápida. Regido por Marte y el elemento fuego, el yohimbe tiene la legendaria capacidad de llevar tus saquitos y mezclas para el amor donde ningún hechizo de amor ha llegado.

Proyecta el círculo; establece el campo.
Di las palabras; respira tu voluntad.
Séllalo y déjalo ir; ¡tu fe en el Espíritu hace que así sea!

Recuerda siempre ordenar al polvo un conjunto específico de acciones o propósito justo antes de usar la mezcla en cualquier aplicación mágica. ¡Dile lo que tiene que hacer!

---

1. Anahad O'Conner, «The Claim: Don't Eat the Mistletoe – It Can Be Deadly», www.nytimes.com/2007/12/11/health/11real.html?_r=0 (11 de diciembre de 2007).

Las fórmulas

Abundancia

· · · · ·

manzanilla, girasol, piel de naranja, lima,
vainilla, semillas de melón secas

Mi vida está llena de abundancia positiva.
Y todas mis necesidades y más están cubiertas.
Los días son claros y las noches son brillantes.
Alegría constante entra por mi puerta.

Ésta es una de mis fórmulas favoritas que funciona muy bien como popurrí. Para reforzar una mezcla de verano, añade cerezas secas. Para obtener más poder de atracción en otoño, incluye virutas de manzanas secas. Para el invierno, usa nueces y arándanos.

Ésta es una mezcla para la alegría y la felicidad que se concentra en traer buena fortuna, felicidad y alegría a tu vida. En mi altar de prosperidad guardo un tarro de vidrio alto de esta fórmula. El tarro también incluye una pequeña pieza de cobre, un imán cubierto de arena magnética dorada y una raíz de John. Cambio el contenido del tarro en el equinoccio de primavera, el solsticio de verano, el equinoccio de otoño y el solsticio de invierno, incorporando la preparación y el empoderamiento en mi sabbat. La mezcla se puede potenciar con un aroma agradable agregando tu aceite mágico o esencial favorito junto con un poco de musgo de roble (para que mantenga el aroma).

Agrega nuevas hierbas y reactiva la bolsa cada luna nueva. Construye el poder de la bolsa añadiendo nuevos elementos cuando lo consideres necesario. Por ejemplo, puede que te encuentres una piedra inusual, una pluma o un pequeño animal de cerámica que tu corazón te dice que tienes que meterlo en tu bolsa.

Color de vela recomendado: oro, rojo, verde.

Honor ancestral

• • • • •

lavanda, mirra, romero, incienso, hisopo, hierba luisa, cáscara de huevo

Hay paz en el momento.
Hay paz en mi persona.
Hay paz en mi corazón.
Hay paz en mi mente.
Hay paz en mi espíritu.
Envío luz y bendiciones a quienes están más allá del velo.
Todos aclaman lo que es sagrado y está lleno de gozo.

Para esta fórmula, que encaja bien con una variedad de sistemas mágicos que trabajan con los muertos honrados, elijo velas blancas y moradas. Esta mezcla está diseñada para tus antepasados, a diferencia de la fórmula gede, que es para los muertos en general. Aquí, la lavanda y la mirra llaman al muerto y las otras hierbas aseguran que la visita sea sagrada, eliminando cualquier negatividad. Es una mezcla excelente para Samhain y también se puede usar para hacer peticiones a seres queridos concretos, para honrarlos o simplemente recordarlos en el ritual. Usa la mezcla de hierbas en tu altar ancestral en un cuenco; el polvo se puede rociar en la tumba o en las puertas de entrada de un cementerio. Para una persona determinada, añade sus flores o el aroma favorito a la mezcla.

Esta fórmula me resulta muy útil cuando hago investigación de genealogía, particularmente si tengo problemas para encontrar información o crear un vínculo. Para la búsqueda de tus ancestros, escribe el nombre tres veces en un trozo de papel, dibuja los sigilos de Mercurio y Venus sobre el nombre, espolvorea el polvo por encima, retuerce el papel y llévalo en el bolsillo cuando visites el cementerio, los archivos o las bibliotecas. En casa rodea una vela púrpura con el polvo o la mezcla herbal. Enciende las velas mientras llevas a cabo tu investigación. Si tienes una foto de la persona, coloca la vela encima.

Color de vela recomendado: blanco.

Ángel

• • • • •

incienso, mirra, lavanda, nag champa, copal

Para mí, la magia angelical es el trabajo vibratorio máximo que se puede hacer junto con llamar al Espíritu de lo Divino. Esta fórmula elaborada principalmente a base de resina puede servir para una variedad de propósitos ya que busca el mejor resultado posible mientras destierra toda negatividad. Si alguien en el hogar tiene un problema con la bebida, añade una piedra preciosa citrina a la fórmula. Esto no resolverá el problema, pero he comprobado que conduce a soluciones sobre cómo lidiar adecuadamente con él. A la hora de hacer y usar esta mezcla, convoca los nombres angelicales que elijas, permitiendo que la vibración de tu voz resuene en el universo. Puedes llamar a un solo ángel, a un número específico (como los arcángeles), o a una gran cantidad de ellos.

Color de vela recomendado: blanco.

Anubis, dios egipcio de las encrucijadas
PARA PROBLEMAS GRAVES DE SALUD Y PROTECCIÓN

• • • • •

incienso, mirra, cedro, ciprés, ron, símbolo ankh en una hoja de papel

Escúchame, oh gran guardián de las encrucijadas,
Anubis, Anpu, señor de la tierra sagrada.
Guardián de misterios,
te llamo con dignidad y honor
para que me ayudes en mi trabajo en este día/noche.

Símbolo ankh

El hechizo de Anubis es el más utilizado en respuesta a problemas de salud en los que las circunstancias son serias, especialmente en cirugías de animales o personas. También se puede utilizar para un cruce (rito funerario) para un animal o persona, lo que significa que se emplea para ayudar al espíritu a pasar de esta vida a la Tierra del eterno verano. Proyecta un círculo, invoca a los cuadrantes y solicita la presencia de Anubis. Él aporta una gran paz al círculo y sabrás que ha llegado, ya que una calma increíble lo impregnará todo. Puedes usar el polvo como una ofrenda o como el vehículo para convocarlo; depende completamente de ti. El amuleto y el polvo también se pueden emplear para la protección. El símbolo ankh despierta el poder de Anubis; se puede cortar y poner directamente en el polvo o bien poner el polvo en el papel con el símbolo y luego retorcerlo como he explicado en el capítulo 1.

Voy a ser honesta contigo: cuando ofrecí esta fórmula en mis tiendas, no despertó mucho interés. Me sorprendió porque cuando se usa el símbolo ankh combinado con la invocación anterior, las mascotas y las personas reciben un paso muy tranquilo y fácil, y uno recibe el don de la estabilidad y el coraje necesarios para avanzar. Llegará el momento en que uno lo necesite y entonces lo verá por sí mismo. También descubrí que si usas este símbolo y el polvo, la persona o el animal en cuestión tiene una ventana de claridad a través de la cual se pueden despedir. El polvo y el sigilo se pueden usar para curar, especialmente si todos creen que la persona está a las puertas de la muerte. Si éste no es su destino previsto, la persona puede recuperarse a un ritmo más rápido. Finalmente, éste es un buen polvo para hallar la verdad en circunstancias que giran en torno a la muerte de alguien, o la información necesaria para resolver un problema relacionado con esa muerte.

Color de vela recomendado: usa tanto el oro como el negro.

Afrodita
AMOR Y PASIÓN

• • • • •

rosa, yohimbe, canela, jengibre, cardamomo (hueso de melocotón
para añadir en un saquito o un muñeco solamente)

Invoco a Afrodita, diosa del mar y la espuma,
madre del amor celestial,
te pido que me concedas tus bendiciones.

Me gusta usar esta fórmula con velas de color rosa o turquesa claro. Talla el sigilo de Venus en la vela con un lápiz de arcilla y luego pinta los surcos con una pequeña cantidad de tu aceite para el amor o tu condensador fluido para el amor favorito. Ésta es una combinación muy romántica que funciona bien en un paquete de tela rosa con un corazón rojo cosido en ella; de esta manera puedes llevarlo contigo todo el tiempo que quieras. Es una buena mezcla para un muñeco para atraer el amor y la pasión hacia ti.

Atracción
ÚTIL PARA EL AMOR, LA AMISTAD Y EL
DINERO: UNA FÓRMULA MAGNÉTICA

• • • • •

rosa, gardenia, pachulí, caléndula, canela, almizcle

De nada a algo haré que esto se forme.
Sé que se manifestará y que en este mundo nacerá.

Sigilo de manifestación de la atracción

Uso tanto el canto como la mezcla herbal para atraer y manifestar una variedad de objetos y metas en forma física. Para dar más poder a la fórmula, agrega un condensador fluido de los mismos ingredientes hechos en un día de Venus (viernes), en una hora de Venus, en una luna creciente o averigua cuándo Venus está bien posicionado (un trígono o sextil hacia Mercurio, la Luna o Júpiter). Este momento también se puede utilizar para mezclar el polvo, otorgar poder a tu mezcla o lanzar la magia. Funciona con una variedad de colores de velas que vibran mejor con tu intención. Tómate la libertad de agregar gemas trituradas, un sigilo de manifestación de la atracción, fotos de lo que deseas o tu propio garabato mágico.

Limpieza espiritual del aura

· · · · ·

romero, hisopo, salvia apiana, albahaca africana, citronela

Limpio el campo a mi alrededor y en mi interior de toda nega-
tividad.
Mi alma brilla con la luz blanca del bienestar.
Atraigo alegría, sabiduría, armonía y paz.
Sólo lo bueno permanece.

Ésta es una mezcla aromática brillante que se puede moler en polvo, usarla en muñecos, bolsas de conjuración o bolsas de baño, y es perfecta para limpiezas espirituales de todo tipo. Cuando uses la fórmula en bolsas, haz varias respiraciones para inhalar el encantador aroma, dejando que la dulzura viaje a través de todo tu cuerpo. Entona el ejercicio del mar de posibilidades y entra en sintonía con el campo para limpiar el cuerpo, la mente y el alma. Visualiza todo tu cuerpo lleno de luz blanca. Mueve esta luz para que rodee tu cuerpo a aproximadamente doce centímetros de profundidad. Activa de nuevo el mar de posibilidades. A continuación, desplaza la luz más lejos, a unos veinticinco centímetros de tu cuerpo, y activa el mar. Finalmente, desplaza la luz aproximadamente unos cuarenta centímetros de tu cuerpo, y activa el mar. Has limpiado el cuerpo físico y los tres cuerpos de energía que componen el núcleo de tu ser.

Durante este ejercicio, es posible que desees frotar las hierbas o el polvo en tus manos con un movimiento circular. Observa qué funciona mejor para ti: en el sentido de las agujas del reloj o en sentido contrario. También puedes usar este ejercicio con sal, frotando la sal en las palmas de las manos mientras expandes la burbuja de luz a tu alrededor de forma progresiva, como se ha indicado anteriormente. Da las gracias a la sal cuando termines y sacúdetela de las manos. Éste es un buen ejercicio para practicar todos los días, especialmente cuando te sientes desafiado, enfermo, preocupado, o simplemente necesitas un impulso. Si sospechas que alguien está enviándote energía negativa, hazlo tres veces al día.

También uso esta fórmula en un recipiente con agua fría. Una vez que la mezcla tenga poder, coloca las manos en el recipiente y, mientras cantas suavemente, libera la negatividad que puedas estar sintiendo en el agua. Puedes hacerlo para ti mismo o incorporar el proceso en una limpieza espiritual para otros. Una vez que la negatividad haya sido liberada, sécate las manos y luego llena tu cuerpo con sentimientos de alegría y felicidad. Es importante hacer un esfuerzo para cambiar tus sentimientos, como un tren que cambia de vía, ya que dejar un vacío sólo permite que la negatividad regrese rápidamente. Limpiar cristales en el agua proporciona un vehículo mágico muy poderoso.

Desterrar problemas

• • • • •

muérdago, raíz de orris, azufre, salvia, sal marina

Una forma de usar esta fórmula es coger un cuenco de metal grande, llenarlo con sal marina y agregar las otras hierbas. Escribe el problema en un trozo de papel, quémalo y añade las cenizas al cuenco de metal. Siéntate en silencio y remueve la mezcla con una piedra lisa que hayas encontrado en un paseo espiritual. Entona tu canto de destierro favorito mientras mueles la piedra en la mezcla de sal y hierbas. Permítete superar el problema. Cuando sientas ese momento de paz, ¡libéralo! Tira la mezcla a la basura; ya no te sirve.

Hay varias fórmulas de destierro en esta sección; sin embargo, puedes arrojar polvos de destierro por toneladas y el proceso no funcionará si te niegas a desterrar el problema o la persona que tienes en tu mente, además de eliminar las conexiones tanto físicas como energéticas que has construido previamente. Mientras los conductos estén abiertos el problema no desaparecerá por completo; eventualmente, el canal se ampliará y tendrás que lidiar con todo de nuevo. Con las enfermedades, en general suele ser un importante factor estresante que has internalizado. Si sólo curas los síntomas de la enfermedad, la raíz original, que se basa en una situación emocional que no has procesado de manera saludable, puede crecer de nuevo. Se necesita valor para retroceder en el tiempo, profundizar, y elegir meter la situación en el saco de la experiencia y avanzar. No te avergüences si necesitas ayuda profesional para hacer esto; la terapia está diseñada para ayudarte a superar lo que te oprime.

Cortar los lazos emocionales con el problema o la persona conduce a la curación y la libertad eventual. Mucha gente se traga el dolor y ese dolor se convierte en enfermedad. Libérate de la herida original y abandona las circunstancias donde sabes que recibiste un golpe. Eso fue entonces; esto es ahora. Es el momento de levantarse.

Debido a que las personas son criaturas de costumbres, es difícil hacer entender a alguien que «cortar lazos» significa exactamente eso. No te sientes en un círculo a hacer magia de destierro para un bravucón con el que estás lidiando si luego vas a seguir siendo amigo de dicha persona en las redes sociales, o vas a continuar frecuentando los lugares donde va, o vas a permitir que te llame o te envíe mensajes de texto. Esa persona se dio contra una pared; tú no. Desafortunadamente, a veces tenemos que dejar ir a buenas personas porque han hecho de su misión permitir individuos dañinos. Ésa no es tu decisión, no es tu problema.

¡Celebra la bondad de esa persona y sigue adelante! Cuando destierras a alguien, el universo no te toma en serio si sigues respondiendo sus mensajes o le acechas en privado en las redes sociales. Lo que se fue no volverá. Lo hecho, hecho está.

Entiendo que hay situaciones en las que te debes desenredar lentamente, buscar el equilibrio con acciones prácticas, terapia, enfoque mágico e hilos legales. En estos casos, deja ir lo que puedas de inmediato (como personas extrañas que hablan de tus asuntos o movimientos con la persona negativa), cambia tu patrón diario, realiza con frecuencia limpiezas espirituales, y demás. Sigue trabajando los cuatro poderes juntos: práctica, terapia, magia y legal. Finalmente, podrás desenredarte del problema para siempre.

Color de vela recomendado: blanco.

Desterrar enfermedades

• • • • •

sal marina, guijarros

El sistema Braucherei tiene una cantidad de cánticos decrecientes que sirven para desterrar enfermedades, deudas, circunstancias desafortunadas y mala voluntad, eliminar malos hábitos o personas de nuestras vidas, y para hacer dieta. El hechizo de Las nueve hermanas llorosas es especialmente útil para desterrar enfermedades, particularmente fiebres, tumores, enfermedades extrañas que parecen no tener diagnóstico o de naturaleza cancerosa, o un grupo de personas que se ha infiltrado en tu vida de una manera desagradable. El canto se puede usar de la manera habitual (nueve veces tres veces al día), añadirlo a una sesión de hipnoterapia, o bien como un trabajo en sí mismo.

Para el trabajo, selecciona nueve piedras, botones u otros objetos pequeños que hayas limpiado en sal marina. En este ejemplo usaremos piedras. No utilices monedas, ya que ello disminuirá tu riqueza. También deberías tener el nombre de la persona a la que estás tratando de ayudar escrito en una hoja de papel marrón nueve veces o una fotografía suya para colocarla en el centro de tu altar o área de trabajo. Con cuidado, coloca las nueve piedras en círculo, alrededor del papel. Puedes untar las piedras con un aceite mágico de destierro si así lo deseas.

Di el nombre de la persona en voz alta y formula tu petición antes de comenzar a cantar o susurrar.

Por ejemplo: «*¡Salve, ángeles de la guarda y anfitriones angelicales! Os invoco para otorgar una curación segura y natural a Amanda Jane Brubaker. Por favor, desterrad la enfermedad atrapada dentro de su cuerpo y eliminadla por completo. Del cuerpo de Amanda a las manos del Dios o de la Diosa, ¡así sea!*».

Es mejor realizar el trabajo en una luna menguante durante un período de nueve días. En la primera noche, desde el crepúsculo hasta la medianoche, coloca las nueve piedras donde no puedan ser alteradas y entona todo el conjuro nueve veces. En la novena repetición, quita una piedra. Lo ideal sería coger la piedra y tirarla en agua corriente fuera de tu propiedad. Si no puedes hacer esto, lava la piedra y devuélvela a la tierra lejos de tu propiedad.

En la noche siguiente, repite el conjuro comenzando en: «ocho hermanas llorosas…», nueve veces. La última vez que repitas el conjuro haz como antes, quita la octava piedra y tírala fuera de tu propiedad, en agua corriente.

Repite este procedimiento todas las noches, entonando el conjuro nueve veces pero sólo desde el número de piedras que te quedan: siete, luego seis, luego cinco, y demás, hasta que llegues a la última.

En la última noche, repite las últimas cuatro líneas nueve veces: «*Una hermana llorosa, sola se quedó, del barco saltó y como una piedra se hundió. Ninguna hermana llorosa espera junto al lago. ¡El mal se ha ido! ¡La paz ha llegado!*». Quita la última piedra. Vuelve a tu altar, coloca las manos sobre la imagen o el nombre de la persona, y repite las últimas dos líneas con convicción en tu voz: «*Ninguna hermana llorosa espera junto al lago. ¡El mal se ha ido! ¡La paz ha llegado!*». Después de recitar por última vez, sellarás este hechizo de una manera diferente. Grita: «*¡Así sea!*» y luego golpea el altar con la mano lo más fuerte que puedas sin romper nada.

Conjuro de las nueve hermanas llorosas

Nueve hermanas llorosas estaban junto a un lago,
una desapareció, y ocho quedaron.
Ocho hermanas llorosas miraban al cielo,

una desapareció, y siete permanecieron.
Siete hermanas llorosas rompieron ladrillos rojos,
una desapareció, y quedaron seis sin creer lo que veían sus ojos.
Seis hermanas llorosas corrieron por sus vidas.
Una desapareció, y quedaron cinco aturdidas.
Cinco hermanas llorosas salieron por la puerta.
Una desapareció, y quedaron cuatro boquiabiertas.
Cuatro hermanas llorosas salieron al mar.
Una desapareció, y quedaron tres nada más.
Tres hermanas llorosas quedaron de tripulación.
Una desapareció, quedaron dos en la embarcación.
Dos hermanas llorosas se asustaron del sol.
Una desapareció, y sólo una quedó.
Una hermana llorosa, sola se quedó.
Del barco saltó y como una piedra se hundió.
Ninguna hermana llorosa espera junto al lago.
¡El mal se ha ido! ¡La paz ha llegado!

Nota: Otra variante de este conjuro es escribir el problema en nueve trozos de papel y quemar uno cada noche.

Color de vela recomendado: blanco.

Fijación (desesperada)

En mis prácticas mágicas generalmente voy directa al destierro porque siento que la fijación sólo hace que el problema permanezca durante más tiempo. Sin embargo, puede haber circunstancias en las que sientas que es necesario fijar algo primero y luego desterrarlo. Mi trabajo en este libro no es discutir la moralidad de la magia; creo que al trabajar con las plantas y sus espíritus encontrarás tu propio camino hacia el nirvana.

Necesitarás:

- un papel con la foto de la persona o su nombre escrito nueve veces
- una patata (Saturno/tierra)
- resina de benzoína
- sal

233

- zumaque no venenoso
- una buena pala

Haz un corte en forma de cruz con los brazos iguales en la patata. Inserta el papel o una fotografía con el nombre de la persona en el centro de la cruz. Cava una pequeña zanja de al menos veinte centímetros de profundidad y vierte sal en ella. Pon el zumaque sobre la sal y coloca la patata sobre el zumaque. A continuación, cubre la patata con el zumaque, cubre el zumaque con sal y rellena la zanja. Vierte sal en la tierra. Con una cuchilla afilada, dibuja un círculo alrededor de la zanja; esta acción es para cortar todos los lazos entre la persona y tú. Dibuja el sigilo de Saturno en la sal y coloca una piedra pesada encima. Dale la espalda y aléjate sin mirar atrás. Ten en cuenta que este hechizo no funciona si alguien es inocente.

Bajo la zanja te quedas,
bajo la zanja este día,
bajo la zanja aislado,
bajo la zanja está tu destino,
bajo la zanja te quedas.
¿Saldrás alguna vez? ¡De ninguna manera!

Sólo como nota, en más de una ocasión he utilizado plantas vivas para fijar un problema. Tanto las ramas la *ipomoea alba* como de las campanillas funcionan particularmente bien. Escribe el problema en una hoja pequeña de papel y luego retuerce con cuidado las ramas alrededor del papel. Cuéntale a la planta tu problema y pide que te ayude en este asunto. Con el tiempo (alrededor de un mes o dos), las ramas cubrirán completamente el papel y continuarán enroscándose sobre el problema. Cuando se acabe el verano y llegue la primera helada del otoño, el problema habrá desaparecido para siempre.

Bebé bendecido/Fertilidad

· · · · ·

granos del paraíso, talco para bebés, harina de
maíz, sándalo, mandrágora, muérdago

Radiante belleza, salud y seguridad en el parto
Trae a mi bebé a esta tierra.
Rodéanos con amor resplandeciente
Y concédenos bendiciones desde arriba.

Diseñado tanto para la fertilidad como para un parto seguro. Añade los nombres de los padres (o futuros padres) en el polvo o la mezcla herbal. Utiliza la mezcla de hierbas para rellenar un muñeco blanco junto con un papel que tenga escrito: «Bebé y parto felices, sanos y seguros para la madre y el bebé». Cose el muñeco y dibuja en él tres runas Birca (ᛒ) con un rotulador permanente y colócalo debajo de la cama.

Cuando la mujer quede embarazada, retira el muñeco de debajo de la cama y colócalo en su propia silla en el dormitorio. Cuando llegue la hora de ir al hospital, haz que el muñeco acompañe a la futura madre como un amuleto de parto.

Nota: Si algo o alguien trata de sacar el muñeco de debajo de la cama antes de que la mujer quede embarazada, es una señal de que los padres no están de acuerdo o que hay una influencia externa que no está de acuerdo con el embarazo. Haz una limpieza espiritual completa de ambos padres y coloca el muñeco debajo de la cama. Asegúralo a la parte inferior de la cama si crees que alguna mascota tratará de llevárselo.

Color de vela recomendado: blanco.

Bendición

• • • • •

hierba santa, romero, rosa, lavanda, sal

De pies a cabeza, de corazón a mente
Limpio el campo con tres repiques.
¡Cada color es mi luz!
¡Cada color es mi vista!
¡Cada color llama a la alegría!
¡Rojo! ¡Naranja! ¡Amarillo! ¡Verde! ¡Azul! ¡Púrpura! ¡Blanco!
¡Camino en la belleza, la alegría y la luz!

Ésta es una dulce fórmula perfecta para bodas, ceremonias wiccanas y otros eventos sagrados. También la uso para combatir pesadillas y alentar el sueño reparador. Éste es un hechizo de color excelente que puede que quieras usar para una variedad de meditaciones y trabajos para conseguir la felicidad familiar o personal. Ya sea como un simple hechizo o un ritual completo, la esencia vibratoria de las palabras y las hierbas está llena de alegría y deleite.

Color de vela recomendado: blanco o todos los colores enumerados en el canto.

Bloqueo

• • • • •

sal, romero, semillas de calabaza, poleo, hiedra

¡El Dios/La Diosa se interpone entre tú y yo!

Mantén las manos y los brazos en un movimiento de bloqueo cruzado con la cabeza vuelta hacia un lado (para no acabar con una nariz astral ensangrentada), luego vuélvete y arroja parte del polvo delante de ti. Gira a la derecha y haz lo mismo, luego gira a la derecha una y otra vez, dando la vuelta al círculo completo, mientras entonas el conjuro anterior. ¡Sé sincero mientras lo dices!

Felicidad de la familia de azulejos

• • • • •

espino amarillo, diente de león, salvia, cardo, cáscaras
de girasol, celidonia, plumas blancas, polvo azul

Ciervos y leones, salvia y flores;
aves de felicidad a cada hora;
vilanos y amor mezclados;
siempre bendiciones desde arriba.

La felicidad de la familia de azulejos es una fórmula para deseos en general, así como una mezcla para la felicidad familiar. En este trabajo participa tu creatividad artística. Dibuja o usa fotografías de azulejos pegados en un sobre blanco o dorado. Este sobre debe ser lo suficientemente grande como para contener una foto familiar. También puedes agregar representaciones de azulejos en el altar de tu familia. A cada hora del día (desde el amanecer hasta el anochecer), entona el canto anterior tres veces. Termina tocando una campana dulce tres veces y rociando el polvo mágico sobre una imagen de tu familia. Al anochecer saca el polvo afuera y dispérsalo. Sella la fotografía en un sobre dorado decorado con azulejos. Si estás pasando por un momento particularmente malo, usa tu herramienta de adivinación para determinar si deberías hacer el trabajo durante tres días. Si se requiere más de un día, ajusta el trabajo para que coincida con tu horario.

Color de vela recomendado: azul claro o azul vibrante.

Otra mezcla similar es la fórmula del hogar feliz, hecha de borraja, semillas de pepino, albahaca y tomillo; el color de vela recomendado es el blanco o el dorado.

Curación del componedor

• • • • •

romero, incienso, cincoenrama, agrimonia, sello
de oro, jengibre, copal, muérdago

El Señor de los Cinco Puntos cabalgó a las cuatro esquinas,
mientras que el Círculo de Ella declara lo que será.
Médula a médula; hueso a hueso; articulación a articulación.
Tendón a tendón; sangre a sangre; vena a vena.
Cabello a cabello; miembro a miembro; piel a piel.
¡El poder de uno ahora quedará enredado.[1]

Ésta es una maravillosa mezcla curativa que puede que prefieras usar como mezcla herbal en lugar de polvo, ya que el hueso es difícil de moler. Su propósito es ayudar en la curación de heridas, huesos, carne, articulaciones, etc. Es una mezcla espléndida y un canto para usar todos los días después de una cirugía o una lesión. Para utilizar el canto, añade la mezcla de hierbas a una bolsa de conjuración junto con una fotografía o el nombre de la persona que necesita la curación. Cada

---

1. Adaptado de Storms: *Anglo-Saxon Magic.*

día, di el nombre de la persona en voz alta tres veces, luego comienza a frotar la bolsa de conjuración mientras entonas el canto al menos tres veces (nueve si la situación es grave).

Color de vela recomendado: blanco o rosa (el rosa representa la carne interior sana).

Ajustar cuentas con el jefe
PARA ELIMINAR EL MAL EN EL LUGAR DE TRABAJO

• • • • •

pimientos picantes, cáscara de naranja, sándalo, pachulí, tabaco, almizcle, el nombre de tu jefe, tarjeta de visita con el nombre de la empresa; si el jefe miente sobre ti, agrega dragón

Dirijo la luz hacia su cara
para mostrar al mundo la cruel deshonra.
Crueldad, odio, boca putrefacta.
¡Date la vuelta y corre; el mal se detiene!
De adentro hacia afuera, no hay lugar para descansar.
La rueda de la fortuna gira hacia el oeste
Donde el agua fluye y tú despareces
Dejando la paz; ¡Así lo hago!

Quema juntos el nombre de tu jefe y la tarjeta de la empresa. Remueve las cenizas y mézclalas con el polvo. Otorga poder con el cántico anterior (recítalo nueve veces durante tres días) en luna menguante. Espolvorea el polvo donde sepas que tu jefe lo pisará.

Para un poder mayor y una mejor conexión, coge tierra sobre la que la persona haya caminado inmediatamente después de que haya abandonado la zona. Agrega esa tierra al polvo o al vehículo del hechizo.

Color de vela recomendado: rojo.

Protección con polvo de ladrillo

• • • • •

polvo de ladrillo, resina de sangre de drago

Este polvo es ideal para esparcirlo en el umbral de una puerta o el alféizar de una ventana; como es rojo, nadie puede verlo. Un trabajo comienza abriendo todas las puertas y ventanas de tu vivienda. Con una vela blanca y agua salada bendecida, camina alrededor de la casa con la vela en la mano derecha y el agua en la izquierda. Se cree que la vela asusta la negatividad y la lleva hacia el agua, donde se disolverá. Entona el siguiente canto mientras caminas por toda la vivienda:

Te expulso, oscuridad, por uno, dos y tres.
La luz es todo lo que existirá dentro de mí,
Desde el desván hasta el sótano y todo lo que hay en medio.
Los buenos pensamientos y el gran amor aparecerán.

Termina fuera de la vivienda, tirando el agua lejos de tu propiedad. Deja que la vela blanca encendida continúe ardiendo en el centro del hogar. Coloca el polvo de ladrillo en el exterior de todas las entradas de la casa para que ningún mal pueda volver a entrar.

Color de vela recomendado: blanco o rojo, dependiendo del trabajo; el rojo se considera un color de batalla y algunos practicantes lo utilizan cuando sienten que el oponente es fuerte y necesitan la vitalidad del color para ser «sacrificarlo».

Creatividad de Brígida y curación del fuego

• • • • •

diente de león, salvia, calabaza, manzanilla, pétalos
y flores de violeta, hojas de glicinia

Del fuego de la inspiración a la mano de la curación suave.
Del pozo de la buena salud que fluye a la forja de la mente en
llamas.
La bendita Brígida sabe lo que es necesario y su poder ahora es
mío.

El arquetipo de Brígida como sanadora exaltada es uno de los más complejos de las deidades celtas y una figura dominante en la mitología irlandesa. Es la diosa de la inspiración, la curación, la vitalidad interna, la sabiduría, la habilidad, la fuerza, la justicia divina, el conocimiento, el hogar, la poesía, las palabras, la costura, la compasión y la creatividad. Algunos creen que gobierna los cuatro elementos y es capaz de ejercer su poder combinado. Ella es la flecha en llamas en la oscuridad de la noche. Es conocida por varios nombres: Brighid, Bridey, Bride, Briggidda, entre otros, y ha viajado desde raíces paganas y ha logrado mantenerse fuerte en el cristianismo, un camino bloqueado por muchos dioses y diosas antiguos. En la tradición cristiana, Brígida era la partera de María y estuvo presente en el nacimiento de Jesús. Los colores de Brígida son el blanco, el negro y el rojo. Nacida de una forma de diosa triple, es la patrona de los derechos de las mujeres y la seguridad de los niños.

Brígida es una diosa tan famosa y favorecida por tantos practicantes de magia, tanto en sus formas paganas como cristianas, que creé una fórmula basada en la investigación de ofrendas y aromas comunes que se le daban. En santería, los *orishas* (deidades de las religiones de Yoruba en el oeste de África) están asociados con santos católicos, entre los que está incluida Brígida. En la religión de la diáspora africana del vudú está representada con el lwa (espíritu) Maman Brigitte.[2]

Color de vela recomendado: blanco, rojo y negro.

Buda sonríe a la buena fortuna

• • • • •

menta, bergamota, cáscara de naranja, hojas de bambú, oro o escamas de metal plateado, la moneda más grande de tu país

Buda sonríe,
la buena fortuna canta
bendiciendo la vida
con alas enjoyadas.
Decir que estás agradecido es la clave
para la risa, la alegría y la armonía.

---

2. Si te interesa obtener más información sobre Brígida, consulta este excelente artículo escrito por Winter Cymres: www.druidry.org/library/gods-goddeses/brigid-survival-goddess. En este sitio web también encontrarás muchos otros artículos informativos sobre varias deidades y magia.

Rico por dentro, rico alrededor.
¡Rico antes de que se ponga el sol!

Crea la mezcla y otorga poder a la moneda más grande de tu país en una luna nueva. Escupe en la moneda. Coloca la mezcla y la moneda en una bolsa para la prosperidad de tu elección (rojo, blanco, dorado o verde), además de una cerilla encendida, que habrás apagado rápidamente dentro de la bolsa. La cerilla es el catalizador para activar la fórmula. Respira en la bolsa tres veces con un sentimiento de alegría. Durante el primer amanecer de la luna nueva, sal afuera, sujeta la bolsa en dirección a la luna nueva y repite el cántico anterior tres veces.

Cernunnos

• • • • •

pino, muérdago, asperilla, hojas de roble

Te invoco, gran Cernunnos, maestro del bosque,
señor de las cosas salvajes, Padre Herne, Dios Encapuchado,
concédeme sabiduría, alegría, buena fortuna, protección y paz.
Me fusiono en los brazos de la naturaleza.

Cernunnos es el nombre más utilizado en los estudios celtas sobre el dios del bosque, el dios cornudo. Muchas veces los cuernos se representan como astas. A veces se lo conoce como Herne el Cazador, el Señor Oscuro o el Dios Encapuchado, dependiendo de la rama de estudio. No está de ninguna manera relacionado con Satanás, ya que esa imagen es una construcción cristiana y no está asociada con el politeísmo celta. Muchas veces se le representa con las piernas cruzadas rodeado de animales. Él es la conciencia de la energía activa de la naturaleza y, por lo tanto, impregna todas las cosas. La sexualidad, la fertilidad, la caza y la supervivencia son conceptos de Cernunnos.

Color de vela recomendado: verde.

Limpieza de la casa/Tareas del hogar semanales

· · · · ·

cáscara de limón, sándalo, hierba luisa, hisopo, romero,
albahaca, tomillo, bálsamo de limón, cáscara de naranja

De los cimientos al tejado
limpio el campo de toda negatividad.
Alegría, risa y felicidad;
de ahora en adelante serán mi beneficio.

Ésta es una fórmula general de limpieza de la casa que se puede usar como un polvo, mezcla herbal, o añadirlo a un cubo de agua para limpiar el suelo.

Color de vela recomendado: blanco.

Confusión

CONFUNDIR AL ENEMIGO O A ALGUIEN QUE TRATA DE HACERTE DAÑO

· · · · ·

lavanda, semilla de amapola negra, arándanos triturados,
galangal, perejil, tomillo, cuerda anudada quemada, hojas de
zarzamora, semilla de mostaza negra, el sigilo de Neptuno

Tu visión está nublada, tu mente confundida.
Vayas donde vayas para dañar o abusar.
Pensamientos y hechos de dolor.
Date la vuelta rápidamente, no tienes ventaja.
Que el girador se gire, que el retorcedor se retuerza.
¡El mal que tejiste ahora quedará eliminado!

Es mejor lanzar el hechizo a las tres de la mañana bajo la oscuridad de la luna. Pon a hervir todos los ingredientes en agua que sólo cubra el fondo del cazo junto con el nombre de la persona o del negocio (en caso de que te haya atacado). Di todo el conjuro tres veces, luego repite la primera línea hasta que el agua se evapore. Tira el papel y las hierbas secas a la basura.

Color de vela recomendado: gris.

Proceso judicial
VICTORIA LEGAL

• • • • •

sasafrás, raíz de John (venenosa), cáscara sagrada, orégano,
galangal, espino amarillo, azúcar moreno, una gota de miel

Tres espíritus vinieron del este:
La verdad, la justicia y la victoria.
El primero le ató,
el segundo le amordazó,
el tercero le arrastró.
¡Soy el ganador este fatídico día!

Ajusta las palabras para añadir el nombre de la persona contra la que estás luchando (si hay una) y el lugar. Por ejemplo, puede ser una audiencia, el tribunal, una mediación… Es importante usar el título correcto para que coincida con las circunstancias. La parte más irritante de los casos judiciales y disparates legales es la cantidad de tiempo y energía que consumen.

En Braucherei se cree que las enfermedades y los problemas son patrones de energía en sí mismos, alimentados por el pensamiento de la mente humana. Considera tal cosa como una entidad no pensante que necesita estar privada de energía.

Color de vela recomendado: marrón, naranja y dorado.

Ganar en el juzgado
PARA DEMANDAS JUDICIALES Y LEGALES

• • • • •

suciedad de los escalones del juzgado donde se escuchará el caso,
raíz de John (venenosa), asafétida, hierba del diablo, celidonia, galangal

Escalones del palacio de Justicia, uno, dos, tres.
¡Saltando sobre el mal, yo gano mi victoria!

Recomiendo mantener la raíz de John entera y elaborar el polvo con los ingredientes restantes. Coloca en una bolsa de conjuración roja un símbolo de victoria de tu elección. Si la otra parte miente acerca de ti, agrega dragón y una piedra ojo de tigre.

Corona del éxito

• • • • •

incienso, vainilla, sándalo, pachulí, raíz de orris,
esencia de grano menudo y mirra; arena dorada, magnetitas.
También se pueden agregar escamas de oro y purpurina dorada.

Tres espíritus vinieron del este,
Trayendo el campo del éxito.
El primero lo abrió,
El segundo lo conectó,
El tercero lo manifestó en voz baja.

La corona del éxito es una fórmula a la que recurrir para los negocios, la creatividad y los logros profesionales.
Color de vela recomendado: dorado o amarillo.

Reducción y recuperación de deudas

• • • • •

incienso, semillas de calabaza, lavanda, guisante, escamas
de oro o purpurina dorada, trozos de papel moneda

Respiro profundo y veo la belleza de todas las cosas.
Respiro profundo y veo la belleza de todas las cosas.
Respiro profundo y veo la belleza de todas las cosas.
Respiro profundo y pongo mi mente en el camino de la alegría.
Respiro profundo y me levanto de lo que fue destruido.
¡Respiro hondo y me doy cuenta del nuevo camino de la alegría!
En armonía accedo a la recuperación que necesito.
Fluyendo siembro la semilla de la estabilidad.
¡Me levanto! ¡Y sé que el universo proveerá!

Envuelve una hoja grande de arce. El primer conjuro debe decirse todas las mañanas tan cerca del amanecer como sea posible.

Un método antiguo para garantizar la entrada de comida en el hogar cuando existen problemas económicos es moler guisantes y judías secas, dándoles poder para la abundancia de alimentos para tu familia. Espolvorea en polvo sobre un trozo de pan y entrégalo a la naturaleza. Igual que los animales se sienten atraídos por el pan, así la comida será llevada al hogar. Cada año mi familia llena un pequeño tarro con una selección de judías y guisantes secos, una magnetita, y una petición para que los gnomos de la tierra traigan buena fortuna y comida al hogar. Cubrimos los frascos, decoramos las tapas y los colocamos cerca de la puerta de entrada encima de un trípode de metal empoderado (para ayudar a mantener la carga) para dar la bienvenida a la buena fortuna a la familia. Al final del año, el frasco se vacía, se lava y se vuelve a llenar. Para nosotros, ésta suele ser una actividad del día de Año Nuevo.

Color de vela recomendado: verde o dorado.

Descruzar con huesos

· · · · ·

rosa, pétalos de clavel, clavo de olor, laurel, trébol, mirra, pachulí,
hierba luisa, jengibre, pimienta de Jamaica, cáscara de naranja,
tres gotas de ron blanco, huesos de pollo, una bolsa de papel

Excavo hasta la raíz y arrojo el mal a un lado.
La cruz que llevé ya no permanece.
Yo expulso el dolor, el mal, el conflicto.
¡Huesos, desterradlos de toda mi vida!

Conserva los huesos de pollo enteros (los de la cena sirven; tan sólo lávalos para que no estén pegajosos, colócalos en agua salada durante al menos una hora y luego déjalos secar). Mezcla el polvo (los ingredientes triturados) en una bolsa con los huesos. Agita la bolsa mientras entonas el canto nueve veces. Al final, abre la bolsa y esparce el contenido y la bolsa en la basura.

Color de vela recomendado: blanco.

Trampa del diablo

• • • • •

incienso, mirra, hierba del diablo, sándalo, trébol, cáscara
de huevo, una gota de aceite esencial de vetiver

Mal, vete; no vuelvas.
Como una polilla en una llama, entra en esta trampa.
Diablo, vete; no vuelvas.
¡La puerta se cierra de golpe; disuélvete de inmediato!

Sigilo de la trampa del diablo

Dibuja el sigilo de la trampa del diablo en un espejo o en la tapa de
un frasco lleno de incienso y vinagre colocada sobre un espejo. Este
símbolo se usa para atrapar y destruir la energía negativa. Espolvorea el
polvo sobre el sigilo o agrega las hierbas en polvo a la mezcla de vinagre
e incienso. También puedes añadir purpurina plateada. Quema una
vela blanca junto al sigilo durante siete días o siete velas durante siete
días. Tira todo a la basura el séptimo día, incluso los restos de vela fríos.
Color de vela recomendado: blanco.

Disipar la ira contra ti/Detener el chismorreo

• • • • •

lobelia, olmo americano, salicaria, persicaria pensilvánica, dragón,
galangal, raíz de John (venenosa), semilla de calabaza, sal

El fuego retrocede, el vapor disminuye.
Tus rabietas mueren, cierro la puerta.
Te dejo salir, y te vas.
Tus palabras de odio ya no crecen.
El fuego retrocede, el vapor disminuye.
Tu propia mala voluntad será tu destino.

Escribe el conjuro en papel higiénico junto con el nombre de la persona (si lo sabes). Coloca el polvo en el centro del papel higiénico y haz una bola con el papel. Sostenlo con fuerza en tu mano derecha. Repite el nombre de la persona tres veces, haciendo la conexión de la persona con tus palabras. Si no sabes el nombre de la persona, simplemente di: «Tú que me has atacado» o palabras similares que vayan bien en esta circunstancia. Sé conciso. Di el conjuro tres veces con gran placer, luego tira el papel en el inodoro y ¡tira de la cadena!
Color de vela recomendado: rojo.

Avispa, envíalo de vuelta

· · · · ·

eucalipto, ruda, ortigas, sándalo, col de mofeta,
pimientos rojos. También se puede añadir polvo de
piel seca de serpiente (mudada de forma segura)

Cualquier hechizo que hayas lanzado
Se agrieta, se desmorona y te muerde.
La voluntad rota es todo lo que sientes.
Tus hechos sucios ahora son revelados,
Dejándome limpio y libre
Como yo deseo, ¡así será!

Es habitual usar pedazos rotos de un nido de avispas, particularmente si alguien está tratando de atraparte, ya que el alimento principal de una avispa es la araña.
Color de vela recomendado: rojo o rojo y negro si se ha cometido un crimen contra ti (asesinato de un ser querido, violación, malversación, robo de propiedad). La palabra *hechizo* en la primera línea se

puede cambiar para adaptarse a las circunstancias: cualquier mentira, cualquier acción, y demás…

Sueños y visiones

• • • • •

gaulteria, gardenia, rosa, canela, hierbabuena, anís, laurel, semilla de apio, damiana, lavanda, cártamo, mirra, verbena, eufrasia

Pueda yo ver la conexión de todas las cosas;
Mi mente el vuelo de la libélula,
Abrazando la verdad de la luz,
Comprendiendo mis sueños y mis visiones.

Ésta es una bonita mezcla para colocar en una bolsa de conjuración de color lavanda con la imagen de una libélula, una piedra lunar y una piedra ojo de tigre. Úntala con aceite esencial de lavanda aromática y cuélgala en el cabecero de la cama para tener dulces sueños adivinatorios.

Color de vela recomendado: blanco o lavanda.

Huevo del dinero/Creatividad

• • • • •

avena, leche en polvo, sasafrás, pimienta inglesa, nuez moscada, canela, azúcar sin refinar, cáscara de huevo

Activo el campo a mi alrededor y en mi interior
Para mejorar mis dones de creatividad.
El talento despierta, la energía fluye.
¡Grandes son las ganancias mientras mi producción crece!

Ésta es una gran fórmula para un jabón ritual que se utilizará antes de cualquier proceso creativo con el que esperas obtener dinero. También se puede utilizar en una bolsa de conjuración púrpura junto con tu propósito de creatividad divina. Rodéalo de velas de color púrpura o dorado que quemarás mientras trabajes.

Color de vela recomendado: violeta, dorado, blanco, rojo, marfil.

Fuera lo malo

· · · · ·

pimientos rojos picantes, incienso, salvia apiana,
sándalo, cáscara de huevo, muérdago, jengibre

Mal, vete; no regreses.
¡El caballo se ha escapado y los puentes se han quemado!

Tengo dos fórmulas diferentes que utilizo para este trabajo; ambas han funcionado siempre igual de bien. Si estás tratando de hacer que el mal abandone un lugar, añade un cucharadita de tierra de ese lugar; de esa manera, no tienes que estar en esa ubicación cuando lances el hechizo, ya que has establecido una conexión y estás manteniendo tu trabajo «sobre la superficie». Las mascotas o niños descalzos no deberían caminar sobre esta fórmula. El hechizo también funciona muy bien cuando se usa vinagre de los cuatro ladrones. El canto siempre se entona nueve veces.

Color de vela recomendado: rojo.

Exorcismo (General)

· · · · ·

clavo de olor, verbena de limón, laurel, marrubio, sal negra, tierra de un
lugar sagrado (de un verdadero lugar sagrado, no de uno que dice serlo)

Te echo fuera con luz y aliento.
¡Nada maligno permanecerá!

Muele juntos los ingredientes y dispérsalos sobre un área determinada o en el paso que conduce a un hogar o establecimiento. Si es dentro de una casa, apoya el trabajo con agua bendita, el sonido de campanillas, tambores o sonajeros, además de una vela blanca encendida.

Color de vela recomendado: blanco (aunque algunos practicantes usan una negra seguida de una blanca).

Exorcismo («*Tienes que irte*»)

· · · · ·

sangre de drago, incienso, angélica, clavo, poleo, salvia
apiana, flores o aceite esencial de lila (si no encuentras lila
la puedes sustituir por lavanda), una taza de sal marina

Agrega la mezcla de hierbas en polvo a la sal de mar y mezcla bien. Dibuja un sigilo de destierro de tu elección en la mezcla. Si lo deseas, añade otros sigilos que coincidan con el propósito de tu hechizo. Si se trata de una persona negativa, coloca su imagen en un recipiente de metal y cúbrela con la sal marina y la mezcla de hierbas. Comienza a pasar los dedos o un palo de mortero firmemente por el tazón, presionando la mezcla de hierbas en la cara de la fotografía con un movimiento circular. Conéctate con el poder de las hierbas, fusionándote con tu propósito de destierro. Este proceso es para cortar energéticamente los conductos entre la persona negativa y tú. El hechizo no está destinado a hacer daño, sino a recuperar el control de tu propia energía y bloquear todas las avenidas de conexión.

Color de vela recomendado: blanco o negro.

Conjuro del hada

· · · · ·

arrayán, muérdago, aspérula, leche en polvo, musgo de
roble, azúcar blanco, símbolo del heptagrama

Un susurro mágico la naturaleza oye.
Tú haces el vínculo con palabras claras.
Mantén tu promesa, eres una.
¡La magia de Fey está hecha!

Símbolo del heptagrama

Dibuja el sigilo en la tierra en el exterior con un palo que hayas encontrado (no cortado) en el bosque. Espolvorea el polvo al atardecer para llamar a las hadas; añade purpurina a la mezcla si así lo deseas. Recuerda dejar una ofrenda una vez que hayas susurrado tu petición.

Color de vela recomendado: lavanda o verde claro.

Protección familiar

• • • • •

hojas de violeta africana, clavo, laurel, cincoenrama, sangre de drago

Protección familiar,
Unidad divina.
Nada y nadie
Puede dañarme a mí ni a los míos.

Ésta es una buena fórmula para hacer en polvo y cargar la base de una vela azul oscuro colocada encima de una fotografía familiar. Si haces tus propias velas, puedes fabricar siete o nueve velas del color protector que desees y luego cargar con el polvo mágico de protección de la familia la parte inferior de la vela. Salpica la base de cada vela con tu aceite mágico o condensador fluido preferido. Quémalas durante la misma cantidad de días como número de velas, tan cerca de la misma hora como sea posible. Recita el conjuro de arriba tres veces al día.

Color de vela recomendado: azul o rojo.

Dinero rápido

• • • • •

semillas secas de pepino, menta con chocolate,
cedro, pétalos de caléndula, cáscara de mandarina,
bergamota, manzanilla, granos del paraíso

Llamo tres veces y abro la puerta.
¡Bienvenida buena fortuna, dinero rápido, y más!

Envuelve la mezcla en una hoja grande de sasafrás o de calabaza, o esparce el polvo en la puerta de tu casa. Repite la primera línea una vez y llama a tu puerta desde el exterior. Abre la puerta y repite la segunda línea nueve veces.

Muro de protección ardiente

• • • • •

sangre de drago, incienso, mirra, sal

Bailar, soñar la escena ardiente.
Las llamas se convierten en una pantalla sagrada,
El círculo de protección, firme.
Desde dentro rechazo el mal.
Lenguas lamedoras de chispas y luz
Quemarán a mis enemigos día y noche.

Esta combinación de fórmula y conjuro se suele utilizar para rodear una fotografía o el nombre de una persona que necesita energías protectoras. También puedes elegir una vela astrológica (basada en su fecha de nacimiento) para representar a la persona como el centro del trabajo.

Motivación explosiva o triunfo

• • • • •

canela, yohimbe, sangre de drago, jengibre, macis, pimientos picantes

¡Levántate, oh, salamandra sagrada;
Te conjuro para cumplir mi mandato!

¡Criatura de fuego, cumple mi voluntad y mi deseo!

Este polvo es ideal para usarlo cuando se trabaja con todo tipo de magia de fuego como velas, calderos, hogueras... Espolvorea un poco del polvo en la llama y luego continúa con el resto de tu trabajo.

Rompemiedos de los cinco ríos

• • • • •

pétalos de rosa, hierba de San Juan, marrubio,
flores de milenrama, ylang ylang

Cinco ríos de poder fluyen a través de mi vida,
Llevándose el miedo y la contienda.
El aire fluye, el fuego fluye, el agua fluye, la tierra fluye.
¡El Espíritu fluye, yo crezco!
¡Sustituyendo mi miedo con coraje y luz!

Añade tres gotas de condensador fluido universal. Esparce este polvo en un arroyo o río que fluya libremente mientras recitas el hechizo cinco veces. Date la vuelta y aléjate sin mirar atrás.

Si estás en casa, quema una vela azul y agrega el polvo a un vaso de agua. A medida que repites el hechizo, vierte el agua en un segundo vaso vacío. Continúa vertiendo el agua de un vaso a otro hasta que hayas repetido el canto cinco veces. Lleva el agua afuera y viértela en el suelo, pidiendo que los espíritus de la tierra y el agua se combinen para traerte paz y liberación.

Perdón

• • • • •

salvia apiana, romero, azúcar, sal

El perdón de uno mismo es el patrón más complicado de todos. Este polvo se usa para resolver cuestiones de culpa, carencia y remordimiento, y es una fórmula excelente para usarla en meditación, hechizos y rituales de liberación. Frota el polvo en tus manos mientras dejas ir el dolor, la infelicidad, los miedos, y demás. Mientras sacudes el polvo de tus manos, tal vez desees decir: «Espíritus de aire, libero todo lo que me hace daño, me bloquea o se interpone en el camino de mi curación. Doy la bienvenida a la felicidad y la armonía a mi vida».

Prosperidad de las cuatro diosas

· · · · ·

pimienta inglesa, pachulí, menta, galangal, jengibre,
sasafrás, verbena azul, musgo, raíz de romaza, almizcle

Victoria sonríe en mi destino;
Concordia lo trae a mi puerta;
Libertad me libera de la tensión financiera;
Abundancia bendice las ganancias monetarias.
Dentro y fuera, arriba y abajo
¡Como lo deseo, así será!

Diseñé esta fórmula después de leer *Financial Sorcery: Magical Strategies to Create Real and Lasting Wealth* de Jason Miller. Es un maravilloso libro sobre la prosperidad con información mágica y práctica. Con este trabajo estás accediendo a las cuatro diosas romanas de la ganancia y la abundancia. Yo uso cuatro velas (verde, dorado, azul y rojo) y coloco la fórmula en el centro del trabajo. Los colores están asociados con los cuatro elementos; puedes elegir otros colores para las representaciones si lo deseas.

Gede (conjurar a los muertos)

· · · · ·

mirra, muérdago, ajenjo, lavanda, tierra de siete cementerios,
ofrenda de ron blanco, café y agua en vasos separados

Espíritu de lo Divino,
El lugar del centro,
El vórtice de la encrucijada.
Yo llamo a los muertos honrados
Pidiendo su asistencia;
Empoderad mis acciones con vuestra ayuda.

Añade una gota de cada líquido al polvo. Éste es un polvo invocador usado para invocar a los muertos. Debes usarlo con cuidado y sabiduría. Nota: el ajenjo es venenoso; no lo inhales. Sin embargo; aquí te doy el ingrediente ya que es tradicional, especialmente si vas a usar muñecos o a hacer amuletos que usen las energías de los muertos.

Color de vela recomendado: púrpura y blanco.

Diosa Cafeína

• • • • •

café molido, pimienta inglesa, cacao, jengibre, condensador fluido universal (o puedes crear un condensador fluido que se corresponda)

Yo gano mi elección este mismo día.
¡Todos retroceden, yo me salgo con la mía!

Una gran fórmula para usar para la acción, la motivación, el coraje, mejorar la memoria, el movimiento, desterrar pesadillas, proteger a la familia, la casa y la propiedad, y para curar. Regida por el planeta Marte, es una fórmula supermotivacional y se puede usar sola o en combinación con otros hechizos.

Buenos espíritus

• • • • •

mirra, pimienta inglesa, rosa, malvavisco, sándalo

Paz con los dioses.
Paz con la naturaleza.
Paz en el interior.
¡Sólo lo bueno permanece!

Esta fórmula está diseñada para trabajar con los muertos honrados y se esparce en el suelo o en el altar cada vez que llames a las energías del más allá. Es una mezcla estupenda para Halloween, Samhain y el Día de todos los Santos.

Color de vela recomendado: blanco.

El especial de la abuelita Silver
FÓRMULA PARA LA ACCIÓN Y LA BUENA FORTUNA

• • • • •

café, canela, pimienta inglesa, nuez moscada,
vainilla, jengibre, cáscara de naranja

Esta mezcla se puede usar para una variedad de propósitos. Primero combina la mezcla para hacer velas sucias y luego añade agua caliente para manchar muñecos y otros proyectos, incluyendo mi portavelas rúnico. Puedes guardar el líquido en el frigorífico durante varios meses. Simplemente vierte agua muy caliente en un frasco y agrega tanta cantidad de mezcla como desees. ¡Cuanta más mezcla, más oscuro será el mejunje!

También la he usado en muñecos, la he cargado en velas y la he añadido a bolsas de conjuración, paquetes místicos, y usé la forma líquida para untar velas, talismanes y… bueno, ¡todo lo que se te ocurra!

Ésta es una fórmula de *acción*. Todos los ingredientes son secos, excepto el extracto de vainilla (con tres gotas es suficiente, o nueve para una cantidad grande).

La fórmula es considerablemente inflamable, y funciona muy bien con velas doradas, rojas, naranjas o amarillas. Es multiuso, se puede usar para la suerte, el amor, el dinero, la buena fortuna, el éxito, el movimiento y el destierro (especialmente si añades pimientos picantes). Incluso puedes dibujar runas con la mezcla. Puedes agregar otros ingredientes para satisfacer tus necesidades: por ejemplo, tierra de cementerio para la protección o desterrar; lavanda, menta o cincoenrama para más dinero; y demás. Se puede añadir tierra de un negocio próspero si buscas expandir tus ingresos o encontrar trabajo.

Una vez que tengas todos tus ingredientes, realiza una ceremonia para potenciar la mezcla. No te olvides de sellar tu trabajo. Y sí, adquiere más poder si la entierras durante tres días en la tierra. Guarda tu mezcla seca en un recipiente hermético (una lata de café te puede ir muy bien). Yo marco claramente la mía escribiendo «Especial de la abuelita Silver» en la parte superior con marcador negro ¡para que nadie la ponga en la cafetera por error!

Alivio de la pena

• • • • •

manzanilla, bergamota, cedro, canela, incienso,
celidonia, vetiver, mejorana, tilo, piel de limón, lavanda,
condensador fluido de onagra o hierba de onagra

El dolor y la tristeza se escabullen;
Me encomiendo a un nuevo día
En el que la alegría y la luz reemplazan a la oscuridad
Y la paz y la felicidad están en mi corazón.

Entre los síntomas de la pena se incluyen la conmoción, la tristeza, la culpa, la ira o el miedo. Los síntomas físicos son fatiga, náuseas, fluctuación de peso, dolores e insomnio. En casos complejos lo síntomas pueden ser anhelo intenso, imágenes intrusivas, búsqueda de los difuntos, ira extrema, sentir que la vida no tiene sentido, evitar cosas que recuerden a la pérdida, culpa intensa, sentimientos de indignidad, imaginar que un ser querido todavía está vivo, habla o funciones corporales lentas y pensamientos de suicidio. Si estás experimentando alguno de estos síntomas, por favor, tómate el tiempo para ver a un terapeuta.

Planificar el éxito

• • • • •

pimienta inglesa, sangre de drago, jengibre, canela, arcilla roja

Planifico ganar el día,
El movimiento avanza como digo.
Poco a poco y paso a paso,
¡Caminando hacia el objetivo!

Forma una pieza circular plana con la arcilla roja. Escribe con un lápiz en la arcilla lo que deseas desterrar y déjala secar. Desmenuza la arcilla en las hierbas en polvo y mézclalo bien. También puedes usar la bandeja de agua de una maceta de arcilla, dibujar tu diseño con rotulador rojo permanente y luego rompe la bandeja y conviértela en polvo. Usa sonidos repetitivos, como golpear una olla con un palo o un ladrillo con un martillo, mientras recitas el canto. Asegúrate de anunciar verbalmente un intento sucinto antes de usar el hechizo.

Luz curativa

• • • • •

romero, bergamota, salvia apiana, albahaca, aerosol con
hierba de verbena de limón y agua o una bolsa de conjuración
empapada en una mezcla de zumo de limón y agua bendita

Pongo el amor del universo sobre ti.
Déjate levantar de las tinieblas y que la felicidad sea tu nombre.
Durante el día estás en plenitud y por la noche estás libre de dolor.
¡La alegría del Espíritu te rodea y la curación es tu logro!

Sigilo caduceo de curación

Tanto esta fórmula como la del toque del curandero (*véase* más adelante) son excelentes mezclas herbales para bolsas de conjuración, muñecos o paquetes curativos para llevar al hospital o colocarlo en la habitación de un enfermo. La lavanda también se puede agregar a cualquiera de las fórmulas junto con el sigilo de curación especialmente diseñado que he proporcionado anteriormente. Escribe el nombre de la persona en la parte posterior del símbolo nueve veces cubierto y encima las palabras «sanación es integridad» también nueve veces.

Curar la pérdida de dinero o una propiedad robada
USA CUANDO EXPERIMENTES
DIFICULTADES FINANCIERAS

Menta, sasafrás
Lúcido y curado
Propiedad/dinero recuperado
El éxito y la prosperidad
Son míos de nuevo.
El mal sale
Mientras entra la buena suerte.
Sabias elecciones
Hacemos yo y mis allegados.
Mi cuenta bancaria se llena
De dinero y sentido.
La buena fortuna ha vuelto
¡El cielo me envió la alegría!

Elige el ciclo de repetición (uno, tres, siete o nueve días) en función de la gravedad de lo que se haya perdido. Devuelve el polvo a la tierra cuando la operación mágica haya concluido.

También puedes lanzar este hechizo mientras frotas menta fresca y sasafrás en tus palmas junto con un cordón empapado en tu saliva cada día durante siete días. Devuelve las hierbas a la tierra todos los días.

Guarda el cordón (habrá un total de siete al final del hechizo) en un sobre blanco en un lugar seguro.

El séptimo día, ata todos los cordones juntos, repite el hechizo y luego quema el cordón anudado.

Toque del curandero

• • • • •

sándalo, menta, eucalipto, sal, lavanda

Y estas señales seguirán a los que creen en el poder;
Echarán fuera demonios y hablarán nuevas lenguas;

Tomarán en las manos serpientes, y si bebieren cosa mortífera,
No les hará daño.
Sobre los enfermos pondrán sus manos, y sanarán.

Fórmula multiuso utilizada para problemas de salud menores o graves. El canto es un pasaje de la Biblia (Marcos 16, 17-18) usado por los practicantes de Braucherei. Diferentes sectas dentro de la fe juegan con el uso y el significado de las palabras. Aquí el hechizo es una protección tanto para el sanador como para la persona necesitada.

Color de vela recomendado: usa el color que corresponda a la necesidad.

Puerta de la justicia de Hel

• • • • •

pachulí, tabaco, pimiento rojo, tierra de cementerio, ortiga, endrino, pimienta negra, tierra de una comisaría o Palacio de Justicia

Tres hermanas vinieron del este:
Urd, Verdandi y Skuld.
La primera los encontró;
La segunda los ató;
¡Y la tercera los arrastró!

En esta fórmula se usa un muñeco de vudú para atrapar a criminales (cuando el perpetrador es absolutamente culpable, no sospechoso de culpa). Rellena el muñeco, ya sea con relleno natural y el polvo o simplemente las propias hierbas junto con el nombre del criminal. Átale las manos y los pies. Sumerge el muñeco en vino tinto o amargo o rocíalo con una fórmula de manzana agria. Realiza el hechizo y luego arroja el muñeco a la basura. El vínculo con la magia ya estaba hecho cuando hiciste el trabajo. Al tirar el muñeco a la basura, liberas la magia para que haga su trabajo. Conozco a alguien que ató el muñeco a la parte trasera de su automóvil, lo arrastró varios kilómetros y luego lo soltó. Funcionó. Y no, el criminal no resultó dañado físicamente; sin embargo, fue atrapado por las autoridades y castigado por sus crímenes.

Color de vela recomendado: oro y púrpura (para el bien supremo).

Romper un hechizo

· · · · ·

cscara de lima, hierba luisa, clavo de olor, laurel,
vetiver, gaulteria, pimiento picante, hisopo, un tornillo
grande, un destornillador, un bloque de madera

La repugnante cola quebrada en un giro.
Que tu hechizo viaje de vuelta mientras yo vivo en la dicha.
Atrapado por el tornillo, retorcido y apretado,
Quedas atascado en el caos mientras yo vuelo libre.

Atornilla el tornillo en la madera, repitiendo el hechizo con cada giro. Si conoces a la persona que te ha echado la maldición, di su nombre tres veces y luego repite lo siguiente:

Toda la magia que has hecho
Está rota, quebrada, ¡desecha!

Polvo del honor

· · · · ·

harina de maíz, alpiste triturado

Hacia el este me coloco por los favores que pido
A la diosa divina y al señor del día.
La Tierra le presta su energía y su aliento envía el hechizo.
El final del día revelará que todo estará bien.

El polvo de honor fue diseñado para ser utilizado en el exterior como una ofrenda al Espíritu segura para el medio ambiente. Es una excelente opción para ceremonias al amanecer.

Bendición de la casa (formal)

· · · · ·

incienso, mirra, rosa, citronela, albahaca,
cáscara de huevo, lavanda, naranja

Bendice las cuatro esquinas de esta casa y quede el dintel bende-
cido.
Bendice el hogar y bendice el alojamiento y bendice cada lugar
de descanso.
Bendice las puertas que se abren de par en par tanto a extraños
como a la familia.
Bendice cada cristal de ventana que deja pasar la luz de la luna.
Bendice el tejado que nos cubre y bendice cada fornida pared.
Bendice nuestros corazones y bendice nuestras mentes con buena
salud
y amor para todos.
Paz con los dioses;
Paz con la naturaleza;
Paz en el interior.
Sólo lo bueno permanece.

El polvo se puede utilizar como una pastilla de incienso o de incienso de carbón. Úsalo para un ritual completo en el que emplees una vela blanca encendida, agua bendita, el polvo mágico como incienso o hierba en una bolsa de conjuración blanca, y campanillas que aporten luz y sonidos vivos, no pesadas vibraciones de gong. Abre todas las ventanas y puertas. Lleva los objetos del ritual en una bandeja adornada con un paño blanco y flores blancas frescas, como rosas o claveles. Primero rodea la habitación con el incienso. Usa las cabezas de las flores o la bolsa de hierbas para rociar el agua bendita alrededor de la habitación, o puedes emplear ambas cosas para este propósito. Sigue dando vueltas alrededor de la habitación con la vela blanca encendida. Termina de pie en el centro de la habitación y toca la campana tres veces.

El proceso generalmente comienza entonando el hechizo mientras estás de pie en el centro de la vivienda. A continuación, sube al nivel más alto y continúa por toda la casa, limpiando todas las habitaciones y armarios, hasta el sótano o el nivel más bajo. Sube del sótano y termina en el centro de la casa, recitando la bendición de nuevo. Deja que la vela blanca se consuma completamente. Cierra todas las ventanas y las puertas y séllalas con aceite de clavo u otro aceite mágico protector de tu elección.

Eliminar el mal de ojo

• • • • •

rosa, clavo de olor, gaulteria, citronela, canela,
grama, hierba del diablo, sal

Mal de ojo, vete; cierro la puerta.
El pasado se fue; yo dirijo mi destino.
Expulsado y eliminado, el patrón queda roto.
Ningún aliento da luz a lo que se dijo
Expulsado y eliminado, no puede regresar.
¡Mal de ojo eliminado, mal destituido!

Sigilo para eliminar el mal de ojo

También necesitarás un par de tijeras abiertas, una patata, una olla con agua, vinagre, hilo rojo o negro y un condensador fluido de destierro.

Muele el polvo o mezcla una pequeña cantidad de las hierbas secas mencionadas anteriormente en un cuenco. Escribe lo que quieres eliminar en la parte posterior del sigilo para eliminar el mal de ojo que has dibujado o copiado. Pon cuatro cruces de brazos iguales en los bordes del papel y luego escupe sobre lo que has escrito (sí, has leído bien). Mientras escupes, piensa en deshacerte de toda la basura y pensamientos negativos que hay dentro de ti. Incluso, aunque creas que otra persona está causando el problema, tú lo estás internalizando, ¡escúpelo! A continuación, sujeta las tijeras abiertas delante de ti, entre el sigilo y tú (pero no tan cerca de ti como para lastimarte cuando las cierres). Abre y cierra rápidamente las tijeras tres veces delante de tu cara (deben estar por lo menos a treinta centímetros de tu cara cuando hagas esto). Es una acción simbólica para cortar las ataduras y los hilos de energía que te conectan a la negatividad.

Haz un corte en la patata. Espolvorea el polvo herbal en el centro del papel. Retuerce el papel, pensando en lo bien que te sentirás cuando toda la negatividad haya sido eliminada. Inserta el papel en el corte de la patata y envuélvela con hilo rojo o negro.

Hierve la patata en una olla con agua, vinagre y diez gotas de tu condensador fluido para desterrar favorito. Cuando el agua hierva, repite el canto tanto tiempo como creas que tardará en disiparse la niebla de las desafortunadas circunstancias. Mueve las manos como si apartaras algo de ti sobre la patata y el agua hirviendo (como si estuvieras ahuyentando un bicho en el aire). El vapor, el agua y la patata se impregnarán con tus palabras (por favor, nunca olvides esto: jamás discutas con un cónyuge o un ser querido cuando estés cocinando y esté subiendo el vapor, ¡eso aumenta la negatividad!). Sella el trabajo con tres cruces de brazos iguales en el aire.

Cuando se haya ablandado, retírala del agua hirviendo con unas pinzas y déjala enfriar. Tira la patata a la basura y asegúrate de que sale por la puerta de inmediato. Del mismo modo, tira el agua que has utilizado al exterior tan pronto esté lo suficientemente fría como para manipularla. Olvida el trabajo y sigue con tu vida.

Encontrar trabajo

• • • • •

pachulí, canela, galangal, jengibre, sasafrás, hierba
del diablo, una herramienta que te guste y que mejor
represente el tipo de alegría/trabajo que deseas

Espolvorea el polvo sobre un trozo de tela blanca. Envuelve el polvo alrededor de la herramienta que hayas elegido. Conjura la herramienta y el polvo:

Espíritus de Mercurio, Júpiter y Venus, invoco vuestros dones de riqueza, buena fortuna y prosperidad. Que el éxito del sol, rá-

pido y dorado, y la velocidad plateada de Mercurio me bendigan hoy para encontrar y obtener el trabajo de mis sueños. Que todos mis deseos se cumplan con un nuevo empleo (o ascenso), y que mi carrera florezca en todo lo que quiero y necesito. Que el trabajo de mis sueños venga a mí fácilmente.

Color de vela recomendado: naranja (para las oportunidades) o un color que sientas que vibra bien con tu nuevo empleo.

Ganancias de Júpiter y buena fortuna

• • • • •

semillas de cilantro, especias de pastel de calabaza, romaza, nuez moscada, zarzaparrilla, salvia, raíz de Jezabel

Júpiter trae lo mejor de la vida
En alas del águila y relámpagos.
Expansión, beneficios, alegría y ganancia
Vinculados de forma segura a mi buen nombre.
Aprovecho el día y gano cada pelea
Guiado con seguridad por la luz de Júpiter.

Creé el polvo de ganancias de Júpiter para usarlo con las energías planetarias de Júpiter. Es mejor usar el polvo cuando Júpiter está bien definido (por ejemplo, un trígono del Sol con Júpiter, un trígono de Venus con Júpiter, o Mercurio en sextil con Júpiter...) o en un jueves de luna creciente a la hora de Júpiter. Ésta es una fórmula superbeneficiosa y funciona muy bien para actividades comerciales. Agrega una magnetita o un imán para aumentar la energía de atracción.

Color de vela recomendado: púrpura y oro.

Juez justo

• • • • •

azúcar moreno, canela, nombre del juez, una gota de miel

Justo sea el juez,
Brillante sea la mente.

¡Yo gano el día,
Mi voluntad y mi camino!

Pon el nombre del juez en un pequeño sobre marrón con los ingredientes enumerados anteriormente. Sostén el sobre en las manos y recita el conjuro nueve veces durante tres días consecutivos antes de ir al juzgado. Lleva el paquete contigo al tribunal, preferiblemente en tu zapato izquierdo.

Color de vela recomendado: marrón.

Besos y amor dulce

• • • • •

caramelos duros machacados, pétalos de rosa, cardamomo,
copal, mejorana, cáscara de naranja, yohimbe, canela

¡Venus me trae el amor divino;
Eros nos bendice a mí y a los míos;
Astarte nos honra desde arriba,
Concediéndome el amor más verdadero!

Esta fórmula es una agradable mezcla de hierbas que debes colocar en un recipiente de vidrio rojo y rociarla con agua de rosas o tu perfume favorito. A su lado, pon un vaso de agua transparente. Repite el conjuro tres veces por la noche, susurrando las palabras sobre la mezcla de hierbas y el vaso de agua fresca. Puedes beberte el agua o cambiarla cada noche.

Las Madamas (Sociedad de espíritus/espíritus de la casa)

• • • • •

cáscara de manzana seca, manzanilla, galangal, jengibre, tres
gotas de bourbon, un vaso de agua, tela de altar roja y blanca

Las Madamas te escuchan,
Buena suerte la mía este mismo año.
Manzanas brillantes, sabor a rojo;
Motivación en mi cabeza.

La lava de creatividad fluye;
Patrón de alegría y prosa establecido.
La música baila, agita el aire;
El éxito cabalga al borde del desafío.
Para saber, deja que se abra el aire.
Silencio, momento tranquilo, poder…
Las chispas se encienden y se retuerce el pensamiento.
¡Lo que deseo se forjará ahora!

Úsalo para traer buena fortuna y creatividad al hogar.

Legal (General)

• • • • •

espino cerval, olmo americano, galangal, orégano,
curri, cáscara sagrada, sasafrás, azúcar moreno,
caléndula, eneldo, verbena, abre camino

El camino está abierto, mi éxito es claro.
Yo gano mi caso; no hay nada que temer.
En sintonía con el juez, en sintonía con la ley.
La rueda gira en mi dirección.

Amor

Cuando eres preciso, toda magia es un acto de seducción: el proceso de usar la propia energía para atraer, manipular o hechizar a una persona, animal, planta, lugar o cosa. La seducción no es necesariamente sexual, aunque a menudo la vemos de esa manera. El amor, el sexo y la seducción no son siempre lo mismo, sobre todo cuando discutimos sobre las aguas turbias del amor frente al sexo.

El mejor hechizo de amor que puedas lanzar está en ti mismo. Cuando aumentas tu autoconfianza y la pureza de tu ser, resultas naturalmente atractivo a los demás. Cuando muestras una gran compasión hacia los demás, cuando escuchas, cuando tienes cuidado de dirigir tus acciones para que tu energía armoniosa se eleve a otra de una manera positiva, son actos de amor que se vuelven hacia uno mismo. Los siguientes hechizos se concentran en ti mismo, abriendo el camino para que el amor verdadero emerja en tu vida.

Para el primer hechizo, coloca las hierbas en una bolsa de conjuración de algodón blanca. Aplasta la bolsa y recita el hechizo. Sumerge la bolsa en agua bendita y salpica tu cara, cuello y chakra del corazón cada día durante siete días. (Si tiene alergias en la piel, tómate la libertad de otorgar poder a productos que sean seguros para tu piel con el mismo conjuro).

El amor y la belleza son mi reclamo;
Magia hilada en nombre de la Diosa.
¡La alegría fluye hacia delante; la cara de la pasión
Con adorable gracia me lo concede!
Color de vela recomendado: rosa o rojo.

Jabón de baño para atraer el amor
· · · · ·
pétalos de rosa, pachulí, cáscara de naranja, manzanilla, cilantro

Sigue las instrucciones de un paquete de preparado para elaborar jabón. Agrega las hierbas como último paso antes de verterlo en el molde.

Polvo corporal para atraer el amor
· · · · ·
pétalos de rosa, pachulí, cáscara de naranja

Elabora un polvo muy fino con las hierbas y críbalo para eliminar cualquier trozo grande. Luego mézclalo con almidón de maíz.

Gato negro de la suerte
· · · · ·
laurel, pimienta inglesa, nuez moscada,
pachulí, canela, tres gotas de miel

Esta fórmula se usa para todo tipo de suerte, apuestas y trabajos para la buena fortuna. (Hay una variedad de recetas de gato negro de la suerte;

ésta es sólo una de ellas). Úsala con una vela negra de la suerte o una figura de un gato negro. Métalo en una bolsa de conjuración de gato negro (una bolsa con la imagen de un gato negro). Llévala contigo para tener suerte y buena fortuna. ¡Añade tu nombre y un mechón de pelo a la bolsa para aumentar tu buena suerte!

Buena fortuna

• • • • •

bergamota, manzanilla, nuez moscada, canela, galangal, pimienta inglesa, tres gotas de fragancia de manzana, tres gotas de bourbon, una llave de oro atada a una magnetita con hilo dorado o rojo, un palo de ocho centímetros que hayas recogido del bosque, los símbolos de Mercurio y Venus

Tres son los testigos del palo;
Dorado el brillo de la llave.
¡Tres los toques despiertan así
El poder de Venus!
Magnetita, tráeme la suerte.
Como lo deseo, ¡así será!

Crea el amuleto físico. Diséñalo como desees incorporando la llave, la magnetita y los símbolos a algo que puedas llevar. En la luna nueva, espolvorea con el polvo herbal para la buena fortuna o coloca tu amuleto para la atracción en una bolsa roja o dorada junto con las hierbas puras. Otórgale poder y llévalo contigo para tener suerte. Renuévalo cada luna nueva o vuelve a otorgarle poder cada mes durante seis meses con un espray de aroma a manzana.

Color de vela recomendado: rojo.

Atraer mucho dinero

• • • • •

menta, trigo sarraceno, sargazo vejigoso, cáscara de naranja

Este polvo es fantástico para usarlo en velas de cera de abeja o en jabón para atraer el dinero.

Atraer dinero

• • • • •

pimienta inglesa, pachulí, menta, galangal, jengibre,
sasafrás, zarzaparrilla, verbena azul, romaza, pétalos de
caléndula, lavanda, un imán, tres clavos dorados

Úsalo en bolsas de conjuración para atraer el dinero hacia ti. Cubre las velas y tu billetera con el polvo. Coloca la fórmula herbal en un tarro de barro junto con tierra de tres bancos rentables y tu nombre. Alimenta el tarro con monedas cada luna nueva.

Cuando el frasco esté lleno, dona el dinero a la caridad o a alguien que lo necesite.

Espíritus de Venus y Júpiter, espíritus del sol y de Mercurio, invoco vuestros dones de riqueza, abundancia positiva, buena fortuna y prosperidad. Que el éxito del Sol, rápido y dorado, la atracción de Venus, las bendiciones de Júpiter y la velocidad de Mercurio me rodeen este día con un éxito cada vez mayor. Que mis cuentas, monedero, casa y billetera estén llenos y rebosantes de prosperidad en forma tangible. Dinero ven a mí con facilidad. ¡Así sea!

Color de vela recomendado: usa tanto el verde como el dorado.

Avanzar
DESTERRAR MALOS VECINOS, UN CHISMORREO, O EL SOCIÓPATA COMÚN

• • • • •

pimientos picantes, pimienta negra, curri, mejorana, verbena,
jengibre, eneldo, pimientos Naga Jolokia, sal del mar Muerto,
canela, tres gotas de condensador fluido del elemento de fuego

Un lugar mejor encuentras hoy,
El Karma dicta el camino.
Rompo tu reclamo en mi campo;
El canal está cerrado, un nuevo camino se revela.
Corto los lazos de mí hacia ti;
Te alejas y yo soy libre.

Un lugar mejor encuentras hoy,
el Karma dicta el camino.

Este polvo está indicado para el vecino psicópata que siempre se queja de ti ante las autoridades, la persona en el trabajo que difunde chismes y trata de arruinar tu carrera, el empleado que está exprimiendo el sistema dejándote con todo el trabajo (eso te está matando), pero que está relacionado con tu jefe, o la persona que sabes que no está bien de la cabeza y su daño está causando una gran angustia en tu vida. No quieres herir a nadie, y desearías que fueran más felices en otro sitio; quizás allí encontrarán la curación que necesitan y no a tu costa. Con demasiada frecuencia tratamos de microgestionar los hechizos, intentando guiar el camino de vida de otra persona. Este amuleto es para aquellas situaciones en las que, simplemente, lo dejas en manos del universo.

También puedes truncar este hechizo usando sólo las primeras dos líneas con un canto repetitivo. Otra forma de usar la mezcla es rodear una vela de citronela o de verbena de limón con las hierbas. Quema la vela en la hora de Marte durante tres días.

Paz

• • • • •

lavanda, piel de limón, violeta, orris, cardamomo,
incienso, bergamota, albahaca, copal

La paz te pido, oh universo.
Abrazo la luz de los cielos;
Abrazo la luz de la tierra;
Abrazo la luz del Espíritu
¡Acepto la alegría del renacimiento!

Envuelve la fórmula herbal en un pequeño trozo de tela blanca y llévala contigo o esparce el polvo en las puertas delantera y trasera de tu casa.
Color de vela recomendado: blanco o azul claro.

Protección

• • • • •

cedro, romero, cincoenrama, mejorana, flores de milenrama,
eneldo, cohosh azul, flores de violeta africana

No me puedes ver;
No me puedes encontrar.
¡Ya no puedes hacerme daño!

Espárcelo en la puerta y delante de cada ventana (por la parte exterior)
en el nivel inferior de tu casa. En niveles superiores, abre las ventanas
y frótalo en el alféizar exterior. Coloca un espejo de la casa de cara a
la pared y frota la fórmula de hierbas en la parte posterior del espejo.
Deja el espejo girado tanto tiempo como te parezca necesario; algunos
practicantes lo dejan así todo el tiempo.

Color de vela recomendado: azul oscuro.

Escudo psíquico

• • • • •

consólida, salvia apiana, romero, angélica,
hisopo, clavo, hierba luisa, sal negra

Diseñada para quienes sienten que están sufriendo un ataque psíquico.
Originalmente creé la fórmula para proteger a las personas que aman
lugares embrujados por lo oculto (sea lo que sea).

Un amigo mío hace rutas de fantasmas en Gettysburg, así que
hice un paquete redondo con los ingredientes anteriores y unté la
bolsa con condensador fluido de esencia de violeta y verbena de limón. Até el paquete con cordón blanco, plumas blancas y un trozo
de amatista.

Color de vela recomendado: blanco o morado.

Reina del cielo/Fórmula de la bendición de la diosa

• • • • •

talco para bebés, semillas o piel seca de pomelo, sándalo

Para utilizar en cualquier momento que desees invocar a la Diosa Madre.

Santa Madre, aquella que orquesta las estrellas,
Que ama incondicionalmente, que lo cura todo:
Acepta mis peticiones con amor y luz
Y trae gracia y felicidad a aquellos que piden tu ayuda.
Ya sea el día brillante u oscura la noche,
El amor de la Madre arreglará las cosas.

Color de vela recomendado: blanco.

Liberar la negatividad

· · · · ·

lavanda, rosa, lila, clavel

Me mezclo con el espíritu del universo. Libero mis sentimientos de ansiedad, odio, inseguridad, dolor y apego emocional de mi mente, cuerpo, corazón y alma. Soy uno con el universo aceptando el cambio que deseo, ¡y soy alegría!

Inicialmente elaboré esta fórmula en forma de vela, con fragancias de clavel y lila mezcladas con aceite esencial de lavanda, hierba de lavanda, polvo de pétalos de rosa secos y flores y hojas de lila. Creé la fórmula para que pudieras dejar ir cualquier cosa material, mental o emocional. Lo que no esperaba es que funcionara tan bien en la venta de cosas difíciles de descargar porque la persona que las vendía tenía problemas para liberar el objeto o propiedad debido a un apego emocional. ¡Imagina mi sorpresa cuando varios clientes me escribieron para decirme que habían podido vender una casa, coches y otros artículos caseros que antes se habían resistido obstinadamente a dejar ir!

Sugerencia útil: coge un trozo de cordón y envuélvelo de una sola pieza alrededor de lo que estás tratando de vender (sí, incluso una casa o un automóvil). De hecho es muy divertido hacer esto: estás «tomando la medida» del objeto. Utiliza el conjuro modificándolo un poco para nombrar lo que estás dejando ir. Corta el hilo en varios trozos y quémalo, o simplemente tíralo a la basura, indicando con seriedad que liberas al objeto.

Color de vela recomendado: blanco o azul claro.

Abre caminos (eliminar obstáculos)

• • • • •

cáscara de naranja, manzanilla, hierba del diablo,
bergamota, pétalos de caléndula, azúcar moreno, laurel,
cálamo, abre camino, hojas o flores de madreselva

Perfección del universo, abre el camino.
El sol brilla hoy en mi camino.
Las puertas están abiertas, la vista es clara.
Adelante me muevo sin nada que temer.
¡Zisa! ¡Zisa! ¡Zisa!

Se puede usar con cualquier propósito de apertura de camino. Puede ser utilizado con las runas Rad y Cen o con Ganesha (Ganapati, Vinayaka), una deidad con cabeza de elefante en el panteón hindú, conocido por eliminar obstáculos y por ser el mecenas de las artes y las ciencias. Guardo una estatua de elefante en mi altar de la prosperidad rodeada de esta mezcla de hierbas y untada con el condensador fluido abre caminos que he hecho yo misma.

Color de vela recomendado: naranja.

Sekhmet

• • • • •

sangre de drago, canela, jengibre, ciprés

Escúchame, ¡oh, gran reina guerrera!
Aquella que es el ojo de Ra, dama de la luz y del terror.
¡Sa Sekem Sahu, diosa de la medicina y el fuego!
Te llamo a ti con dignidad y honor,
Para que me ayudes en mi trabajo esta noche/este día.

Sekhmet es una diosa curativa o guerrera con cabeza de león en el panteón del antiguo Egipto. Ella te guiará cuando tengas que pelear y te traerá la curación cuando te veas afectado por la enfermedad. Protege a las mujeres, los niños y los animales que sufren abusos, y lleva a cabo la buena lucha por el honor y la justicia.

Color de vela recomendado: burdeos.

Devolver (revertir el daño)

. . . . .

eucalipto, ruda, ortigas, sándalo, rábano picante, pimientos rojos envueltos en hojas de col de mofeta (o seca y muele la col de mofeta y úsala como parte del polvo).

Te devuelvo el mal que no puede regresar.
El camino está cerrado, los puentes están quemados.
Tus palabras, obras y pensamientos se retiran a tu cerebro.
Mediante el sonido, las hierbas y el espíritu, te avergüenzo.

Esta fórmula se usa para devolver un hechizo o un maleficio. Puedes usar la raíz de rábano picante como un muñeco de vudú y hacerlo rodar en el polvo o rellenar un muñeco con las hierbas y pintarlo con rábano picante, preferiblemente una marca embotellada con aditivos de otras hierbas picantes. Agrega unas gotas de condensador fluido del elemento fuego, aplicándolo sobre el muñeco con un pincel. Entona el conjuro nueve veces sobre el muñeco y luego quémalo en un caldero resistente al fuego.

Enviar a la tumba
FÓRMULA DE DESTIERRO

. . . . .

pachulí, hierba del diablo, grama, tierra de tumba, clavo de ataúd

Los malvados tartamudean, se doblegan y se rompen.
La tierra ennegrecida llama al destino.
Cordones retorcidos fortalecen el nudo.
Musgo de tumba para enterrar el pensamiento.

Clavo para arreglar y piedra para sellar;
Sangre para espesar y cuajar.
Clavo al ataúd, para no levantarse nunca más.
¡Tu maldad será tu propia muerte!

He usado esta fórmula para colocar problemas en pequeños ataúdes de madera que puedes comprar durante la temporada de Halloween. Entierra el ataúd en un cementerio. (Si las cuestiones legales, como acceder a una propiedad privada o las normas del cementerio suponen un problema, entierra el ataúd en las profundidades del bosque de la misma manera. Algunos practicantes prefieren hacerlo en un cruce de caminos aislado de una zona rural desierta). Dibuja el sello de Saturno en la parte superior. Pisotéalo tres veces y cúbrelo con una piedra pesada. Cambia las palabras para adaptarlas a la situación. Por ejemplo, si desea liberarte de un problema, puedes elegir un conjuro diferente o reformularlo.

Color de vela recomendado: blanco y negro (aunque en el hechizo no se mencionan las velas, te animo a echar mano de tu creatividad).

Serenidad

· · · · ·

corteza de sauce, arena de la playa, sal del mar Muerto

El mar de la serenidad está a mi alrededor.
El mar de la serenidad está dentro de mí.
El mar de la serenidad está a mi alrededor y dentro de mí.
¡Y puedo crear cualquier cosa!
¡Paz, alegría y serenidad fluyen a mi alrededor y dentro de mí
*   siempre!*

Puedes convertirlo en polvo moliendo la corteza de sauce y agregando a la arena y la sal marina, o puede esparcir la arena y la sal de mar en un plato liso y dibujar diseños en la mezcla con una rama de sauce mientras dices el conjuro nueve veces cada mañana durante nueve días.

Color de vela recomendado: blanco y verde mar.

Clientes estables

• • • • •

mandarina, lima, jengibre, laurel, sándalo, menta, sargazo vejigoso

Cubre una magnetita con el polvo herbal y envuélvela en un paño dorado o verde. Agrega tres gotas de condensador fluido para atraer el dinero y rocíala con un vaporizador con aroma a menta (aceite esencial de menta mezclado con agua bendita; agítalo bien antes de pulverizarlo). Lleva el paquete contigo o colócalo en la caja registradora de tu negocio.

Ingresos estables

• • • • •

pino, jengibre, musgo, sello de oro, hojas o flores de madreselva

Rocía las hierbas con tres gotas de aceite esencial de jazmín. Para este hechizo, necesitarás tres céntimos, un pequeño tren o barco de juguete y un tarro o una bolsa de conjuración. Coloca las hierbas, los juguetes y los céntimos en el tarro o la bolsa de conjuración junto con tres gotas de condensador fluido para la prosperidad o para atraer el dinero. Repite: «Crecimiento mágico y liquidez mágica, haced que mi molino de dinero crezca» tantas veces como puedas hasta que pierdas el pensamiento. Sigue con esta afirmación diaria: «Disfrutaré de la vida. Me reiré. Encontraré riqueza en la armonía. ¡Tendré acceso a mi máximo potencial y lo lograré!».
Color de vela recomendado: verde lima.

Fortaleza y logro

• • • • •

laurel, azafrán, té, damiana, jengibre, aspérula, pino,
clavo de olor, hoja de olivo, resina, muérdago

Mi voz repetirá alto y fuerte
Las palabras de la canción mágica.
Mi aliento da vida a lo que será,
Mis pensamientos crean lo que todos verán.
¡Fuerza! ¡Éxito! ¡Eso es! ¡En mí!

Coloca las hierbas en una bolsa de conjuración roja y sostenla con ambas manos.

Di en voz alta: «¡Te conjuro!». Continúa con el conjuro, repitiéndolo tres veces con sentimiento.

Color de vela recomendado: rojo.

El éxito del león del sol

• • • • •

cáscaras de semilla de girasol, cincoenrama,
jengibre, cedro, diente de león

Poderosas hierbas de la gloria de la naturaleza
Os invoco: que mi historia sea exitosa.

Este conjuro está diseñado para la hora del sol un domingo. También se puede utilizar en una luna nueva para iniciar proyectos y funciona muy bien en pleno verano o cuando el Sol o la Luna están en Leo. Lleva la bolsa de conjuración contigo y vuelve a otorgarle poder en cada fase de la luna, de la luna nueva a la luna llena (por lo tanto, trabajarás con la bolsa de conjuración ocho veces a lo largo del mes). El conjuro debe repetirse nueve veces en cada fase lunar.

Color de vela recomendado: dorado o amarillo.

Solsticio del viento dulce/
Fórmula para deseos del equinoccio

• • • • •

sal marina, espino, albahaca,
elemento de aire

Uso esta mezcla en la mañana del equinoccio de primavera, del solsticio de verano, del equinoccio de otoño y del solsticio de invierno. Puedes añadirle cosas, sobre todo si te gusta alguna hierba inusual, aunque la base es simplemente sal marina y albahaca. Yo realizo el trabajo al aire libre en mi porche.

Reúne tus suministros: sal marina, albahaca, espino y un cuenco. Utiliza el ejercicio del mar de posibilidades.

Frótate las manos enérgicamente en un movimiento circular hasta que se calienten. Colócalas manos sobre los ingredientes y entona «sólo lo bueno permanece» nueve veces.

Mezcle la sal y las hierbas en el cuenco.

Frota los dedos en el sentido de las agujas del reloj alrededor del borde del cuenco, diciendo: «El viento dulce viene, trayendo alegría» (nueve veces). Sopla suavemente en la mezcla (para no dispersarla) tres veces. Haz respiraciones largas y profundas con la intención de infundir alegría.

Dibuja una cruz de brazos iguales sobre el cuenco para sellarlo.

Puedes embotellar la mezcla para su uso posterior o continuar con el siguiente paso.

Lleva la mezcla a la puerta de tu casa, justo debajo de los escalones o en el camino de entrada; tú eliges.

Endereza los hombros, quédate de pie recto y respira profundamente. Luego, dirígete al espíritu de los vientos dulces:

Espíritu de los vientos dulces, ven a mí ahora.
¡Trae tu alegría, tu risa, tu aliento purificador!
Haz un círculo a mi alrededor y concédeme los dones de la felicidad, la paz y el amor.

Dilo en un tono de voz seguro. Dale un poco de tiempo y sentirás el cambio a tu alrededor, la brisa acariciará tu rostro y experimentarás una sensación inspiradora.

Dispersa la mezcla de viento dulce en el suelo, repitiendo de nuevo «sólo lo bueno permanece» por lo menos nueve veces o el tiempo que necesites para rociar la mezcla. A tu manera, da las gracias al universo.

Color de vela recomendado: blanco.

Finales rápidos

• • • • •

canela, eneldo, pachulí, verbena, jengibre, semilla de apio,
pimientos Naga Jolokia, siete palos pequeños muertos
(de ocho o diez centímetros de largo) recogidos de la
naturaleza durante un paseo espiritual, sal marina

Veloz el cierre, rápido el final.
¡Supéralo! ¡Ya no más!
Destierra la tristeza, corta lazos.
¡Yo, el fénix, siempre me levanto!

Escribe el problema y coloca el papel en el fondo de un tarro pequeño. Llena el tarro hasta la mitad con la sal marina y cúbrela con los polvos para finales rápidos. Inserta cada día un palo en la arena o en la mezcla de polvo hasta que toque el fondo del tarro y el papel mientras recitas el conjuro tres veces.

En el séptimo día, tapa el tarro y tíralo a la basura.

Color de vela recomendado: rojo.

Transformación

• • • • •

lavanda, bálsamo de limón, citronela, piel de
limón, escutelaria, verbena, hierba luisa

Diseñé esta fórmula para las personas que están listas para liberar la negatividad que rodea a desafortunadas circunstancias del pasado y avanzar. Anota lo que deseas liberar. Escupe en el papel y deja que se seque. Cubre el papel con los ingredientes herbales o con el polvo y quémalo al aire libre. Cuando las cenizas se hayan enfriado, libéralas en un lugar tranquilo.

Color de vela recomendado: turquesa o verde espuma de mar.

Transición

• • • • •

té verde, citronela, hierba luisa, lavanda

La fórmula de transición fue diseñada en principio para apoyar espiritualmente y disminuir el miedo para una persona que estaba pasando por el proceso de reasignación de género. Hicimos un baño de hierbas con agua bendita que utilizaba al comienzo de cada etapa durante el proceso de dos años, además de una bolsa de conjuración de hierbas para que la persona la llevara consigo. Cambiábamos las hierbas cada tres meses. Esta fórmula también funciona muy bien para las ceremonias que marcan el cambio de la infancia a la edad adulta.

Color de vela recomendado: blanco.

Triple acción y motivación

• • • • •

verbena, azafrán rojo, canela, cálamo, galangal, vainilla

¡Rápido y furioso acelera el juego,
Abre el camino para la alegría y la ganancia!
La corona del éxito es mía hoy.
Como lo deseo, ¡gano a mi manera!

Utilizo esta fórmula con un centro de mesa de tres caballos de carreras para todo tipo de éxito comercial y personal, y la he usado para rellenar muñecos espirituales para trabajar con tótems. Ésta es una gran fórmula para usar mientras sale el sol en la ceremonia del amanecer. También me gusta usar el conjuro un martes durante el cuarto creciente (mejor en un signo de fuego) en una hora planetaria de Marte.

Color de vela recomendado: rojo.

Sabiduría del búho blanco

• • • • •

té blanco, hierbabuena, salvia, marrubio, eufrasia,
una gota de aceite esencial de ciprés

Al igual que la polilla, el búho es un mensajero del mundo de los espíritus. Para invocar la sabiduría del búho, rocía el polvo a tus pies mientras miras al oeste al atardecer. Susurra al espíritu de la lechuza el siguiente conjuro. Indica tu propósito y luego sigue con la oración de la Llamada a la sabiduría.

Escucho tu sabiduría en el resplandeciente crepúsculo.
Y luego de nuevo en la oscuridad de la noche.
Tu llamada se hace eco del poder y me habla de la muerte,
De lo que debe ser terminado y lo que debe reposar.

De donde la magia hará el mayor bien.
Y donde debería pararme en las profundidades del bosque.
Oración de la Llamada a la sabiduría:
Que el universo abra el camino
Para la alegría, la sabiduría, la claridad y las soluciones adecua-
das.
Que sea bendecido con paz mental
En mis pensamientos, sentimientos y elecciones.
Protección del pie de bruja o Hexefus,
Sal negra, milenrama, trébol rojo, poleo.

Blummersterne del pie de bruja

Blummersterne significa 'estrella floral', también llamada Rosetón Hexefus. El símbolo se utiliza para evitar la mala suerte, los accidentes, las
enfermedades, los chismes y el mal en general. Se invoca como un símbolo protector y se usa en la magia y la curación Braucherei. Escribe
tu solicitud de protección en la parte posterior del diseño. Colorea el
sigilo y coloca el polvo en el centro con la vela del color que desees.

Eliminar las preocupaciones

• • • • •

angélica, cohosh negro, rudbekia bicolor, crisantemo,
ajo, milenrama, hierba de San Juan, cardo

La oscuridad pesa sobre mi cabeza,
Pero aquí conjuro a la luz en su lugar.
La alegría, el amor, la dulzura, la paz.
¡En ese camino encuentro la liberación!

Esta mezcla cubre una variedad de miedos que conducen a una preocupación constante. La angélica aporta protección que te brindan tus guardianes, mientras que el cohosh negro disuelve la energía negativa creada por las relaciones basadas en el miedo. La rudbekia bicolor trae luz a la mente, mientras que se cree que el crisantemo calma el miedo a la pérdida de objetos físicos. El ajo atenúa la energía nerviosa, la milenrama evita que el individuo sea demasiado sensible, la hierba de San Juan protege de los maleficios y los terrores nocturnos, y el cardo reduce la preocupación por las facturas, la protección y el alimento para la familia. Prefiero usar esta mezcla en una bolsa de conjuración blanca rociada con fragancia o aceite esencial de violeta, o hago una almohadilla de hierbas, primero mezclando las hierbas puras con varias gotas de aceite esencial de violeta. Si la decoras con cintas y encajes, es un bonito regalo para alguien que esté pasando por un momento difícil.

Cuando rellenes la almohadilla o la bolsa de conjuración, acuérdate de ordenar a la mezcla que trabaje para tu propósito específico y luego recita el conjuro tres veces. Si la almohadilla o la bolsa son para otra persona, cambia las palabras del conjuro de modo que se adapte a ella.

Fórmula de bolsa de Navidad para la buena suerte

• • • • •

jengibre, lavanda, manzanilla, hierba y caramelos de menta,
sasafrás, piñas trituradas, canela, nuez moscada blanca, sello
de oro, semillas de calabaza preparadas (semillas de calabaza
secas de las festividades de talla de calabaza de Samhain y
cubiertas con la fórmula del especial de la abuelita Silver)

Añade a la mezcla aceite esencial de pino y condensador fluido para la abundancia y la buena fortuna.

Me encanta mezclar bolsitas de hierbas para regalar durante las fiestas de Navidad. Yo misma coso las bolsas de tela de algodón estampada y le pongo una cinta a modo de cierre que se puede abrir fácilmente.

Una vez que he mezclado y bendecido la fórmula a base de hierbas, coloco la mezcla en las bolsas. Durante el primer círculo de curación en diciembre distribuyo las bolsas, diciéndoles a los destinatarios que deberían agregar sus nombres y un mechón de su cabello a la bolsa, respirando sus deseos de buena suerte en la bolsa antes de cerrarla. Deja la bolsa en tu altar o cuélgala del árbol de Navidad. ¡Quémala en la Nochevieja cuando el reloj marque la primera hora del año nuevo!

Color de vela recomendado: rojo, verde y blanco.

Fórmulas de polvo planetario

Estas recetas son excelentes para combinarlas con la hora planetaria de un trabajo o cuando usas los planetas como el enfoque principal de tu magia. Por ejemplo, si deseas encontrar una solución a un problema, usa el polvo planetario de Mercurio junto con un conjuro que involucre a Mercurio en la hora de Mercurio. Utilizo estas fórmulas en mis velas enrolladas a mano y en otras aplicaciones. Estas hierbas se eligieron teniendo en cuenta su aroma, regente planetario y facilidad para adquirirlas. Es posible que desees utilizar otras hierbas en tus fórmulas, tal vez algunas que hayas reunido en tu zona y que comparten el mismo regente, o hierbas o elementos único que puedas conseguir en un herbolario.

> **Marte:** pimienta inglesa, albahaca, sangre de drago, mostaza, galangal, chile, jengibre, aspérula. Para la afirmación, dominio de la fuerza y modelar la energía a voluntad. Color rojo.
>
> **Sol:** cáscaras de girasol, mandarina, cedro, ruda, caléndula, manzanilla, canela, incienso, roble. Para el poder de integración, la vitalidad y la verdadera voluntad. Color amarillo.
>
> **Luna:** eucalipto, mirra, sándalo, gaulteria, sauce, bálsamo de limón. Para almacenar el poder, el instinto y las emociones. Se cree que la Luna recolecta energía y luego la dirige hacia la Tierra. Color: blanco o plateado.
>
> **Venus:** cardamomo, rosa, verbena, lirio, plátano, milenrama, tomillo, bálsamo de Gilead. Para la atracción, la estrategia, la belleza,

la abundancia y atraer la energía. Color: rosa o verde espuma de mar.

Mercurio: bergamota, lavanda, hierba luisa, citronela, mejorana, marrubio, menta, eneldo. Para el fluir de la conciencia, la destreza mental y el flujo de energía de un punto a otro. Color: azul claro.

Júpiter: cincoenrama, clavo de olor, salvia, hisopo, sasafrás, nuez moscada, zarzaparrilla, romaza, tilo. Para la naturaleza expansiva, la creatividad, la suerte, la buena fortuna y la gracia. Color: naranja o morado.

Saturno: hiedra, escutelaria, sello de Salomón, pachulí, lobelia, olmo americano. Para límites, protección, recompensas por el trabajo duro y energía a lo largo de un camino en particular (directrices). Color: marrón.

Los planetas exteriores modernos

Los planetas exteriores modernos se consideran octavas superiores de los planetas clásicos y cada uno funciona a su manera. Son considerados planetas espirituales, ya que cada uno cambia las circunstancias para una vida más en sintonía con un camino mejor. Sin embargo, cada uno de estos planetas es un peso pesado; el cambio no es necesariamente tan fácil porque, de alguna manera, nos hemos atascado y nos negamos a ver la salida. Aquí es cuando aparece el universo y nos golpea en la cabeza, generalmente con las energías de uno de estos planetas. Utilízalos con sabiduría.

Las fórmulas para los planetas exteriores Urano, Neptuno y Plutón, son mías. Al tomar mis decisiones, tuve en cuenta su regente moderno, el regente clásico de esos mismos signos y el tipo de energía que estos planetas representan.

Urano
Electrifica la energía para romper las ataduras. Urano golpea lo que está atascado; por lo tanto, su energía se percibe a menudo como un shock no deseado o algo inesperado. Sobrecargado, funciona como Mercurio

con esteroides. Es un rayo salido de la nada que lo sacude todo, agitando viejos hábitos y creencias y permitiendo que un patrón se reorganice de una manera más propicia para el practicante. Color: azul eléctrico.

Fórmula: lobelia, eneldo, menta, fenogreco, salitre. Por favor, ten en cuenta que esta fórmula es combustible y debe manejarse con cuidado. El salitre se considera un ingrediente tóxico ya que es un producto químico, no es un elemento natural.

Neptuno

Disuelve la energía, pero en la disolución crea inestabilidad donde la confusión y la ilusión entran y salen. Esto es, porque con la capacidad de Neptuno de dispersarse suavemente, lo que queda permanece en suspensión: el patrón de energía no está fijado y adquiere una variedad de imágenes hasta que se recupera el foco. De todos los planetas, tal vez sea el indicativo del mundo en el que realmente vivimos, controlado sólo por nuestros pensamientos y acciones. Dado que nuestros pensamientos pueden correr desenfrenados sin un objetivo claro, muchos patrones aparecen y desaparecen hasta que, finalmente, se establece un propósito reforzado. Cuando se usa a Neptuno para disolver una situación, debería ir seguido por un objetivo claro y unificado para que pueda establecer rápidamente un nuevo patrón de energía. La energía de Neptuno también puede mostrar muchas líneas de posibilidades o romper las propias ilusiones para ver la situación en su conjunto y, por lo tanto, favorece la adivinación. Tradicionalmente, la energía de Neptuno se utiliza en hechizos de confusión, sobre todo cuando se trata de un enemigo que se ha centrado en ti. La idea es romper ese enfoque para que puedas alejarte y sacarte de encima a ese enemigo. Color: rosa.

Fórmula: sanícula, corteza de limón, espino blanco, semilla de lino, semilla de amapola, valeriana.

Plutón

Transformación, muerte y regeneración. Más que electrificar o disolver, Plutón incinera el problema y construye otra cosa en su lugar. Destruye el patrón por completo para poder construir uno nuevo con componentes diferentes. No le interesa limpiar lo que está obstruido (como Drano) ni reorganizar lo que está ahí (como Legos); sólo lo hace desaparecer y comienza con materiales nuevos. Ésta es una de las razones por las cuales este planeta fue elegido para ser corregente de Escorpio, el poder de abajo que se eleva como la lava y hace explotar todo en mil pedazos. Plutón a veces representa la corrupción dentro de una organización. Es oscuro, pesado y se erosiona antes de explotar. Color: burdeos.

Nota: Úsalo en la luna menguante, en el último cuarto (octavo ciclo) o en el comienzo de la luna balsámica (octavo ciclo); si usas la fórmula de los cuartos de la luna, úsalo al comienzo o en medio del menguante. Utiliza este polvo o mezcla herbal para desarraigar y destruir la corrupción.

Fórmula: equinácea, clavo de olor, orégano, sello de oro, ajo, pimientos picantes, jengibre, canela, cúrcuma, pimienta negra, curri, ajenjo (venenoso). Se sabe que todas estas hierbas matan las células cancerígenas. Esta fórmula funciona igual de bien sin el ajenjo.

Hierbas seguras para incluir en jabones mágicos o polvos corporales

Las siguientes hierbas o especias se consideran seguras para su uso en polvos mágicos y jabones corporales, a no ser que existan alergias de la piel u otros problemas de salud. Por favor, consulta a tu médico. Estas hierbas se pueden moler en polvo mágico y añadirlas a tus jabones o se pueden usar solas o mezcladas con un relleno o sal, si así lo deseas. Encontrarás instrucciones para hacer jabones encantados en mi libro *HedgeWitch*. He incluido un proveedor de base de jabón en la sección de Recursos al final del libro, por si estás buscando uno fiable.

Pimienta inglesa: Marte/fuego
Almendras: Mercurio/aire
Cebada: Venus/tierra
Albahaca: Marte/fuego
Bergamota: Mercurio/aire

Sargazo vejigoso: Luna/agua
Azúcar moreno: Venus/agua
Caléndula: Sol/fuego
Cardamomo: Venus/agua
Manzanilla: Sol/fuego
Chocolate: Marte/fuego
Canela (usa sólo una pequeña cantidad): Sol/fuego
Café: Marte/fuego
Cilantro: Marte/fuego
Harina de maíz: Venus/tierra
Eneldo: Mercurio/aire
Eucalipto: Luna/agua
Jengibre: Marte/fuego
Ginseng: Sol/fuego
Té verde: Sol/fuego
Bayas de enebro: Sol/fuego
Lavanda: Mercurio/aire
Citronela: Mercurio/aire
Piel de limón: Luna/agua
Verbena de limón: Mercurio/aire
Piel de lima: Sol/fuego
Mentas: Mercurio/aire
Nuez moscada: Júpiter/fuego
Avena: Venus/tierra
Naranja: Sol/fuego
Orégano: Venus/Aire
Pachulí: Saturno/tierra
Romero (finamente molido): Sol/fuego
Cártamo: Sol/fuego
Salvia: Júpiter/aire
Tomillo: Venus/agua

Conclusión

Me gustaría darte las gracias por haber pasado tiempo conmigo. Creo que todo el mundo se merece una vida de buena fortuna y felicidad, donde puedan crear y estar rodeados de una tremenda atmósfera de espiritualidad, amor y paz. Este libro fomenta el cambio en ti mismo de formas únicas y artísticas basadas en tu disposición a dejar de lado los patrones que ya no te convienen. Tal vez observarás las energías universales del amor y la compasión con la ayuda de la naturaleza y encontrarás una nueva mezcla de poder personal. Espero sinceramente que el contenido de este libro te ayude a florecer y expandir tu alegría hacia la conciencia de la humanidad.

Comulga.

Conecta.

¡Cree!

A tu servicio,
Silver RavenWolf

Recursos herbales

Tiendas de hierbas mágicas recomendadas

Hemlock House: 5430 Sherman-Mayville Rd. (ruta 430), May-ville, NY 14757. (716) 220-2082. Abierto por temporadas; la mayor parte de los días desde las 10 a las 20 horas. No dudes en llamar antes si planeas viajar allí. Haz una visita para impregnar-te de la magia de antaño en Hemlock House, el puesto de los caminantes sabios. Hierbas a granel y aceites esenciales, objetos y joyas hechos a mano, huesos, pieles y piedras, miel producida localmente, escobas y cestas hechas a mano, jabones, pociones, ovillos de lana y alpaca hechos a mano, fibra de alpaca y fieltro para hilar.

Strange Brew, The Cauldron, Inc.: 2703 Elmwood Avenue, Ken-more, NY 14217. (716) 871-0282.

Otros recursos de interés

Candle Science: www.candlescience.com. Soja y fragancias de alta calidad que indican sus ingredientes. Es con diferencia la mejor empresa de velas de soja en la red. También tienen bases de jabón. Todas las fragancias de Candle Science combinan con sus productos de cera.

Candlewic: www.candlewic.com. Láminas de cera de abeja en una variedad de colores para enrollar tus propias velas.

Glenbrook Farms Herbs and Such: www.glenbrookfarm.com. Hierbas de alta calidad, buen color y de calidad alimentaria a precios razonables, con muchas ofertas orgánicas.

Cómo hacer tu propio incienso: www.scents-of-earth.com/mak-yourownna.html

Specialty Bottle: www.specialtybottle.com. Una amplia variedad de botellas, tarros y latas para tus necesidades mágicas y artesanas.

Richters Herbs: www.richters.com. Maneja una amplia variedad de plantas, hierbas y vegetales frescos para su envío inmediato.

Bibliografía y lecturas recomendadas

AGRIPPA, H. C.: *Three Books of Occult Philosophy*. Llewellyn, San Pablo, Minnesota, 1992.

BARDON, F.: *Iniciación al hermetismo*. Mirach, 1996.

BERYL, P.: *The Master Book of Herbalism*. Phoenix Publications, Ardenvoir, Washington, 1994.

CUNNINGHAM, S.: *Enciclopedia Cunningham de las hierbas mágicas*. Arkano Books, 2008.

DALAI LAMA: *El universo en un solo átomo*. Debolsillo, 2011.

DANIELS, E.: *Astrologickal Magick*. Samuel Weiser, York Beach, Maine, 1995.

DAVIS, O.: *America Bewitched: The Story of Witchcraft after Salem*. Oxford University Press, Oxford, Reino Unido, 2013.

DEY, C.: *Facts and Fundamentals of Ritual Candle Burning*. Original Publications, Old Bethpage, Nueva York, 1982.

DOMÍNGUEZ, I., Jr: *Practical Astrology for Witches and Pagans*. Red Wheel/Weiser, San Francisco, California, 2016.

FEARRINGTON, B.: *The New Way to Learn Astrology*. Llewellyn, St. Paul, Minnesota, 1999.

FLOWERS, S. E.: *Hermetic Magic: The Postmodern Magical Papyrus of Abaris*. Red Wheel/Weiser, San Francisco, California, 1995.

GRAVES, J.: *The Language of Plants: A Guide to the Doctrine of Signatures*. Lindisfarne Books, Great Barrington, Massachusetts, 2012.

GREER, J. M. y WARNOCK C.: *The Picatrix Liber Atratus Edition*. Adocentyn Press, Iowa City, Iowa, 2011.

HAND, R.: *Planets in Transit*. Whitford Press, Algen, Pensilvania, 1976.

JAMES, R. y JAMES, R.: *Essentials of the Earth*. Essentials of the Earth LLC, Cascade, Idaho, 2015.

KAMINSKI, P. y KATZ, R.: *Repertorio de esencias florales: guía integral de las esencias norteamericanas e inglesas para el bienestar emocional y espiritual*. Índigo, 1998.

KIECKHEFER, R.: *La magia en la edad media*. Crítica, Barcelona, 1992.

KOWALCHIK, C. y HYLTON, W.: *Rodale's Illustrated Encyclopedia of Herbs*. St. Martin's Press, Emmaus, Pensilvania, 1998.

LEEK, S.: *Cast Your Own Spell*. Pinnacle Books/Bee-Line Books, Nueva York, 1970.

MAKRANSKY, B.: *Planetary Hours*. The Wessex Astrologer, Bournemouth, Reino Unido, 2015.

MILLER, J.: *Financial Sorcery: Magickal Strategies to Create Real and Lasting Wealth*. Career Press, Pompton Plains, Nueva Jersey, 2012.

PARACELSUS: *Paracelsus: Selected Writings*. Princeton University Press, Princeton, Nueva Jersey, 1951.

RANKINE, D. y D'ESTE, S.: *Practical Planetary Magick*. Avalonia, Londres, Reino Unido, 2007.

RAVENWOLF, S.: *Hedgewitch: Spells, Crafts, and Rituals for Natural Magick*. Llewellyn, Woodbury, Minnesota, 2008.

—: *Solitary Witch: The Ultimate Book of Shadows for the New Generation*. Llewellyn, St. Paul, Minnesota, 2003.

SLATER, H.: *The Magickal Formulary*. Magickal Childe, Nueva York, 1981.

STORMS, G.: *Anglo-Saxon Magic*. Nijhoff, La Haya, 1948.

TRES INICIADOS: *El Kybalión de Hermes Trimegisto: Estudio sobre la filosofía hermética del antiguo Egipto y Grecia*. Edaf, Madrid, 2017.

WESCHCKE, C. LL. y SLATE J. H: *Clairvoyance for Psychic Empowerment*. Llewellyn, Woodbury, Minnesota, 2015.

ÍNDICE ANALÍTICO

ÍNDICE